社会学入門

社会とのかかわり方

INTRODUCTION TO SOCIOLOGY

著・筒井淳也
　　前田泰樹

有斐閣ストゥディア

目次

CHAPTER 序　人と「社会」とのかかわり方　1

1 「社会を理解する」というかかわり方 …………… 2
2 数量データによる社会の記述 ………………… 2
3 概念の理解 …………………………………… 5
4 よりよい社会の理解に向けて ………………… 7
5 本書の特徴 …………………………………… 8

CHAPTER 1　出　生　11

1 はじめに ……………………………………… 12
　　出生はどんなイベントか（12）　妊娠や出産と「選択」（13）
2 なぜ子どもが生まれなくなっているのか ………… 13
　　昔は子だくさん？（14）　人口があまり増えなかった時代（15）　死亡率の低下の原因（16）　ベビーブームと人口転換（17）　主要国における出生率の低下（18）　なぜ出生率が低下したのか（20）　女性の職場進出（21）　仕事と子育ての両立（22）　「生まれ」と格差の問題（23）
3 妊娠，出産という経験はどのように変わっているのか … 26
　　妊娠，出産という経験（26）　「妊娠」の経験をめぐる調査（27）　アンケートから何がわかるか（28）　インタビューから何がわかるか（30）　妊婦の決定はどのようになされるのか（32）　女性の自己決定権（32）　リプロダクティブ・ヘルス／ライツ（33）　社会運動による批判（34）　「優生保護法」から「母体保護法」へ（35）　「胎児」の概念（35）　自己決定の難しさ（37）　再び出生前

i

診断をめぐって（38）

4 おわりに ……………………………………………… 39

CHAPTER 2 学ぶ／教える　41

1 はじめに ……………………………………………… 42
　教育と豊かさ（42）　　教育現場の成り立ちへ（43）

2 なぜ学ぶことが「義務」になっているのか …………… 43
　教育水準と経済水準との関係（43）　　経済発展の影響（45）
　教育年数の長期化（46）　　学歴病（48）　　なぜ教育に公的
　資金が使われるのか（48）　　なぜ教育が義務化されるのか
　（49）　　教育は人のためならず（51）　　教育と不平等（52）
　教育の社会学（54）　　教育と社会的不平等（55）　　家庭文
　化の影響（56）

3 学校という場所はどのような場所か ………………… 57
　「学校」の内部を調べる（58）　　なぜ学校の内部を調べるの
　か（58）　　不平等の再生産（59）　　誰が進学を決定するか
　（61）　　能力別クラス編成と分類の実際（63）　　どのよう
　に分類されるのか（65）　　授業では何が行われているのか
　（66）　　教室の授業の構造（66）　　構造化される授業（67）
　現在の日本での授業研究（69）　　I-R-E 連鎖の進行（70）
　さまざまな「社会」の成り立ち（71）

4 おわりに ……………………………………………… 72

CHAPTER 3 働　く　73

1 はじめに ……………………………………………… 74
　働くことの二つの変化（74）　　働くことの「バランス」
　（75）

2 「働くこと」の社会的な位置づけ …………………… 76

「生活手段」から「生きがい」へ（76）　「働いて稼ぎを得ていない」人たちがたくさんいる（79）　働かなくてよいのが「良い社会」？（81）　「無償」の労働という考え方（84）　有償労働と無償労働の配分の問題（85）　ケア労働の配分における国ごとの違い（86）　「働かざるもの食うべからず」とはかぎらない（87）　変わる「お金持ち」のイメージ（90）　職業が大事？（91）

3 「社会」のなかで働くこと ……………………………… 92

「働く」現場を調べる（92）　自動車工場の参与観察（93）　労働者の「自律性」の実際（95）　丼家の組織エスノグラフィー（97）　店舗マネジャーの仕事（98）　労働者の「自律性」（99）　ワークプレイス研究（100）　協働実践としてのケア（101）　感情労働の発見（103）　労働と家庭における感情ワーク（105）　感情労働としてのケア（106）

4 おわりに ……………………………………………… 108

CHAPTER 4　結婚・家族　109

1 はじめに ……………………………………………… 110

家族規範はどう変わったのか（110）　社会変化との対応（110）

2 近代化は家族をどう変えてきたのか ………………… 111

産業化が家族の変化をもたらした（111）　家からの個人の独立（112）　「見合い婚」の不思議（114）　親の影響力（115）　近代家族（116）　直系家族のゆくえ（116）　親子同居の動向（118）　ケアの社会化（120）　ジェンダー家族（121）　同棲の増加（122）　恋愛の規範（123）

3 家族であるとはどのようなことか …………………… 124

家族の多様化（124）　家族定義問題（125）　家族定義問題への対応（126）　記述のための方法としての「家族」（127）　家族に期待される規範（128）　子育て支援と家族規範（130）　子育て支援のインタビュー調査（132）　成員カテゴリー化装置（133）　「家族」集合と「人生段階」

集合（134）　家族支援としての子育て支援（135）　子育て支援の実践的解法（136）　家族概念の用法を分析する意義（137）

4 おわりに ……………………………………………… 139

CHAPTER 5　病い・老い　141

1 はじめに ……………………………………………… 142
医療の中の社会学（142）　医療を対象とする社会学（143）

2 統計学は医療とどうかかわってきたか ……………… 143
医療と学問の関係（144）　統計的因果推論とは何か（146）　効果の判定は意外に難しい（147）　「同じもの」を比較する：無作為化比較実験（148）　同じ人の「その後」を追う：コーホート調査（150）　疫学転換（152）　社会疫学の考え方（153）　喫煙と社会的属性（154）　社会を数量データで記述すること（156）

3 病むこと・老いることは，どのような経験か ……… 158
病人役割（158）　病人役割に対する批判（159）　病いの語り（161）　摂食障害の語り（162）　回復はどのように語られるのか（163）　遺伝学的知識と病いの語り（164）　患者会の活動（165）　老いと「認知症」の経験（166）　介護施設でのフィールドワーク（168）　本人の想いを汲み取る（169）　「認知症」家族介護をめぐって（170）

4 おわりに ……………………………………………… 171

CHAPTER 6　死　173

1 はじめに ……………………………………………… 174
自殺率と客観主義（174）　死はどのようにみえるものになるか（175）

2 社会学は自殺をどう扱ってきたか ……………… 176

統計と人口動態(176)　平均余命(177)　日本人の死因(178)　日本の自殺率の高さ(179)　数値を使って社会を理解する(181)　社会病理と反省的モニタリング(182)　自殺に対する客観主義的アプローチ(183)　社会的病理と統計数値(185)

3 社会において「死」はどのようにみえるか ………… 186

「死」をみえるようにする(186)　死のポルノグラフィ化(187)　「死と死にゆくこと」の社会学(188)　グラウンデッド・セオリー・アプローチ(189)　病院でつくられる死(189)　死の定義づけ(190)　死に備える(191)　人びとの方法論(193)　告知の社会学的研究(194)　救急医療における意思決定過程(194)　死にゆく過程を生きる(196)　生を継承する(197)

4 おわりに …………………………………………… 198

CHAPTER 7　科学・学問　199

1 はじめに …………………………………………… 200

「科学」としての社会学(200)　「科学」を対象とする社会学(201)

2 社会学における理論と実証 ……………………… 201

理論とは何か(201)　社会学における理論の「緩さ」(202)　社会学理論と日常の概念連関(203)　理論と現実の乖離(205)　理論と実際の「突き合わせ」(206)　棄却された仮説は「間違っている」わけではない(208)　データからの意外な発見(210)　計量研究の二つのアプローチ(211)　社会に介入することと社会を理解すること(213)

3 科学と社会はどのような関係にあるのか ………… 215

常識的概念に着目する(215)　社会学の対象の多様さ(216)　科学技術における専門的概念(216)　「科学」と「社会」という問い(217)　科学的知識の社会学(218)　科学と社会の相互作用(219)　公害問題を事例として(219)　科学研究の自律性(220)　研究成果のとりまと

め（221） 歴史的資料にもとづく経験的研究（222） 実験室のエスノグラフィー（223） 実験室のエスノメソドロジー（224） 「科学」実践の「社会性」（226）

4 おわりに……………………………………………… 228

「社会」と人とのかかわり方　229

1 「社会を理解する」というかかわり方（再訪）……… 230
2 数量データによる社会の記述（再訪）……………… 233
3 概念の理解（再訪）…………………………………… 234
4 よりよい社会の理解に向けて（再訪）……………… 236

ブックガイド　240

参考文献　251

あとがき　257

索　引　260

Column ● コラム一覧

① 都市と社会学 ……………………………………………………… 10
② 量的社会調査と社会学 …………………………………………… 24
③ 社会についての「誤認」 ………………………………………… 53
④ 行為の理解 ………………………………………………………… 62
⑤ 近代化の社会理論 ………………………………………………… 89
⑥ 日常生活世界 ……………………………………………………… 129
⑦ 機能主義の社会学 ………………………………………………… 160
⑧ 相互行為秩序 ……………………………………………………… 195
⑨ エスノメソドロジー ……………………………………………… 226
⑩ 社会学的想像力 …………………………………………………… 238

本書のコピー,スキャン,デジタル化等の無断複製は著作権法上での例外を除き禁じられています。本書を代行業者等の第三者に依頼してスキャンやデジタル化することは,たとえ個人や家庭内での利用でも著作権法違反です。

著者紹介

筒井 淳也（つつい じゅんや）

　　　　　　　　　　　　　分担：序章，各章の2節，第**1**～**4**章の❶・❹節

一橋大学大学院社会学研究科博士後期課程満期退学

博士（社会学）

現在，立命館大学産業社会学部教授

専門は，家族社会学，計量社会学

主要著作

『社会を知るためには』ちくまプリマー新書，2020年

『結婚と家族のこれから――共働き社会の限界』光文社新書，2016年

『仕事と家族――日本はなぜ働きづらく，産みにくいのか』中公新書，2015年（不動産協会賞受賞）

前田 泰樹（まえだ ひろき）

　　　　　　　　　　　　　分担：各章の3節，第**5**～**7**章の❶・❹節，終章

一橋大学大学院社会学研究科博士後期課程単位取得退学

博士（社会学）

現在，立教大学社会学部教授

専門は，医療社会学，質的研究法，理論社会学

主要著作

『急性期病院のエスノグラフィー――協働実践としての看護』（共著）新曜社，2020年

『遺伝学の知識と病いの語り――遺伝性疾患をこえて生きる』（共著）ナカニシヤ出版，2018年

『心の文法――医療実践の社会学』新曜社，2008年

『ワードマップ エスノメソドロジー――人びとの実践から学ぶ』（共編）新曜社，2007年

CHAPTER

序章

人と「社会」とのかかわり方

KEYWORD
他者　理解　社会学　方法　近代化　計量社会学　社会変動　社会記述　概念　日常生活　質的研究

1　「社会を理解する」というかかわり方

　私たちは，社会のなかで，たくさんの他者と一緒に暮らしています。この社会への，私たちの「かかわり方」にはさまざまなものがあるでしょう。「かかわる」というと積極的な響きがしますし，社会を実際に変革するような試みを思い浮かべる人もいるかもしれません。ただ，私たちは何か行動を起こす前に，多かれ少なかれ社会，あるいはそこで生じるできごとのことを「理解」しています。

　ただ，よくわからないことも，もちろんたくさんあるでしょう。たとえば，「日本人は働きすぎだ」といわれています。このこと自体はみなさんの「（日本）社会についての理解」の一つとして存在しているでしょう。しかし，日本人がどれくらい働きすぎなのか，なぜ働きすぎるのかといえば，ちゃんとした理解をしている人はそれほど多くないかもしれません。

　私たちは，実親から生まれ，学校に行って学び，仕事をして，もしかすると家族を持ち，場合によっては病いに倒れ，そしていつかは死んでいきます。この一つひとつのイベントについて，私たちはすでに多くのことを「知って」います。ただ，必ずしも深くは知らないでしょう。この「理解」を先にすすめる方法の一つが，学問です。社会学もその一つです。

2　数量データによる社会の記述

　社会学という学問は，経済学や心理学と同じく，人間や社会にかかわる「問い」を科学的に追究する学問の一分野です。「社会学とはなにか」についての

共通した理解が必ずしもあるわけではないのですが，日本でもその他の国でも「社会学者」を名乗る研究者・大学教員はたくさんいます。

　日本には「日本社会学会」という大きな組織があり，この本の筆者はふたりともそこに所属しています。また，日本の大学にはたくさんの「社会学部」，あるいは学部ではなくても社会学を学ぶコースがたくさんあります。規模の大きな私立大学では社会学部が置かれていることが多いです。国立大学で社会学部があるのは2017年の時点で一橋大学だけですが，東京大学や京都大学のように，文学部のなかに社会学を学ぶことができる専攻が置かれていることもあります。

　しかし，そこでどういったことが学べるのかについては，実際に社会学部あるいは社会学専攻に所属していないかぎり知らない人のほうが多いと思います。場合によっては社会学を学ぶコースにいるはずなのに，社会学が結局なんであるのかが理解できないままの学生さんもいるかもしれません。

　社会学について一般の人びとに理解がないのは無理もないことです。社会学者自身が，社会学がなんなのか共通した説明をすることができていないからです。しかし，それにもかかわらず，社会学者は一定の「**方法**」に沿って研究を行っています。代表的なのは，量的な方法と質的な方法です。

　たとえばある社会学者は「都市化」の研究をしています。都市とは人口が密集した地区を指しますが，都市化というのは，都市部に多くの人びとが住むようになり，都市の規模が大きくなっていくことです。

　都市に住む人びとは，農村部に住む人びととは異なった生活の仕方をしています。多くは会社に雇用されている人たち，いわゆるサラリーマンです。人間関係のあり方も変化したはずです。一般的なイメージとして，「都会の人間関係はドライだ」といったものがあると思います。しかしそれが本当なのかを確かめようとする人はほとんどいません。社会学者のなかには，「都市化が進むと人間関係は希薄になっていくのか」という問いに取り組む人がいます。多くの社会学者は社会の変化，とくに**近代化**が私たちの生活にどういった影響をもたらすのかに関心があり，そのなかで都市化の影響など，さまざまな問いを立て，それに科学的に答えていこうと考えているのです。

　参考までに，都市化は必ずしも人間関係の希薄化のみをもたらしたわけでは

なく，たくさんの多様な人たちが集まることで趣味関心を共有する集団をつくってきた，というのが現在の都市社会学者の理解です。趣味のスポーツクラブなどを思い浮かべてみましょう。

こういったたぐいの問いについて，一部の社会学者は数量データを使って答えようとします。人間関係の密度をなんらかの測定方法を使って調査し，それが都市部と農村部でどれほど違うのかを分析したりします。数量データを使った研究は，むしろ社会学以外の学問において頻繁に使われているアプローチです。現代の心理学や経済学は，数量データの分析抜きには研究ができません（「こころ」に関心があって心理学部に入ったのに，数量データの分析法を学ぶことになって面食らった心理学専攻の学生はたくさんいるはずです）。

社会学でも数量データを使った研究はたくさんあります。そういった研究の分野を**計量社会学**と呼んでおくと，計量社会学は社会の比較をしたり，変化をとらえたりするためにデータを使う点に特徴があります。こういうと「他の学問は違うのか」と思う人がいるでしょう。実は心理学や経済学では，たしかに数量データを使った研究が一般的ではありますが，社会の姿や変化をトータルにとらえるためにデータ分析を行うことはそれほどありません。そうではなく，「何をどうしたらどうなるか」という原因と結果の関係（これを「因果関係」といいます）を特定するためにデータを使うことが多いのです。

因果関係を統計学的に追求することを「統計的因果推論」と呼びます。因果関係については，医学分野を想像するとわかりやすいでしょう。ある薬に特定の症状を緩和する効果があるのかといった問いは，まさに統計的因果推論で取り扱われるものです。経済学では「職業訓練を受けた人は，その後の就職の確率が上がるのか」「子ども手当の導入は出生率を上昇させるか」，心理学では「親子間の会話は児童の言語発達に影響するか」「暴力的テレビ番組の視聴は子どもの暴力的性向を強化するか」といった問いが，まさに因果推論の問いになります。

この先の章で紹介するように，社会学でももちろん因果推論に関心を持つ場合もあるのですが，むしろ時間的に長期的な変化をとらえ，空間的に広い範囲での比較を行うために数量データを用いることが多いのです。「女性の労働力参加率が1970年代に最低になり，そこから再び上昇を始めた。この背景には

雇用労働の増加があり……」といったように，社会全体の変動を記述する際に数量データを援用するわけです。

　私たちは，いろんな場面で「社会を記述（描写）」します。たとえば私たちは，私たちの住む日本社会について，「かつてはこうだったが今はこうなっている」（例：「かつての女性は結婚あるいは出産を機に仕事を辞める人が多かったが，現在はこれは減っている」）といった記述をします。こういった社会を記述する活動は研究者，マス・メディア，官僚などの仕事のなかにたくさん含まれてきますが，それ以外の人びとも，雑談交じりに「昔は就職なんて難しくなかったけど，今の若い人はたいへんそうだな」といった発言をすることはあるでしょう。

　こうしたとき，数字を使わずに社会の記述を行うこともありますが，数字，とくに統計数値を使っていることも多いのです。計量社会学者は，こういった社会の記述を，より正確なデータと計量的方法に基づいて行う点が，一般の人びとの社会の数量的記述と異なっています。とはいえ，これらは「地続き」と考えてよいものなのです。社会学者による数量データを利用した社会記述も，この活動の延長線上にあります。

3　概念の理解

　他方で，社会学者のなかには数量データをほとんど使わないような研究方法に携わっている人も多くいます。たとえば，次のようにして問いを持つ人たちです。

　私たちはさまざまな言葉，あるいは**概念**を使って生活を営んでいます。そのなかには，その概念の使い方はよく知っていて，実際に日常生活でしばしばそれを使うものの，よくよく考えてみればきちんと説明できないようなものがたくさんあるのです。

　例として，「仕事」あるいは「労働」について考えてみましょう。経済学者は（社会学者もですが），政府による労働統計のデータを研究のなかで頻繁に使います。この統計を使えば，「2014年10月時点で働いている人は人口の○％だ」といったことがわかります。すでに述べた「数量データによる社会の説

明」ですね。たしかに数量データを示されると，説明・記述がより客観的で説得力を持つように聞こえます。

　しかし社会学者はここで満足しません。そもそも「働いている」とはどういうことを示しているのでしょうか。「会社に雇用されている」ことでしょうか。だとすれば自分で商売をしている自営業の人や，農家の人はカウントされません。さすがにこの定義は狭すぎますので，無理があります。では，「お金を稼ぐ」ことでしょうか。こうすれば自営業や農家の人も入ります。しかし，これだといくら重労働であったとしても家事が労働にカウントされません。

　実は，現代の労働統計は基本的に「お金を稼ぐ」こと，つまり報酬を目的とした活動を労働としてカウントします。そしてこの考え方はある程度私たちの「仕事」「労働」の理解に合致しているといえます。専業主婦（主夫）のなかには，非常に効率的に家事をすることで，その夫あるいは妻の仕事を支え，結果的に大きな稼ぎを家計にもたらしていることもありえます。しかしどんなに稼ぎに貢献していても，家事をしている人は「働いている人」とは考えられていません。「いま働いている？」と聞かれたとき，専業主婦の人の多くはいくらてきぱきと家事をしていても，そしていくら家族の人を家事を通じて幸せにしていても，「働いていない」と答えるでしょう。要するに，私たちの社会では「労働」あるいは「働くこと」と「金銭報酬」が概念的に強く結びついているのです。

　このような結びつきは，私たちにとっては「当たり前」かもしれませんが，必ずしもどんな社会にでも共通にみられるとは限りません。

　「仕事」と「家事」の区別についてさらに考えてみましょう。家族社会学者には，夫婦間の家事分担について研究している人がたくさんいます。そのとき，とくに統計を使って研究をする社会学者は，一般の人たちの家事の頻度をアンケート調査などで聞き取り，それをもとに家事分担の実態の分析を行っています。たとえば，ある既婚男性は1週間当たり1回しか「食事の準備」をしないが，その妻はほぼ毎日それを行っている，といった情報を使うのです。

　しかしそもそも「家事」とはなんなのでしょうか。「買い物」は家事に入るのでしょうか。あるいは「家族の車での送り迎え」「電球の取り替え」はどうでしょう。それこそ，昔は「服を作る」ことも家で行われるものでした。機織(はたお)

り機をうまく使えることが，よい妻の一つの条件だった時代や地域もあります。いってみれば，現代社会で「仕事」として誰かが金銭報酬を得ながら行っている仕事のなかには，以前は「家事」であったものがたくさんあるということです。当然ながら，昔は今ほど外食することはありませんでした。外食が産業として発展するのは，近代化以降です。クリーニング・サービスもそうです。お金を払って洗濯をしてもらうというのは，今では当たり前ですが，そうではない社会もあったし，現在もあるでしょう。

　このように，数量データがシンプルに物事（たとえば「働く人の人数」）をカウントする条件として，私たちの一定の概念理解があります。この概念の理解があってこそ，私たちは物事を「数え上げる」ことができるのです。そしてこの概念理解は，先ほどいくつか例をあげたように，考えはじめると意外にややこしい構造をそのなかに隠しています。この概念あるいは概念連関の複雑さを解きほぐすことも，社会学者の一つの役割です。

　そして重要なことは，こういった概念や，それが日常的な私たちの生活のなかで使われている様子をきちんと理解することは，決して数量的に答えを出すことができない課題だ，ということです。したがってこういった探究を社会学者が行うとき，数量データを分析する計量社会学の方法以外のやり方が採用されます。いわゆる「質的研究」です。

4　よりよい社会の理解に向けて

　数量的な問いと，そうではない問いの性質の違いについて理解することは大事なことです。一方には，特定の概念理解（たとえば「労働」の定義）を前提としつつ，社会の姿を数量的にとらえるアプローチがあります。そうすることで，社会の変化をみたり（「働く女性の増加」），異なった社会を比較したり（「日米の女性労働力参加率の差」）することができます。このような社会の記述は，大学の授業のレポート課題などでもおなじみなのではないでしょうか。

　他方で，こういった概念理解そのものを問いなおすような研究や，働くことの意味や実態を人びとの実際の生活に即して理解しなおそう，といった研究も

あります。こちらは大学の授業やレポート課題のなかでもあまり一般的ではないかもしれません。

しかしこういったアプローチは，本来は相互補完的な役割を果たすべきものなのです。社会学は伝統的に，近代化が私たちの生活にどのような変化をもたらすのかに関心を持ってきました。刻々と変わっていく社会のかたちをとらえるためには，どうしてもそれを数量的に把握するという作業は避けて通れません。しかし何かを数量的に把握するということは，私たちが私たち自身を取り巻き，またかかわっていく社会を理解するための活動の「一部」でしかありません。

一つには，私たちは数量データを用いつつ，社会を長い期間のなかでとらえたり，他の社会（国）と比べたりします。つまり，「社会はこう変わってきた」「この社会は他の社会と比べてこういう特徴がある」といった「社会記述」のなかで，数量データの助けを借りつつ行うのです。そこでは数量データは主役というよりは脇役で，社会についての説明を行う際に力を貸してくれる存在になっています。社会学は，どのような数量データをどのように使うと，この目的にかなうかを常に考えてきました。

もう一つ，社会学者は，社会を数量的に理解することの限界についても敏感です。つまり，数量的に答えることができる問いと，そうではない問いの両方があることを（はっきりと意識しているかどうかは別にしても）知っているのです。もちろんこのことは，社会学において数量データを取り扱うことに意味がないということではありません。社会学者にとっては，どういう場合に数量データを使い，どういう場合に使わないのかが，非常に重要な問題なのだ，ということです。

⑤ 本書の特徴

本書では，社会学の複数の研究アプローチについて，トピックを絞りつつわかりやすく解説することをめざしています。トピックは七つあります。「出生」「学ぶ／教える」「働く」「結婚・家族」「病い・老い」「死」そして「科学・学

問」です。最後の「科学・学問」を除けば,「出生」から「死」までは,人びとが人生で経験するできごとに沿って展開されています。これら一つひとつのトピックについて,二人の著者が異なったアプローチから社会学的な知識を紹介します。

　各章前半（第2節）を担当する筒井は,数量データを使った社会学,つまり計量社会学を専門にしています。筒井の担当箇所では,各トピックについて随時数量的なデータを用いながら,社会学者がどういう理解をしているのかを説明します。

　各章後半（第3節）を担当する前田は,質的データを使った社会学,とくにエスノメソドロジーと呼ばれるアプローチ方法を専門にしています。前田の担当箇所では,各トピックについての質的な社会学研究の成果を用いて,社会学者がどのような見方をしているのかを論じていきます。

　異なったアプローチで論じると,私たちの行為や社会についてどのように理解が深まるのかをぜひ感じとってください。

Column ① 都市と社会学

　近代社会の一つの特徴は，多くの人たちが都市で暮らしている，ということです。社会学ではこれを都市化と呼び，都市化にともなうさまざまな現象を理解しようとしてきました。

　質的な調査を通じて人びとの都市生活のあり方を描き出したのは，アメリカ社会学の源流の一つ，シカゴ学派と呼ばれている研究者グループでした。たとえば R. E. パークは，異なった人種が混ざり合う都市の問題（とくに白人と黒人のあいだのコンフリクト）を描き出しました。シカゴ学派の研究の多くは，移民問題や人種の問題といった，異質な集団の関係に焦点を当てるものでした。

　都市は，農村とは異なった生活スタイルを人びとが営む場所でもあります。この都市的生活スタイルを社会学ではアーバニズムと呼び，数多くの研究が蓄積されています。たとえば都市では多くの異質な人たちが集いますから，他人とちくいち関係を持つことは避けられます。すれ違うくらいでは，挨拶もしません。しかし他人を完全に無視することもまたマナー違反です。こういった都市的な生活の作法については，E. ゴフマンの研究が有名です（コラム⑧も参照）。

　農村的な生活と比べたときの都市生活の特徴としては，しばしば人間関係の希薄さが指摘されることがあるでしょう。社会学者もこの問題関心を 100 年以上前から持っていました。第 2 章に登場する M. ウェーバーと同時代に活躍したドイツの社会学者 G. ジンメルは，都市での匿名的な人間関係における開放性をむしろ肯定的にとらえました。同じくドイツの社会学者 F. テンニエスは，対象的に都市の人間関係の利益志向や打算的性質を嘆きました。

　社会調査にもとづく実証によってアーバニズム問題に取り組んだのが，アメリカの社会学者 C. S. フィッシャーです。フィッシャーは調査データにもとづいて，むしろ都市には人間関係を豊かにする側面がある，と論じました。都市にはとにかくたくさんの人がいますから，同じ趣味・趣向を持っている人をみつけやすく，したがって趣味的な結合が生じやすい，というのがフィッシャーの説明です。実証をしてみると，意外な結論が出てくるのが社会学の楽しみの一つです。

(T)

CHAPTER

第 1 章

出 生

1 はじめに

出生はどんなイベントか

「出生」は，生まれてくる子どもにとっては人生の出発点であり，子どもをつくる親からすれば人生のなかにある一つのイベント，あるいは選択です。このイベントには，次のような特徴があります。

まず，出生というのは生まれてくる子どもにとっては選択の余地のないできごとです。生まれてくる子どもは，当然ですが自分で生まれてくるかどうかを選ぶわけではないですし，自分が生まれてくる時代や国・地域を選ぶこともできません。また，生まれの時点での性別や親も，自分で選ぶことができません。

実は，私たちの住む現代社会の決まりごと（制度）は，多かれ少なかれこの「選べない」という事情を考慮してつくられています。というのは，自分で決められないこと（たとえば出身家庭が経済的に苦しい家庭である，など）が個々人の人生の有利・不利に影響することはよくないことだ，と考えられているからです。しかし自分で選ぶことのできない何かが自分の人生にどの程度影響を及ぼしているのかについてきちんと理解している人は，ほとんどいないでしょう。

次に，出生というできごとがある社会（国）のなかでどのくらいの頻度で生じているのか，つまり出生力は，社会のあり方によって異なります。出生力が高い国もあれば，日本のように低い国もあります。出生力の高低もまた，逆に社会のあり方に強いインパクトを与えます。日本は少子高齢化の問題に直面していますが，これは，以前と比べて生まれてくる子どもの数が急激に減っているために，高齢者を支える働き手が少なくなっている，という問題です。この問題はかなり深刻なものです。しかしなぜ私たちは以前よりも子どもをつくらなくなっているのかをきちんと理解している人はそれほど多くありません。

計量社会学では，このような認識にもとづいていくつかの問いを立てて答えてきました。本章の第2節では，そのなかの一部について説明します。

妊娠や出産と「選択」

さて，計量的な研究は，子どもが生まれるということを数量的にカウントして，それをもとに出生行動の社会的な変化について説明しようとします。そのため，「子どもが生まれる」あるいは「妊娠する」ということの内実について深く追求することはしません。しかし，子どもをつくること，つくろうとすることは，実際には単に「つくるか，つくらないのか」を選択するだけの単純な経験ではありません。つくるのかつくらないのか，つくるのならばいつつくるのかといった選択のほか，現在では妊娠がわかったときに出生前診断を受けるかどうか，出生前診断で特定の結果が判明したときにどうするのか，といったさまざまな選択が同時に経験されているのです。つまり，妊娠すること，出産することというのは，私たちが思い浮かべるよりもずっと複雑で，説明を要するできごとなのです。

また，このような妊娠と出産にまつわる一連の経験は，「胎児」（まだ生まれでておらず，母親の胎内にいる子ども）についての私たちの理解と深く絡み合っています。しかし「胎児はどこからが『生命』か」という判断もまた，実際にどのようになされているのかについては，私たちはきちんと理解していません。

質的アプローチを用いる社会学では，このような数量データのみでは解明することが難しい，込み入った経験や私たちの概念理解について考察がなされます。本章の第3節では，こういったアプローチを紹介していきます。

なぜ子どもが生まれなくなっているのか

> KEYWORD
> 少子高齢社会　国家　制度　多産多死　出生率　死亡率　産業化　人口転換　数量データ　合計特殊出生率　選択　公平性　社会階層の閉鎖性

昔は子だくさん？

「子どもが生まれる」というのは，きわめて個人的な現象，つまり私たち個人それぞれの人生にとって大きな意味を持つできごと，人生の大きなイベントの一つです。他方で，それと同時に子どもが生まれることは，社会全体にとっても大きな意味を持っています。たしかに私たちは子どもをつくろうとするとき，**少子高齢社会**になっていく日本の行く末を案じてそうするのではありません。また，当時のその国の出生率が高かったり低かったりすることが，私たちが子どもをつくるかどうかを判断するときに直接考慮されることはほとんどないはずです。そうであるにもかかわらず，出生・出産というできごとは，いやがおうにも社会的に影響を受け，かつ社会のかたちに大きく影響を与えるものです。

「社会のかたち」といっても多くの人にはあまりピンとこないかもしれません。具体的には，昔の社会と今の社会の違い，あるいは日本社会とアメリカ，ヨーロッパ諸国などの他国との違いなどを想像しておいてください。「社会」とは，人びとが交わることでつくられるまとまりのことですが，近代以降ではとくに「**国家**」というかたちでのまとまりが重要です。国家には唯一の中央政府があり，多くの人は同じ国の国民として一生を終えます。また，一つの国のなかではある程度共通した**制度**（教育制度，医療制度などを想像してください）が適用されているため，国民の生活スタイルもある程度似通ったものになります。「子どもをつくる」という行動についても，ある社会と別の社会では異なった様子になるのです。

まず，昔と今の社会は，子どもの出生の点でかなり異なったものでした。みなさんのなかには，ドラマのなかの家族や，年配の親類の様子などから，「昔の女性は，今の女性とは違って子どもをたくさんもうけていたのだな」と考えている人がいるかもしれません。戦後，1950年前後で生まれた人が親戚のなかにいる人ならば，その親戚には多くの場合たくさんのきょうだいがいるでしょうから，「昔の人は子だくさんだったのだな」と思ってしまってもしかたがないでしょう。しかしこのイメージは，ある意味では正しいのですが，別の意味では間違っているのです。

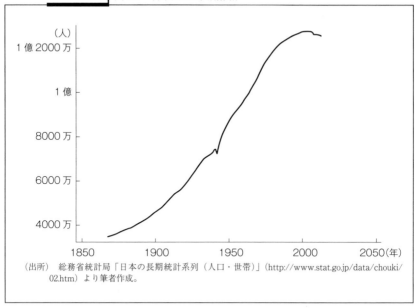

CHART 図1.1 日本人口の長期推計

（出所）総務省統計局「日本の長期統計系列（人口・世帯）」（http://www.stat.go.jp/data/chouki/02.htm）より筆者作成。

人口があまり増えなかった時代

「昔は子だくさん」というイメージが必ずしも正しくないということは，少しだけ想像力を働かせると理解できます。昔はたくさん子どもがいて，今はそうではないとなると，昔はとにかくどんどん人口が増えていたのに，最近はあまり増えなくなった，ということになります。しかしこれだと少し変ですし，事実そういったことはありません。実は，少なくとも先進国においては，人口が爆発的に増えたのはほんの一時期のことにすぎないのです。

日本を例にとって説明しましょう。たしかに1940年代くらいまでの日本では，女性は今よりもたくさん子どもを生んでいました。しかしそのあいだずっと人口が増え続けたわけではないのです。江戸時代には，日本の人口はおよそ3000万人で安定していたと考えられています。人口が急激に増え始めるのは明治時代以降で，1980年代からは1億2000万人を超えました（図1.1）。2006年以降，日本の人口の動きは反転し，今後は急激に減少することが予想されています。

昔の女性は子どもをたくさん生んでいたのに，なぜ人口が増えていかなかっ

たのでしょうか。それは，子どもはたくさん生まれていたのですが，同時に多くの子どもが乳幼児期に死亡してしまったからです。原因はさまざまですが，食糧事情の悪さからくる慢性的栄養不足，不衛生な生活環境からくる疫病などが主に考えられています。また無事大人になったとしても，せっかく増えた人口がたびたび生じる飢饉や戦争のせいで急激に失われることもありました。1790 年代に起こった天保の大飢饉では，90 万人以上が飢餓やそれに続く疫病で死亡したという説もあります。3000 万人のなかでの 90 万人というのは相当な数ですね。

「たくさん子どもが生まれるが，それと同程度にたくさん人が死んでいる」という状態は，人口学的には「**多産多死**」と呼ばれています。多産多死の段階では，人口は増えないか，増えるにしても緩やかにしか増えていきません。

死亡率の低下の原因

明治期になって日本が近代化していくなかで，図 1.1 にあるように，急激に人口が増加し始めます。人口が増加するというのは，生まれてくる人の数が死んでいく人の数を上回るということです。明治から第二次世界大戦終戦の前後まで，**出生率**（人口 1000 人当たりの年間出生数）は約 30，**死亡率**（人口 1000 人当たりの年間死亡数）は 20 程度という時期が続きました。仮に日本の人口が 100 人だとすれば，毎年 3 人が増え，2 人が減る，という状態です。このため徐々に人口が増えていったわけです。

1930 年ごろまでは死亡率はほぼ一定でした。それまでの時期，おびただしい数の子どもが結核や腸炎などの感染症のため亡くなっていました。感染症は子どもだけではなく大人の体をも蝕んできました。とくに大正から昭和初期の時代，結核は罹患者数が多いうえに非常に死亡率が高く，「亡国病」とまでいわれました。文字どおり「国を滅ぼす病気」といった意味です。結核菌が体に入り込んだ感染者の一部が実際に発症します。すると，状況によっては空気感染を引き起こして広がっていきます。この時代，結核を治療するための療養所（サナトリウム）が各地に多数あって，結核に冒された人の心境や人生を描く文学ジャンル（「サナトリウム文学」と呼びます）まであったくらいです。宮﨑駿監督の映画『風立ちぬ』で，山地のサナトリウムに入院したヒロインの菜穂子が

屋外で毛布にくるまって療養しているシーンが記憶に残っている人もいるのではないでしょうか。昔は結核に対してこれといった治療法がなく，空気のきれいなところで養生することしかできなかったのです。実は，結核はまだなくなってはいません。もちろん以前よりは格段に低くなっていますが，日本における結核の罹患率は他の先進国に比べてかなり高いことがわかっています。

ベビーブームと人口転換

さて，1930年代以降の日本では，出生率はそれほど変化しないのに，死亡率が徐々に低下し始めます。**産業化**によって国が豊かになったことで栄養状態が改善したこと，医療技術の発達，そして公衆衛生の普及などが背景にあります。とくに栄養に関する科学的知識や感染症予防活動などが，子どもの死亡率を大幅に低下させていったことが大きな理由です。

このように，近代社会では飢饉や疫病で大量の人口減少が生じることはほとんどなくなっていきます。したがって，近代社会で人口減少が起こりうるとすれば戦争だ，というのが常識になっていました。図1.1をみてもわかりますが，第二次世界大戦の期間中に人口が少し減っていることがわかります。

第二次世界大戦が終わると，戦中は控えられていた反動からか，1947年から49年までの3年間に非常にたくさんの子どもが生まれました。いわゆるベビーブームです。また，戦後はアメリカから発達した公衆衛生の制度と知識が取り入れられ，これがさらなる死亡率の低下を引き起こしましたから，このベビーブームが大幅な人口増加につながります。先の3年間に，実に毎年約270万人の子どもが生まれました。現在では毎年100万人ほどしか生まれないので，当時は現在の約2.7倍の「同い年」がいたわけです。私たちはこの時代に生まれた人たちのことを，のちに「団塊の世代」と呼ぶようになります。

これまでの人口の増減を図式化したのが図1.2です。出生率が死亡率を上回る時期に人口が増えるわけですね。これを「**人口転換**」と呼びます。

社会学では，ここで述べてきたような社会の変化について，**数量データ**や制度の歴史を調べることで明らかにしようとします。私たちは日常生活でも，自分の周りの状況あるいはその変化について，数量データを通じて理解しようとすることがありますね。たとえば家を購入するとき，たいていの家計ではロー

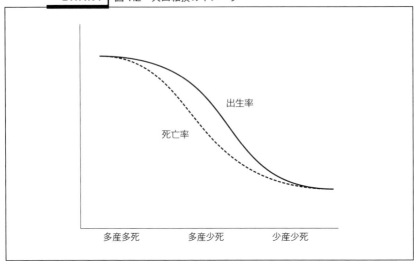

図1.2 人口転換のイメージ

ンを組みますが、その際、給料の額やその増加見込みをある程度計算しておく必要があります。会社では、売上の推移をデータ化しながら会社の状態を把握することが経営上必須です。社会学、とくに計量社会学では、それと同じような活動を社会全体、一つあるいは複数の国について行います。ただし、科学的により妥当な方法、より正確なデータにもとづいて、他国との比較や国内の変化の把握をし、その動きを理解しようとするのです。

さて、ここでふたたび図1.1をみてみましょう。すると、現在の日本は人口が減っていく局面に入っていることがわかります。これは人口転換論という従来の理論では説明できない現象です。これだけ医療技術が発達して死亡率が下がっており、また昔に比べれば格段に安心に暮らしていける世の中で、いったい何がどうなって、人口が減り始めたのでしょうか。

主要国における出生率の低下

2015年時点で人口が減っている国は、いわゆる経済先進国ではめずらしく、主要国では日本のほかにはドイツくらいです。とはいえ経済先進国以外に目を向けてみると、人口減は決してめずらしいわけではありません。図1.3は、いくつかの国について、21世紀になってからの人口増加率の推移を示したグラフです。縦軸はパーセンテージで、100を超えると人口増、100を割り込むと

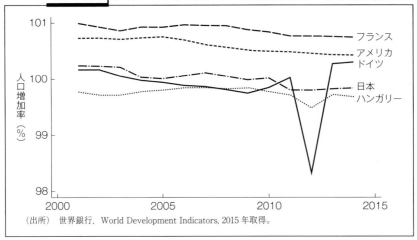

図1.3 いくつかの国についての21世紀に入ってからの人口増加率

（出所）世界銀行, World Development Indicators, 2015年取得。

人口減が観察されます。

　みるとわかりますが，フランスとアメリカの数値は常に100を超えた位置にあり，ずっと人口が増え続けていることがわかります。しかし近年の日本，(2000年代後半の）ドイツ，そしてハンガリーは人口が減少しています。実は，ルーマニアやハンガリーなど，旧社会主義国の多くでは，主に経済の停滞から失業や他国への移民による人口流出が続き，また出生率が非常に低い状態になっていることもあって，人口減少が続いているのです。しかし日本やドイツなどの経済的に比較的裕福な国で継続的に人口が減少するというのは，どういうことなのでしょう。

　まず，人口減少までには至らなくとも，実はほとんどの先進国では出生率が低い状態にとどまっています。一般に，死亡率が一定で，移民による流入・流出の影響がない場合には，ある国にいる女性が一生のうちに2人を少し超える子どもをつくれば，その国の人口は一定に保たれます。ある国で人口が維持されるために必要な出生力の数値を人口置換水準といいますが，これが2.0を少し超えるのは，（非常に珍しくなったとはいえ）子どもが成人して自分たちの子どもを持つまえに亡くなってしまうことが生じうるからです。

　先進国の出生率は，フランスなどの一部例外を除いてこの人口置換水準を割り込んでいます。それでもほとんどの先進国で人口減少が生じていないのは，他国からの多くの移民流入があるからです。日本とドイツでも多かれ少なかれ

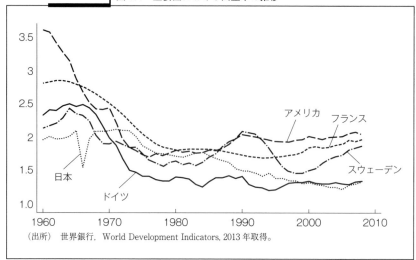

CHART 図 1.4　主要国における出生率の推移

（出所）世界銀行，World Development Indicators, 2013 年取得。

移民の流入はありますが，それを帳消しにするくらいの出生率の低さが問題となっているわけです。

出生率を表す数値にはいくつかのものがありますが，よく使われるのは**合計特殊出生率**と呼ばれている数値です。合計特殊出生率とは，ある時点での出生傾向が続く場合，女性が一生のうちに平均して何人の子どもを生むか，ということを計算した数値です。世界銀行のデータによれば，2013 年の合計特殊出生率は，日本で 1.43，ドイツで 1.38 となっています。これは同年のフランスの 2.01，アメリカの 1.78，スウェーデンの 1.91 といった数値に比べて非常に低い水準です。図 1.4 は，これらの国の出生率の推移を示したグラフです。

フランスやアメリカといった，現在では出生率をある程度回復できた国でも，1960 年代から 80 年代にかけて，出生率の大幅な低下を経験しています。なぜ先進国一般で，かつてより出生率が低下したのでしょうか。社会学では，経済学などから理論を拝借しつつ，以下のような説明をしています。

なぜ出生率が低下したのか

一つには，人びとが子ども一人ひとりに愛情を込めて育てるようになった，ということがあります。歴史社会学者の E. ショーターは，家族内部の関係（夫婦や親子）が愛情に満ちたものであるべきだという考え方や母性愛という感

情は，近代（ヨーロッパでは 18 〜 19 世紀）に生まれたものだ，と論じています（Shorter 1975=1987）。もちろん近代以前の農村社会や貴族社会においても夫婦や親子のあいだの愛情がなかったわけではありませんが，乳児の遺棄（捨て子）という習慣が広くみられたように，親が子に対して持つ愛情のかたちは現在の私たちのそれとはかなり異なったものだったのです。ところがヨーロッパでは 18 世紀ころから，母性愛という考え方が一般民衆に広がっていきます。これが「少なく産んで大事に育てる」という行動を広げていく一つの要因になったのです。

また，経済が農業から工業，そしてサービス業にその中心を移していくにしたがって，職を持つことに要求される技能の水準が上がってきたことも少子化の重要な要因です。もちろん農業でも知識・スキルが必要ないわけではないのですが，工学・技術の知識，会計や法律の知識などは，修得するために数年間の専門的な教育を受けなければなりません。子どもが何人もいると，すべての子どもに十分な教育を施すことは，なかなかできなくなります。

女性の職場進出

多くの女性が家庭の外で働くようになったことも，少子化の重要な要因の一つだと考えられています。第 3 章「働く」でも女性の労働力参加について触れますが，ここでは出生率にかかわる点のみ説明しておきましょう。

多くの女性が専業主婦であった時代には，子どもがたくさん生まれていました。もう一度図 1.4 をみてください。1960 年の時点では，実は主要国のなかで日本の出生率はすでに低いレベルになっていて，他方で国によっては，3.5 を超えていたアメリカ，2.5 を超えていたフランスを筆頭に，非常に高い出生率もみられました。1950 〜 60 年代というのは，先進国では多くの女性が専業主婦になっていた時代です。他方で日本では，いまだ産業化が進行中で，かなり多くの女性がまだ農業や自営業のかたちで働いていたのでした。

1970 年代に入り，各国で多くの女性が家庭から切り離された職場で働くようになると，仕事と子育ての両立が難しくなり，女性が子どもと仕事のどちらかを選ぶ，という選択をせまられることになります。農業や自営業など，働く空間（作業場やお店）と私生活の空間がつながっている場合には，稼ぎを得る

仕事をしながら子育てをすることもできたのですが，二つの空間が分離していくと，職場に子どもを連れてくるわけにもいかず，両立が厳しくなるのです。何かの選択をしたために諦めなければならない収入のことを経済学では機会費用といいますが，女性が家庭外で働いてお金を稼ぐようになればなるほど，この機会費用が大きくなっていき，家計が稼ぎを優先しようとすれば当然子どもの数を減らさなければならなくなります。

少子化が進む要因としては，ほかにも避妊手段の普及や年金などの社会保障制度の充実があります。公的な年金制度や介護保険制度が発達していれば，老後の生活を自分の子どもに頼る必要性が小さくなり，子どもを持つ動機が弱くなると考えられています。

とはいえ，これらは先進国にある程度共通している変化です。したがって，これだけでは日本やドイツが他国に比べてことさら出生率が低くなってしまった理由は説明できません。では，日本やドイツでとくに子どもが生まれなくなっているのはなぜでしょうか。

仕事と子育ての両立

経済が一定以上発達した国が参加するOECDの加盟国（ただし旧社会主義国は除く）のなかで，2005年以降の合計特殊出生率が1.5を切ったことがある非常に出生率の低い国は，オーストリア，スイス，ドイツ，スペイン，ギリシャ，イタリア，日本，韓国，ポルトガルです。社会学では，経済水準が比較的高い先進国の一部で出生率が非常に低くなってしまうことの最も大きな要因は，女性が働く環境が整っていないことにある，と考えられています（筒井 2015）。このことは，とくに日本，ドイツ，イタリアにおいてよくあてはまります。

先ほどは，人びとが子どもをつくらなくなるという変化の背景に，女性が家庭の外で会社に雇用されて働くようになること（これを外部労働と呼んでおきましょう）がある，といいました。つまり，外部労働に従事する女性が増えると，出生率は下がるわけです。ここで，出生率を上げようと思えば，二つの方法があります。一つは女性が働きにくい環境をつくってしまって，結果的に女性を家庭に戻してしまうことです。もう一つは，女性が働きながら子育てができる環境を整えていくことです。

結論からいえば，国が女性を家庭に戻すという方針をとることは現実的ではありません。もちろん法律でそのように決めてしまうことは不可能ではありませんが，いくつかの問題があります。まず，男女の平等・公平の価値観に反しているということがあります。性別は，自分で選ぶことができない自分の特性です。現代の民主主義社会では，自分で選んだわけでもない特性によって人の人生が大きく決められてしまうことはよくないことだという基本的な共通理解があります。このため，国際連合では1979年に女性差別撤廃条約が採択されました。日本は他国から遅れて1985年にこの条約に批准し，とくに職業における男女差別をなくすことが義務づけられました。

　したがって，出生率の低下に悩む先進国が現実的に取りうるのは，女性にとって子育てと仕事が両立しやすい環境を整えるという方策になります。具体的には，育児休業制度と保育制度の充実，そして何よりも「男性的」な働き方の修正，とくに長時間労働の削減です。日本とドイツはこれらの環境整備の点で，他の国に後れを取ってしまいました。日本の場合には，1970年代に広くみられた「稼ぎ手の夫と専業主婦の女性」という家庭のモデルを1980年代以降も引きずってしまったこと，ドイツでも（一部にはキリスト教的な保守的な価値観もあって）同様の家族のかたちが存続してしまったことが，結果的に女性を「仕事か子どもか」という選択に追い込んでしまい，出生率の低下につながってしまったのです。

「生まれ」と格差の問題

　これまでは，出生率あるいは出生数という数値を軸にして社会全体の変化や，社会（国）同士の違いについて話をしてきました。子どもをつくるのかつくらないのかは，基本的には個人的になされる選択です。その選択が社会的に影響を受けることで，少子化が生じたり生じなかったりするわけです。

　他方で「出生」というのは，子どもにとっては全く選択の余地がないできごとです。自分が生まれるかどうか，どの性（男性あるいは女性）に生まれるか，どのような親の子どもとして生まれるか，どの国のどの時代に生まれてくるのか，これらすべてについて，生まれてくる子どもは選択することができません。

　これまで「なぜ子どもが生まれなくなっているのか」という話をしてきまし

Column ② 量的社会調査と社会学

　この本でも参照されている量的なデータのいくつかは，質問紙調査（いわゆる「アンケート調査」）の結果です。計量社会学の研究では，この質問紙調査を重視しています。そこでは，同じ質問項目を，一定の地理的な範囲（たとえば日本）に居住している人からランダムにサンプリングされた人に回答してもらうのです。これによって，ある社会の「全体像」を知ることができるわけです。量的な社会調査の方法についてはたくさんの入門書があります（ブックガイドでも紹介しています）ので，そちらをぜひ手にとってみてください。ここでは，量的社会調査の教科書にはあまり書かれていない調査の話をしてみましょう。

　量的社会調査の特徴の一つは，お金がかかる，というところにあります。もちろんやりようによっては安価に実施することもできるのですが，学術的・実際的な利用に耐えるデータを得るためにはそれなりのお金がかかります。たとえば日本の大規模社会調査プロジェクトの予算は，大きければ数千万円に昇ることもあります。つまり，調査の予算をどこからどのように獲得するのかが一つの課題になるのです。

　「調査にお金がかかる」ということは，調査の予算の出処によって公正な科学研究に歪みがもたらされるのではないか，という懸念につながります。時の政権に都合の悪い調査ができなくなるとすれば，それは大きな問題です。

　社会学で量的な調査データに基づいた研究が活性化したのは，第二次世界大戦後のアメリカにおいてでした。世論や態度の研究で有名なコロンビア大学のP. F. ラザースフェルドは，政府や企業，あるいは大学の資金などを利用して調査研究を行うという現在の計量社会学のスタイルを確立しました。ラザースフェルドは，すでに資金の問題を含む研究組織上の問題についても考察をしています。『応用社会学研究』（1975）という本です。量的調査の体制が確立されていったアメリカにおいて，調査研究や組織の実際上の問題がどのように考えられていたかが実例に即して詳細に書かれている好著です。　　　　　　（T）

たが，この話はいったんここで区切りを入れて，ここからは「生まれる」ということについて，「選択」という観点から，とくに数量データを扱う社会学がどのように理解しているのかについて説明しましょう。

　「機会が均等な社会は，そうではない社会よりもよい社会だ」と考えている人は多いでしょう。機会が均等な社会というのは，自分のがんばり，努力によ

る見返りに差がつくことは問題ないが，自分が決めているわけではないスタートラインの不平等で結果に差がつくことについては問題視する立場です。しばしば私たちは，スタートラインの不平等のことを「不公平」と呼んでいます。この立場によれば，仕事をした人もしていない人も平等に同じ報酬を受けるような状態は，良くない（不公平な）状態であると判断されます。

しかし実際問題，私たちの人生は出発点で大きく異なっています。性別によって得意とする運動能力はどうしても異なってきます。したがって，ほとんどのスポーツ競技は**公平性**を重視して男女別に行われています。

また，出身家庭が異なれば子どもが受ける教育投資の量も違っており，不公平です。したがって教育費の一部を公的負担とすることで，スタートラインをそろえることがなされています。第**2**章でまた触れますが，現代社会の家族のほとんどは，家族で資産を有してそれで経営を行っているわけではなく，家族のメンバーが外部の会社や政府に雇用されて，そこから得る賃金で生活しています。どれくらい高い賃金をもらえるのかは，受けてきた教育のレベルや仕事での頑張り次第で変わるでしょう。家がお金持ちでも，受けてきた教育のレベルが低ければ，本人はお金をあまり稼ぐことができなくなるかもしれません。そういう意味では，出身家庭の経済力によって子どもが成人した後の経済的豊かさが大きく左右されるような不公平性は小さくなっているということもできそうです。

しかし，教育にお金（自己負担）がかかる度合いに応じて，出身家庭の経済的な豊かさが自分の経済的豊かさにつながってしまうということが考えられます。社会学では，これを「**社会階層の閉鎖性**」と呼んでいます。閉鎖的であるとはつまり，自分が将来到達することができる社会的な地位が，自分の努力の結果に開かれていないことを指しています。閉鎖的な社会とは，親の社会的地位が高ければ（たとえば医者，弁護士，経営者など），子どもが将来に就く地位も高くなるような，そういう社会です。階層の計量社会学と呼ばれる社会学の分野では，社会の閉鎖性・開放性を測定する方法を開発し，それが時代や国によってどれほど異なっているのかを明らかにしてきました。

このように，「出生」という人間にとってある意味で「自然」な現象は，その実社会に深く埋め込まれているものなのです。出生について知るということ

はすなわち，その選択に影響を与える社会の歴史や同時代の多様性について知ることであり，またそれが（子どもにとって）選択できないということからも，閉鎖性や開放性といった社会的特性について知ることにつながっているわけです。

妊娠，出産という経験はどのように変わっているのか

> KEYWORD
> 経験　技術環境　記述　調査　アンケート　インタビュー　リスク　リプロダクティブ・ヘルス／ライツ　差別　社会運動　社会問題　概念　自己決定　他者

妊娠，出産という経験

　第1節で述べたように，「子どもを産む」というできごとは，人びとの人生にとって大きな意味を持つできごとであると同時に，社会レベルでも大きな意味を持っています。何よりもまず，一人の女性が妊娠し，出産にいたるという**経験**は，その人にとって重要な経験であるはずです。そして同時に，その経験は，私たちの社会のありかたやさまざまな**技術環境**によって条件づけられてもいます。

　典型的な例をあげてみましょう。2012年8月から報道を通して注目を集め議論を引き起こした，母体血を用いた「新型出生前診断」が，2013年4月から臨床検査の一環として試験的に提供されるようになりました。新型出生前診断は，無侵襲的出生前遺伝学的検査（non-invasive prenatal genetic testing; NIPT）とも呼ばれます。妊婦の血液中にある胎児由来のDNA断片量の差異を検査することで，胎児の染色体の数的異常を知ることができる検査で，対象となるのは，染色体21番，18番，13番のトリソミー等です。身体への危害が低いという意味である「非侵襲的」検査のうち，確定診断に至らない「予測的」検査に分類できるものです（渡部 2014）。

　私たちの社会には，子どもが生まれる前，つまり，胎児の段階でどのような

状態にあるかを調べることのできる検査があるわけです。それゆえその選択や結果とどのように折り合いをつけていくか，といった問題は，出産にかかわる一人ひとりにとって重要な問題であります。そしてだからこそ，そうした技術とのかかわり方は，社会全体にとっても重要な問題となります。社会学もまたそうした問題にかかわってきました（江原編 1996; 柘植・菅野・石黒 2009; 玉井・渡部編 2014）。

ただし，最初にまず注意しておきたいのは，私たちの社会において，胎児の段階でどのような状態にあるかを調べることのできる検査自体は，すでに複数あるということです。たとえば，超音波検査（エコーによる画像診断など）を行えば，性別を含む胎児の外的な状態について，ある程度のことがわかりますが，これもある意味では「出生前」の検査ということができます。

この装置が，日本において一般化したのは，1980年代のことですから，それ以降に生まれた方にとっては，ご自身の親の世代にとって通常の技術になっていたということですし，逆に，その親，つまりご自身の祖母に当たる世代にとっては，そうではありませんでした。

女性が妊娠し，出産にいたるという経験は，こうした技術環境によっても条件づけられています。ということは，自分や自分のパートナーや近しい人が妊娠，出産という経験をするとき，自分の親の世代とは，ある程度異なった経験をすることになる可能性が高い，ということでもあります。

「妊娠」の経験をめぐる調査

では現在の私たちの社会において，妊娠，出産を経験する女性は，本当のところどのような経験をしているのでしょうか。こうしたことを調べるのも，社会学の重要な課題です。人びとが日常生活において経験するにもかかわらず，その内実が本当のところ明らかにされていないようなことがらは，まずはその経験をする人びとにとって重要な問題なのですが，だからこそ社会学においても重要な問題として受け止められることになります。

社会学は，異文化を理解することを出発点とした文化人類学と比較して，自文化の記述を行うことに特徴がありますが，医療や科学技術を対象とするときには，両者の距離は，非常に近いものになることがあります。実際に，現代日

本における女性の妊娠の経験を明らかにした**調査**は，社会学部に所属する医療人類学者（柘植あづみ）と社会学者との協働作業によってなされたものでした。

　この調査は2009年に発刊された『妊娠』という表題の本にまとめられています（柘植・菅野・石黒 2009）。この本では，**アンケート（質問紙）調査**と**インタビュー調査**が行われています。これらの調査の概要を，それぞれ順番に紹介しましょう。

　ここまで，妊娠と出産を並べて説明してきましたが，この調査では，明示的に「妊娠」という概念が用いられています。というのは，すべての妊娠が出産へいたるとは限らないということを忘れないようにするためです。つまり，自然死産や自然流産や人工妊娠中絶の可能性まで視野に含めたうえで，女性が妊娠を経験するとはどのようなことなのか，明らかにしようとしているわけです。

　この調査は，375人の女性に行ったアンケートと26人の女性に行ったインタビューから成り立っています。そのうち，アンケート編は，「妊娠の経験」「超音波検査の経験」「母体血清マーカー検査の経験」「羊水検査の経験」の四つの項目に分かれています。この調査は，さまざまな出生前検査がある現代社会において，妊娠・検査・出産の体験や意見の実情を明らかにしようとするものですが，検査の経験だけでなく，以前の妊娠経験や，検査を受けるかどうかを決めるまでの情報，医師との関係，夫婦の関係などを質問項目に入れていることが特徴的です。では，なぜこうしたことを調べようとするのでしょうか。

アンケートから何がわかるか

　アンケートには，質問に対して自由に記述してもらう欄があります。たとえば『妊娠』では，「妊娠について，または生まれてくる子どもについて不安になったことがありますか？」という質問に，自由に記述してもらった回答として，「子どもに障害がないか」という記述があることを紹介しています。こうした回答は非常に短い表現ですが，そこにはいろいろな思いが込められている場合があります。その人の前の妊娠が流産や死産であったり，上の子どもに障害や治療の難しい病気があったり，といった状況が，不安をより強めている場合もあります。また，その人をとりまく人間関係のネットワークの不足や医療者への不信が読み取れる場合もあります。先にあげた質問項目は，こうした問

題をみえるようにしようとしているわけです。

　それでは，アンケートから，どのようなことがわかったのか，考えてみましょう。まず，「超音波検査」に関しては，375名中，99％の人が「知っている」と答え，また，実際に，370名の妊婦が受けていました。ただし，その目的・方法・リスクについて医師から説明されたかどうかについては，75％の人が「いいえ」と答えています。このことから，医師・妊婦とも，いわば当然行うものと理解して，日常診療の一部となっていることがうかがえます。

　また，超音波検査自体は，胎児の発達の状況をみることのできるテストとして，妊婦に肯定的に受け止められていました。しかし，他方で，それが胎児の障害の可能性がわかることもある「出生前検査」の一つであるということは，妊婦から十分に認識されているとはいえないようです。

　「母体血清マーカー検査」は，比較的新しく日本では1994年から使用されるようになった検査です。この検査では，胎児に特定の障害（21トリソミー〔ダウン症〕，18トリソミー，神経管閉鎖障害）がある「確率」がわかります。妊婦の血液中の成分のうち三つを調べるものをトリプルマーカー，四つを調べるものをクアトロテストなどと呼びます。この検査は，胎児や女性の身体へのリスクは少ないのですが，それだけに，十分に認識のないまま受けてしまうことや，「確率」の意味を理解することが難しいこと，特定の疾患を持つ胎児へのマス・スクリーニング検査として用いられることに懸念が表明もされてきました。

　「母体血清マーカー検査」に関しては，37％の人が「知らない」と答えました。また，「名前は知っている」「内容についてだいたい知っている」「内容について詳しく知っている」と答えた人のうち，その目的・方法・リスクについて医師から説明を受けたと答えた人は38％にとどまり，60％の人が説明を受けていないと答えています。この検査については，旧厚生省が，積極的に知らせる必要はない，という主旨の指針を出していることもあって，知識を得る可能性自体が，それぞれの医師の方針に依存している状況が示唆されます。

　実際には，43名の人が受け，受けるか受けないかを自分自身で決める検査として評価される一方，結果が確率でだされるがゆえの難しさが示されていました。確率が低いとされて，「安心した」という声もあれば，低いとされても，「本当に必要な検査だったのか」「確率が高いとされたらどうしたのだろうか」

という感想もありました。

　「羊水検査」は，1968年に日本に導入され，80年代に一般化したもので，子宮内から少量の羊水を採取して，胎児由来の羊水細胞を培養し，染色体分析，DNA診断を行うものです。胎児の染色体や特定の遺伝子の異常が，前出の二つの検査と異なり，ほぼ確定診断といってもよいくらい高い検出率でわかります。ただし，羊水を採取するために穿刺を行うことにより，300〜500分の1で流産が起こるリスクがある，と言われています。

　羊水検査については，「知らない」と回答した人は，一割ほどでした。医師から説明を受けた人は，全体では，28％にすぎませんが，35歳以上で44％，40歳以上で80％以上と，高齢妊娠のリスクに応じて説明がなされていることが確かめられました。また，実際に受けた22名のうち9名が高齢であることを理由にあげていました。羊水検査を受けた感想においては，良かったという感想がある一方で，結果によっては決心がゆらぐかもしれないといった不安や，受けたことを後悔する記述もありました。

インタビューから何がわかるか

　インタビュー調査では，アンケートではわからなかったことに焦点が当てられています。つまり，アンケートでは，妊娠や検査における選択の要因はわかったが，そのうちのどれがなぜ決定打になったのかはわからなかった，というわけです。「自分で決めた」といっても，そこにいたるまで，医師や夫との関係はどのようなものであったのでしょうか。このインタビューは，意思決定プロセスに注目していきます。インタビュー自体は，「半構造化インタビュー」といって，あらかじめ質問内容を用意しておくものの，インタビューの話の流れにそって，聴いていくやり方が取られています。

　26名のインタビューの内容は，それぞれの人生に沿って多岐にわたります。ここでは，3人のケースのみ，紹介しましょう。まず，母体血清マーカー検査を受けないという決定をしたOさん（夫と子ども2人）のケースです。心理職として働くOさんは，検査の知識があり，一人目の妊娠の際に医師にも自分から尋ねています。

　ところが，新聞で読んだ程度の知識でもって「受けたら安心だろう」と検査

を受けるように夫にいわれたことで，喧嘩してしまいます。「もしプラスだったらどうするのよ」と聞いたら夫は黙ってしまい，そこまで考えていない言葉に腹がたったのです。Oさんには，自分の子どもに障害があるのではないか，という不安はありましたが，自分自身としては，もし障害のある子が生まれたら仕事をやめて育てようという気持ちだったので，検査を受けなかったということです。

　Mさん（夫と子ども1人）のケースは，羊水検査を受けないという選択に，夫や医師の言葉が深くかかわっていました。Mさんは，夫から，親族にダウン症で亡くなった方がいることを聞かされていたこともあって，妊娠したときに，ダウン症の子を育てられるかどうか自信が持てず，心配になっていました。
　夫は，「産めとは言えないけど，自分は育てるよ」と語りました。また，医師から羊水検査の説明を受けなかったので，自分から聞いたところ，「受けてどうするの」と聞かれ，受けるのが当たり前となっていた感覚をゆさぶられます。また，実母のはげましの言葉もあって，羊水検査を受けることなく，出産にいたります。Mさんの場合は，こうした周囲との関係のもとで，ダウン症の子であっても育てる，という考えが生まれてきたわけですが，一方でより重い身体的障害については，育てることの難しさを感じているようです。

　また，医療職として働いてきたRさん（夫と子ども2人）のケースでも，結果として，羊水検査を受けないという選択がなされました。Rさんは，前夫との第一子を，先天的代謝異常のために，生後10カ月で亡くしています。前夫は，子どもが障害を持って生まれたことを受け入れられなかったようで，また自分も子どもの世話や治療に必死で，子どもが亡くなったあとに離婚を経験しました。
　Rさんは，再婚した夫との子どもの妊娠の際に，羊水検査も含めたさまざまな検査ができる総合病院を選び，医師にも相談しました。医師は，一人目の病気の原因がわかっていないから検査してもわからないことや，危険をともなうことから，羊水検査を勧めなかったため，受けることはしませんでした。Rさんは，現在の夫の2人の子どもを出産しています。そして，そのことを通じて，一人目の子どもは「守ってあげなければいけない命」だと感じ，「やりのこしたことがある」という思いを語っていました。

妊婦の決定はどのようになされるのか

　こうしたインタビューからは，妊婦の決定に，それまでの経験や「障害」に関する知識に加え，医療者（医療従事者）の説明や，夫の意見や育児への態度，両親との関係が，どのようにかかわってくるのかが，みえてきます。

　インタビューを受けた女性たちには，できれば出生前検査を受けたくないという人が多かった一方で，現実には，その子どもを産み育てることは，女性である自分が負うところが大きいと感じていることが示されています。また，障害を持つ子を産むことだけでなく，そのことで自分が責められた経験も語られていました。

　この著作においては，実施された調査の限界として，実際に検査を受けた人の事例が少ないことや，また，その結果，何らかの異常が見つかった事例も少ないことがあげられ，そうした場合の経験のあり方が，今後の課題としてあげられています。とはいえ，私たちの生きている現代社会において，妊婦がどのような経験をしているのか，ということについて，多くを教えてくれる調査であることに変わりはありません。

女性の自己決定権

　こうした調査から明らかになる妊婦の経験が示唆する問題について，考えてみましょう。「母体血清マーカー検査」やNIPTのように，新しい技術環境が，妊婦の経験を条件づけている側面があることは間違いなく，その意味では，こうした問題は，つねに「新しい」問題でありつづけます。しかし他方で，妊娠・出産にかかわることがらを誰が，どのように決めるのか，という論点は，何度も繰り返し議論されてきた問題でもあります。社会学は，こうした問題のその都度の状況に応じて，その状況を記述するとともに，一定の提言も行ってきました。

　たとえば，1996年に出版された『生殖技術とジェンダー』（江原編 1996）という著作においては，人工妊娠中絶等の生殖技術が私たちの社会に持つ問題について，考察されています。また，後述するように，この1996年には，日本において，「優生保護法」という法律が，「母体保護法」へと改正されることに

なったのですが，それにあわせて，「『優生保護法』をめぐる最近の動向」(柘植・市野川・加藤 1996) という付録がつけられています。一連の経緯において，妊娠・出産にかかわることがらを誰が，どのように決めるのか，という問題について，どのような議論がなされてきたのか，簡単に紹介しておきましょう。

　産むことも産まないことも含めて，妊娠・出産にかかわることがらを決定することが，女性の権利として明確に理解されるようになったのは，1970年前後から世界的に展開されてきた女性解放運動によるところが大きいといわれています。フランスでの「ボビニー裁判」のような，強姦された女性が中絶を行ったことが罪に問われた際に生じた反対運動と中絶合法化の主張は，象徴的な事例です。法のもとで妊娠中絶が規制されることに対して，「産む・産まない」を誰が決めるのか，という問いかけを行い，それは「女性」が決めるのだ，と答えてきたわけです。こうした運動を支える基本的な考え方を，「女性の自己決定権」と呼ぶことができます（加藤 1996a）。

リプロダクティブ・ヘルス／ライツ

　こうした考え方のもとで，1994年にカイロで開催された国際人口・開発会議において，「リプロダクティブ・ヘルス／ライツ（性と生殖をめぐる健康と権利）」という概念が定義されました。リプロダクティブ・ヘルスは，人間の生殖システムおよびその機能と活動過程のすべての側面において，単に疾病，障害がないというばかりでなく，身体的，精神的，社会的に完全に良好な状態にあることを指します。

　したがって，リプロダクティブ・ヘルスは，人びとが安全で満ち足りた性生活を営むことができ，生殖能力を持ち，子どもを持つか持たないか，いつ持つか，何人持つかを決める自由を持つことを意味します。

　リプロダクティブ・ライツとは，すべてのカップルと個人が，自分たちの子どもの数，出産間隔，出産する時期を自由にかつ責任をもって決定すること，そしてそれを可能にする情報と手段を得ることができるという基本的権利，ならびに最高水準の性に関する健康およびリプロダクティブ・ヘルスを享受する権利です。

　ここでは，子どもを持つことも，持たないことも，基本的な権利として定義

されていることを押さえておきましょう。権利として理解されている，ということは，他の理由によって，侵害されるようなことがあってはならない，ということです。

先述した，「優生保護法」を「母体保護法」へと改正していく動きは，このカイロ会議から始まっています。つまり，そこに参加した女性の障害者が，日本の「優生保護法」が，「不良な子孫の出生を防止する」ことを目的としているという，問題点を訴えたのです（柘植・市野川・加藤 1996）。

社会運動による批判

ここで注意しておきたいのですが，日本においては，「産む」ことや「産まない」ことが女性の権利である，という考え方が定着していくにあたって，独特の経緯をたどってきました。日本においては，明治時代以来，現在にいたるまで，刑法における堕胎罪が存在します。ただし，戦後すぐに「優生保護法」が制定され，そのもとで，「妊娠の継続又は分娩が身体的又は経済的理由により母体の健康を著しく害するおそれのあるもの」などの一定の条件においては，妊娠中絶が可能になっていたからです。

この法律は，「優生上の見地から不良な子孫の出生を防止する」という目的が掲げられているように，国家による生殖の管理という性格が強いもので，批判がなされてきたものです。子どもを持つことや持たないことといった，広く捉えることのできる選択の問題が，とくに妊娠中絶の問題に特化して議論される傾向があるなかで，胎児の障害を理由に妊娠中絶を行うことは障害者に対する**差別**である，という批判が，日本脳性マヒ者協会「青い芝の会」などによる障害者運動を中心になされてきました（横塚［1975］2007；横田［1979］2015）。

とりわけ，1972年に国会に提出された「優生保護法改正案」をめぐっては，強い反対運動が起こりました。変更のポイントは，人工妊娠中絶が認められる要件から「経済的理由」を外し，代わりに「障害をもつ胎児」を対象とするいわゆる「胎児条項」を導入することにありました。この条項を支えている考え方に対して，障害者を排除する思考である，と批判がなされたわけです。

また，当時導入されはじめた羊水検査に対する警戒は，この時点ですでに示されていました。その意味では，出生前診断をめぐる問題はそれほど「新し

い」わけではないといえるでしょう。さらに,「経済的理由」を外すという点については,女性解放運動の観点からも,受け入れられるものではありませんでした。これらの反対運動があって,改正案は成立することはなかったのです。

「優生保護法」から「母体保護法」へ

その後も,国の制定する法の条文から,明示的に優生学的な条項が削除されるまでには,しばらくの時間がかかりました。これまでも述べてきたように,1994年のカイロ会議以降,「優生保護法」の持つ問題点が,国際的にも批判されるようになり,最も問題のあると思われる箇所を修正・削除することによって,1996年に,「母体保護法」へと改正されることになったのです。

ここにいたるまで,その経緯には,女性からの運動と障害者からの運動の双方の働きかけがあったのであり,それほど短いとはいえない歴史があります(柘植・市野川・加藤 1996)。また,「母体保護法」への改正で,すべての問題が解消したということではなく,その後も,妊娠・出産にかかわることがらを誰が,どのように決めるのか,という議論は続けられています(齋藤編 2002)。

そのなかで,社会学は,**社会運動**とその歴史を記述するとともに,**社会問題**を理解し,先に動かしていくための一つの手立てとしても機能してきました。前者の側面からするならば,社会学は,現代史を記述する学問としての性格を持っています。

そして,後者に着目するとき,法学や倫理学との接点を持つ場所がみえてきます。どのような問題なのかについて理解することは,どのような立場がとりうるのかについて考えることにつながるからです。人工妊娠中絶をめぐって,社会学者が実際に法哲学者と行った論争があります(加藤 1996a, 1996b; 井上 1996a, 1996b)。次に,その論争において社会学者の加藤秀一が行った女性の自己決定権を擁護する議論のポイントの一つを紹介しましょう(加藤 1996a, 1996b)。

「胎児」の概念

このような形で議論が起きているとき,そこで問題になっているのがどのようなことなのかを理解し,記述していくためには,一つひとつの概念の意味を

明らかにしていく必要が生じます。一方で,「産むこと」も「産まない」ことものどちらも女性の権利であるという観点から人工妊娠中絶が正当化され,他方で,胎児が障害を持つことを理由に中絶を行うことが批判されるとき,そこでは,何が問題になっているのでしょうか。

ここで焦点になってきたものの一つが,「胎児」の概念です。こうした論争のなかで,現状を適切に理解しようとする試みは,それ自体,論争における一手としてもはたらきます。社会学は,法学や倫理学に比べれば,どうするべきか,という問題に直接答えようとする性格は強くありません。ただし,どのような規範が働いているかを腑分けして記述していく作業は,それ自体,論争的状況に見通しを与え,その状況を一歩先に進めるはたらきもするのです。

現在の母体保護法のもとでは,妊娠22週目になると,中絶手術をすることができなくなっています。「胎児」が,母体外において,生命を保続することのできない時期が21週目までと考えられているからです。ここには,一つの線引きがあり,胎児はいつから,生命を持つものとして配慮されるべきなのか,という問題があります。こうした議論においては,しばしば胎児は受精の時点からはじまる存在として考えられることがありますが,それに対して,線引きの恣意性が指摘されてきました。卵子や精子といった状態から,母体から離れても生命を保てる状態まで,その過程は連続的に進むのであって,受精の時点を特権的に考える根拠はなく,あえてどこに線を引くかは,私たちの恣意的な決定に依存している,ということです。

法学や倫理学における議論のなかには,受精の時点からと考えるにせよ,その他のいずれかの時点と考えるにせよ,胎児が生命権を持つものと考え,その胎児の生命権と女性の自己決定権との対立を解こうとする議論があります。たとえば,胎児にも生命への権利があることを仮定したうえで,だからといって,生きるために必要なものすべてを他者に求める権利があるわけではないと考えることで,妊娠中絶を擁護する議論があります。それに対して,胎児の生命権と女性の自己決定権との葛藤を調停するという観点から,胎児の生命権に制約をかけることのできる条件を考えることで,妊娠中絶の正当性に強く限定をかける議論もあります(井上 1996a, 1996b)。

加藤による議論のポイントの一つは,胎児を生命権の主体とみなす議論にお

いて，「胎児」がどこかの時点で「生命権」を持つ存在であることが論証抜きで前提にされている，ということを示すことにありました。そのうえで，「胎児」が，人間であるとも，人間でないとも，そもそも簡単にはいえないような，両義性をもつ存在であることが指摘されます。実際に，妊娠した女性は，胎児を，自分の身体の一部としても，また，自分の身体の中に現れる最も近い他者としても，感受するのであって，その存在は，両義的なものです。女性の経験に根ざしたこうした考え方からは，少なくとも現実に私たちが線を引くある時期までは，妊娠を継続することも，中絶することも，その理由によらず女性の決定にもとづくべきだ，という考えが擁護されます（加藤 1996a, 1996b）。

自己決定の難しさ

ただし同時に，**自己決定**という概念を用いたとき，社会学的思考の型として，その決定が本当に自らの決定といえるのかどうか，という論点もあわせて考えることになります。

その一つには，胎児についての決定が，そもそも女性の「自己」決定であるといえるかどうかについても，まだ議論が続けられています。たとえば，出生前診断や選択的中絶は，そもそも「自分のことを決める」という意味での「自己決定」ではないとみなし，それでも女性が決めるといえる理由を，**他者**として現れる存在を感じるのはその女性だけだから，という点に求める考え方もあります。そのうえで，妊娠中絶（の決定）を認めることと，出生前検査などの技術を使ってよいかどうかについて，分けて考える立場もありうる，ということです（立岩 2002）。

そしてもう一つには，社会学は，個人がすでに他者との関係や制度環境のなかに投げ出されて生きている，と考える傾向が強いということがあります。「子どもを持つ」ことに強い期待がはたらいている状況で，「子どもを持たない」という選択肢が持ちにくいときには，現実的に「持たない」ことを選べるような環境が必要でしょう。

また，障害を持つ子を育てることが難しいと考え，妊娠を継続することに不安が残るのであれば，どのような条件がそろえば，「産む」選択ができるのでしょうか。自己決定が重要な権利だとしても，選択肢の選びやすさ，選びにく

さに，著しく差があるような場合には，そのこと自体を問題として考える必要があるでしょう。

再び出生前診断をめぐって

冒頭に紹介した「新型出生前診断」をめぐる議論にもう一度もどりましょう。日本における試験的提供が始まったことに応じて，「「新型出生前診断」（NIPT）が問いかけるもの」という副題を持った著作（玉井・渡部編 2014）が出版されています。その編者の一人である社会学者は，やはり問題の理解を促すために，「いま，何について論じるべきなのか」と問いかけています（渡部 2014）。

そして，問題を切り分けていくなかで，新しい技術が侵襲性の低さという理由で一般化していった結果として，検査対象である染色体の異常のある胎児を「（産んでもよいが）産まれてこなくてもよい胎児」とあらためて定義してしまうことに，強い懸念が示されています。

なお，「あらためて」という表現が用いられているのは，この「新型」検査の対象となる人びとは，（本節でもすでにみてきたように）既存の一般的な出生前検査の対象にすでに含まれてきたからです。妊娠出産のプロセスのなかに，出生前検査が浸透しているために，検査を差し止めるべきだと主張することの難しさを踏まえたうえで，新しい技術が，実際に人びとを「再び」傷つけていることに対して，批判的視座が示されています。

そのうえで，著者は，米国の医師であり，ダウン症の妹を持つブライアン・スコトコらによる，ダウン症のある人本人や，ダウン症のある子をもつ親を対象に行った調査結果を紹介しています。それによれば，ダウン症を生きる本人の多くが，人生を幸せだと思い，家族を愛し，自分自身を好きだと答えた，とのことです。また，親を対象とした調査では，99％がダウン症のある子を愛していると答えたということです。そのうえで，著者は，「染色体 21 番のトリソミー」という概念のもとで記述される人びとが，こうした感情を表現する可能性を持っていること自体を，社会において達成された重要な成果とみなしています（渡部 2014）。

最後にもう一度，本節で紹介してきた「妊娠」をめぐる調査に戻ってみましょう。こうした調査からは，女性による決定が実際にどのようになされてい

るのが，その経緯を学ぶことができます。「障害」に関する知識があり，夫や両親との関係がよい状況にあって，羊水検査を受けずに，妊娠・出産を経験した方もいました。障害を持つ子を亡くし，先夫との離婚を経験したうえで，次の夫との子を出産した方もいました。ここで描かれているのは，一人ひとりの女性が，さまざまな状況のもとで，折り合いをつけつつ決定をしていく姿です。

こうした難しい問題に倫理学的にアプローチする場合，それについて考えることが難しく厳しいからこそ，極限的な状況を設定した思考実験がなされることもあります。そして，社会学者自身が，概念的な問題の理解の分析にかかわっていくこともあります。それに加えて，同じ問題に対して，社会調査による現実のデータにもとづいて，議論を先に進めていくこともできるのが，社会学の重要な特徴でもあるのです。

4 おわりに

この章では，「出生」というできごとについて，主に数量的アプローチによって明らかにできることを第2節で，質的アプローチによって明らかにできることを第3節で説明してきました。ここで，同じできごとを扱うのに，なぜ異なったアプローチが使われるのかについて考えてみましょう。

まず理解していただきたいのは，社会学者は方法＝アプローチを「好み」で選んでいるわけではない，ということです。そうではなく，アプローチ法は「問われていること」の性質によって必然的に決まるのです。

たとえば第2節では「なぜ出生率が下がったのか」という問いが立てられています。それに対して，産業化や教育水準の上昇，女性の労働力参加などが答えとして提示されました。こういった問いに対しては，比較的長期的な社会変動を表す数値データが首尾よく対応できることはわかるでしょう。たとえば女性の労働力参加率という数値が高まるにつれて，出生率が下がるかどうかをみていく，という作業をすることになります。このような問いに対しては，個人個人の経験をくわしく観察し，記述するという質的なアプローチは不向きであり，それによって妥当な答えを導くことはできません。

これに対して,第3節での「妊娠・出産という経験は現在どうなっているのか」という問いは,必ずしも量的にアプローチできるような問いではありませんでした。たとえば,「胎児」という言葉の意味（概念）について,私たちが実際にどのように理解し,またどのようにそれを自分の主張に結びつけているのかという問いに対しては,私たちは質的にしかアプローチすることができません。

　このように,明らかにしたい問いがどのようなものなのかに応じて,それに適したアプローチがあることを理解することが,社会学の研究を行ううえできわめて重要なのです。

CHAPTER 第2章

学ぶ／教える

1 はじめに

「学ぶこと／教えること」，一言でいえば教育は，社会学やその近隣学問領域の重要な研究分野です。

教育と豊かさ

第2節でみていくように，教育は「豊かさ」と強く関係しています。この場合の豊かさとは，一つには個人の経済的な裕福さを指します。つまり，私たちの多くは「がんばって勉強すれば，将来楽ができるかもしれない」と考えているはずです。これを教育社会学では，教育達成と地位達成の関係として理解します。教育達成とは，要するに学歴のことです。地位達成とは，高い所得を得たり，望ましい職業に就いたりすることを指しています。

さらに，教育は社会全体の豊かさ，つまり経済水準と関係しています。具体的にいうと，国ごとの平均教育年数は，国内総生産と密接に関連しています。第2節の前半で詳しく説明しますが，このことが，ほとんどの国で初等教育が義務化されていることの一つの理由なのです。

社会全体の教育水準と経済水準はどのくらい強く関係しているのか，あるいは個人の教育達成と地位達成はどのくらい強く関係しているのかという問いを立てたならば，まず社会学者はこれに量的データを用いて答えを導こうとするでしょう。個人レベルでいえば，具体的には「大学まで進学すれば，進学しない場合よりも給料はどれくらい上がるのか？」「大卒は高卒よりも，管理職になれる確率はどれくらい高いのか？」といった問いです。社会レベルでいえば「大学進学率をどれくらい高めれば，平均所得はどれくらい高まるか？」といった問いです。

こういった基礎的な関連性を前提として，社会学ではさらに教育と社会階層の問題に切り込んでいきます。そこでは，出身家庭の階層的地位が子どもの教育・地位達成に与える影響について研究されます。第1章でも触れましたが，親の社会的地位が子どもの社会的地位に受け継がれる社会は「閉鎖的」な社会

であり，社会学者はこれをよい状態とは考えないのです。

　こういった量的な研究では，親と子の地位をなんらかの方法で数量的に把握し，その関係性を数値で表現します。しかしこういった研究では，具体的に学校という教育現場の様子はわかりません。学校のフィールドワークという質的研究が，ここで活躍することになります。

教育現場の成り立ちへ

　具体的には第 3 節で展開されていますが，教育に関する質的研究者は，学校現場における生徒や教師，そしてそこにかかわるカウンセラーなどの専門家の行為や相互行為を詳細に分析し，そこで実際に何が行われているのかを明らかにしようとしました。たとえば，正統な学校文化に対抗する態度を身につけることで自ら進んで（父親と同じ）肉体労働の世界に入り込もうとする落ちこぼれの生徒たちの世界を描き出したのです。

　第 1 章に引き続き，この第 2 章でも，量的アプローチと質的アプローチの違いに注目してください。

 なぜ学ぶことが「義務」になっているのか

KEYWORD
平均教育年数　産業の高度化　GDP　因果効果　学歴病　公平性の確保　教育達成
人の移動　人文学　教育社会学　社会的不平等　地位　平等化

教育水準と経済水準との関係

　「学ぶ」ことは，いつの時代でもどの地域でも，人間にとって重要な生活の一部でした。学ぶことの第 1 の目的は，もちろん「生きていくこと」です。言葉を学ぶこと，ほかの人びととともに行動する際の規則について学ぶこと，仕事の仕方について学ぶこと，こういった学習なしには，人は自らの生活を成立させることができません。公式の教育制度が存在しない時代や地域でも，子ど

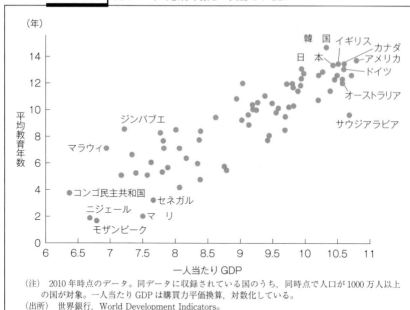

CHART 図 2.1 平均教育年数と一人当たり GDP

（注） 2010 年時点のデータ。同データに収録されている国のうち，同時点で人口が 1000 万人以上の国が対象。一人当たり GDP は購買力平価換算，対数化している。
（出所） 世界銀行，World Development Indicators。

もは親や周囲の人間から生きていくために必要な知識や技術を学んでいました。

他方で，学ぶ内容や期間は，時代や地域によってさまざまです。第 1 章で「出生」という「自然」な行動についても，国や時代によって大きくパターンが異なっていると述べました。これは「学ぶ」ということについても同じです。図 2.1 は，縦軸に 15 歳以上人口の**平均教育年数**を，横軸に一人当たりの GDP（対数化した値）をとって，各国の位置をグラフ化したものです。まずは縦軸をみてください。国によって平均教育年数が大きく異なっていることがわかります。一般的に，サブサハラ・アフリカ（サハラ砂漠から南に位置するアフリカ諸国）には識字率や教育水準が低い国が集中しており，グラフをみても平均教育年数が 4 年よりも小さい国（コンゴ民主共和国，マリ，モザンビーク，ニジェール，セネガル）はすべてアフリカの国です。

逆に平均教育年数が 10 年を超えるような国は，ほぼすべて経済先進国です。2005 年時点では日本を含めて 32 カ国あります。また，グラフからは読み取れませんが，学ぶ内容の深さ，範囲も国や時代によって大きく異なります。この違いは何によって説明されるのでしょうか。

経済発展の影響

一つには，**産業の高度化**と経済発展です。今度は，図2.1の横軸にも注目してみてください。横軸は，国民一人当たりのGDP（国内総生産）を指しています。これは，国民の経済的豊かさを示す代表的な指標です。ただ，国によってGDPは大きく異なっていて，アメリカなど突出して高いGDPを誇っている国もありますので，ここでは対数変換という処理を行うことで，関係をより把握しやすくしています。いずれにしろ，経済的に豊かな国では平均教育年数も長いことが一目瞭然です。

ではなぜ，ある国の経済発展の度合いと教育年数の長さに関係がみられるのでしょうか。

この問いに答えていく前に，一つ準備をしておくことがあります。それは，**因果関係**あるいは**因果効果**という考え方を理解することです。これは計量社会学にかぎらず，心理学や経済学など数量データを用いた研究がさかんな分野の基本知識で，第**5**章や第**7**章でも登場する考え方です。ここでは，教育年数と経済水準の例を使って簡単に説明しておきましょう。

図2.1のように，何か二つの数値（ここでは経済発展の度合いと教育年数）のあいだに関係がある場合，どちらか一つがもう一つに対して影響を与えている，と考えたくなります。ここでは，経済的な豊かさが教育年数に影響する，たとえばある国の経済が豊かになれば，国全体で子どもに教育を経験させる余裕が出てくる，といった影響関係があるのかもしれません。このとき研究者は，「経済的豊かさが教育年数にプラスの因果効果を持つ」といった表現を使います。

しかし，ほかの可能性も考えられます。たとえば逆方向の影響です。政府が教育政策を充実させて，国民の教育年数を延ばすことで，働き手の技能や知識を向上させ，結果的に国の経済が発展する，といった関係を考えることができるでしょう。

そして実は，二つのあいだに影響関係がなくても，データ上で関係があるようにみえてしまうこともしばしばあります。これについてはまたあとの章で触れることにしましょう。ここでは，二つのあいだに相互の影響関係があるとし

て，その影響（因果効果）がどのように生じうるのかを考えてみます。

教育年数の長期化

まずは「国が経済的に発展すると教育年数が長くなる」という因果関係についてです。先ほど述べたようなしくみ（「ある国の経済が豊かになれば，国全体で子どもに教育を経験させる経済的余裕が出てくる」）をまず考えることができるでしょうが，理論的にはほかにも可能性があります。

たとえば，国の経済発展が何によってもたらされるのかを考えてみてください。経済的に豊かな国では，工業（しかも精密機械工業）や金融業といった比較的高度な産業が発達しています。近年，またたく間に普及したスマートフォンについては，デザインや設計がアメリカなどの先進国で行われています。巨大な金融機関もアメリカ，ヨーロッパ，そして東アジアに集中しています。

これに対して経済的にあまり豊かとはいえない国の主要産業は，農林水産業（第一次産業）あるいは観光業です。たとえばベトナムですが，たしかに近年工業化による経済成長がめざましいとはいえ，就業者の半分近くがまだ第一次産業に従事しています。これに対して日本では第一次産業の従事者はわずかに5％程度です。

産業が高度化すれば，それだけ経営者や労働者に求められる言語能力や計算能力といった基礎的素養のレベルも高くなりますし，また場合によっては工学や会計などの専門知識も必要になってきます。一般に，工業や金融業は第一次産業よりも収益性が高く，より少ない人数でたくさんの利益を上げることができます。このため，人はこういった報酬の高い業界に就職することを希望して，より高い教育を受けるようになります。つまり，将来の高い見返りを考えてより長く教育を受ける，ということです。

日本の義務教育は中学校まで（9年間）ですが，たいていの人は高校まで進学しますから，進路上の大きな選択は「大学に進学するかどうか」になります。ただ，「大学に進学したほうが儲かるのか」という問いに答えるのは実はかなり難しいことです。もちろん，ある国のある時点で働いて報酬を得ている人について，非大卒と大卒に分けて年収の差をみることは可能です。しかし働いていない人（したがって給与所得がゼロの人）をどう考えるか，ある時点（年）だけ

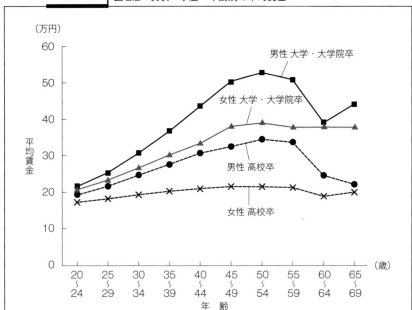

CHART 図2.2 男女・学歴・年齢別の平均賃金

(出所)「平成25年 賃金構造基本統計調査」より筆者作成。

ではなく生涯で稼ぐお金の額についてはどうか、などを考え始めると、なかなか答えが出ません（何しろ個々人が将来仕事をどうしているかは現時点ではわからないのですから）。それに、高校を卒業してすぐに働き始めた人はその時点から収入がありますが、大学に進学した人は少なくとも4年間は（アルバイトなどによるものを除けば）収入がなく、また働いて稼ぎ始める年齢も高校卒の人に比べれば遅くなります。

　比較をするうえでいろいろ問題はありますが、無理を承知で、高校卒と大学卒・大学院卒の平均賃金を比べてみましょう。図2.2は、「賃金構造基本統計調査」という政府が行っている調査のデータから、学歴ごとの平均賃金（2013年6月の所定内給与額）をグラフ化したものです。たとえば50〜54歳の大学卒以上の男性の平均賃金は52.8万円で、同年齢で高校卒の男性の34.5万円を大きく超えています。

　もちろんこれだけで、50代前半の月15万円を超える賃金の差がすべて学歴によるものだ、と結論づけることはできません。何かの差が何かの因果効果に

2　なぜ学ぶことが「義務」になっているのか　● 47

よるものだと統計学的に主張するためには，ほかの条件を揃えたうえでそういった差が生じるのかをみないといけないからです。できれば，条件や特徴が非常によく似た二つのグループが，大学に進学した場合とそうではない場合でどれほどの収入の差が生じるのかをみることが望ましいのです。

とはいえ，大学卒と高校卒でこれだけの差があるのなら，いろいろな条件の差を考慮したとしても「大学まで進んだほうが将来経済的には楽ができる」という考えはそれほど的外れではないでしょう。

学歴病

次に，逆向きの因果関係についてです。すなわち，教育年数の増加が経済発展を引き起こす，という影響関係です。すでに述べたように，高度な産業を支えるのは高度な教育を受けた人材なのですから，この二つのあいだに双方向的な関係があることは理解できるでしょう。つまり，先に産業が高度化して，その要請によって教育も高度化しているという側面もあるでしょうが，教育を先に高度化すればそれに応じて産業も高度化していく，という側面もあるわけです。

実際，西ヨーロッパ諸国（とくにイギリス，フランス，ドイツ）とアメリカに経済発展の面で先行された日本を含む東アジア諸国では，政府が率先して大学をつくらせ，高等教育を普及させ，教育の拡充を行いました。場合によっては，産業界が必要とする以上に高度な教育を受けた人たちが生まれてきたともいえます。イギリスの社会学者 R. ドーアは，経済の後発国においてこそ受験競争が激しくなると論じ，それを「学歴病（diploma disease）」と呼びました（Dore 1975=2008）。後発国では，高等教育機関（大学）を卒業する人が過剰になり，そのなかでの競争に勝つためによりよい大学をめざす競争が激化する，というわけです。こういった傾向は，東アジアのみならず，アフリカでは比較的経済発展がみられ，政府が教育に力を入れているケニアにおいてもみてとれます。

なぜ教育に公的資金が使われるのか

さて，これまでの説明では，一つの重要な謎を解くことができません。高い技能や知識を必要とする職業に就けば高い報酬を得ることができるのであれば，

人は合理的に行動したならば自然と高い教育を受けるようになるでしょう。しかしこれだと、ほとんどの国で政府が教育に対して一定の責任を持っていること、そして一定期間の教育を義務化していることがうまく説明できません。

まずは最初の点です。経済先進国にかぎらずほとんどの国では、政府が学校を直接運営したり、民間の教育機関に補助金を出すなどしています。つまり税金をもとにした公的な教育支出がみられるのです。もし一人ひとりの個人が将来の見返りを見越して教育を受けるのだとすれば、政府が支援しなくても（高校や大学の設立認可をしているだけで）国民が自分の判断で高等教育機関に進学するのですから、政府がそこに介入してくる必要はありません。なのに、なぜほとんどの政府は教育に税金を費やすのでしょうか。

これに対する答えは、一つには「**公平性の確保**」があります。現代の先進社会には、教育を受ける権利を国民に平等に与えるべきだ、という理念があります。この理念は、経済成長が進んでも、ほうっておけば実現するようなものではないのです。なぜでしょうか。

教育サービスは自動車などの工業製品と違い、技術的にどんどん効率化していくようなものではありません。つまり、教育に対する公的援助がない場合、教育はかなり高価なものになります。現在でも私立の小学校では年間にかかる費用が100万円を超えることがめずらしくありません。6年間で600万円となると、平均的な家庭では負担することが難しい金額です。

こうなると、いくら将来見返りがあるとしても、その時点で家庭の資金不足のために子どもに必要な教育を受けさせられない、ということが生じえます。前章でみてきたような、「生まれた家庭」の経済格差が子どもの**教育達成**のチャンスに影響してしまうのです。このようなことがないように、政府が機会平等、すなわち公平性の観点から、税金を投じて家計からの教育費の支出を小さくするのです。

なぜ教育が義務化されるのか

さて、これまでの説明は、教育費が公的に負担されている理由についてでした。しかしこれでは、教育が一定期間義務化されていることは説明できません。教育が将来の収入として個人に見返りをもたらすものであり、かつその費用を

国が負担するのならば,わざわざ義務化しなくても,人は教育を受けるでしょう。国が教育を「義務」にする理屈はここからは出てきません。

　教育の義務化の謎を解く鍵は,やはり国の経済的豊かさ,あるいは生産力にあります。経済学では,生産性を高めるための三つの要素が考えられています(柴田・宇南山 2013)。資本財,労働,そして技術です。資本財とは生産手段や原材料のことです。工場やそのなかにある機械,あるいは事務仕事をするためのオフィスやパソコンを想像してもよいでしょう。労働は人によって提供される資源です。技術とは資本財と労働力から効率よく生産物をつくるしくみです。

　このうち,労働にも質が高いものと低いものがあります。労働の質とはすなわち人の仕事能力のことです。たとえば自動車をうまく組み立てる(あるいはそのための機械をうまく操作する)能力,会社の経理情報をきちんと把握できる能力,周囲の人間と協調して仕事を調整する能力などを考えることができます。

　このため,生産力を高めて国を豊かにするためには仕事で使う基礎的な能力(言語能力や計算能力)を多くの人が身につけていることが条件となります。たとえば学校制度を通じて国内で通じる共通の言語を学ばせることで,仕事場の組織のなかでほかの人と協働しやすくなりますし,また労働力が足りていない国内のほかの場所へと移動しても仕事ができるようになります。経済効率が上がり,国全体の生産力が大きくなるのです。

　たとえば日本の 1950 年代後半からの高度経済成長期には,地方の農村部から都市部への大規模な人の移動がありました。この大移動は関東圏や関西圏の工場やオフィスでの旺盛な労働需要に応えたもので,このせいで三大都市圏(関東圏,中京圏,関西圏)の人口は 130 万人以上増えたといわれています。しかし,たんに「働く気がある人がいる」だけでは,国の生産性は上がりません。農村部でも子どもは義務教育を通じて共通言語を身につけていたため,さまざまな地方からやってきた人たちが混ざっても職場で組織的に仕事をすることができ,そのことが生産性にプラスに影響したわけです。

　さらに,仕事では同じ組織(会社)に勤めているわけではない人ともコミュニケーションをする必要があります。このとき,取引する相手と言葉が通じないと,取引をする際に余計なコストがかかり,本来は行われるはずであった取引が行われなくなる,といった事態が生じえます。したがって,政府が自国の

経済を発展させる際には，必ず国民に（教育やメディアを通じて）共通言語を習得させるのです。

教育は人のためならず

実はここ，つまり「経済活動は一人で行うものではない」というところに，教育の義務化の理由があるのです。

ある人が自分の判断で「教育を受けると将来の見返りがある」という理由で教育を受けたとしても，ほかの人がそうしなければ，その人はせっかく身につけた技能を仕事のなかで活かすことができません。あくまで，ある程度の数の人が一定レベル以上の仕事の能力を持っているのでなければ，個々人の能力を発揮することもできないのです。こういった事態を経済学では「外部性」と呼びます。個々人がその場その場の市場（ここでは教育市場）における「儲かるから／儲からないから」という判断で行動すると，本来ならば実現可能であった豊かさの水準に到達しないことがあるのです。そういった場合には，政府が民間人あるいは民間企業の経済活動に介入することがあります。

読者のみなさんも，ふと見渡してみれば，生活環境に存在するさまざまな財やサービスがすべて民間企業によって供給されているものではないことにすぐ気づくでしょう。道路・橋・水道設備などのインフラの一部はもちろんですが，病院には国立・市立病院も多いし，博物館や図書館などの文化施設も公立のものが多いですね。これらは，利益が上がりにくいために民間部門に任せておいても十分に供給されないようなモノやサービス，あるいはそれを提供する主体なのです。

道路を例に取ってみましょう。道路をつくるには多額の費用がかかりますが，それを回収しようとすれば道路利用者から料金を徴収しなければなりません。ところが，そのためには道路との出入りが見込めるあらゆる場所（交差点）に料金徴収所をつくる必要があります。これにはさらに多額の費用がかかるし，また道路利用の利便性も大きく下がってしまいます。高速道路など，出入りの頻度が低い一部の道路を除き，これは現実的ではありません。このため，たとえばトヨタ自動車などの大きな民間企業でも道路を売ることはしません。だからといって道路を整備しないと，経済活動は完全に停滞してしまいます。し

がって近代社会では政府が税金を使って道路を整備するのです。

　教育も，やはり民間に任せておくと十分に供給されないサービスの一つです。経済学には「人的資本論」という概念がありますが，これは「個々人が将来の（所得という）見返りを期待して自らに教育投資をする」という考え方です。「大学を出たほうが就職が有利になる」というような考えですね。しかし，もしすべての段階の教育がこういった論理で説明できるのなら，やはり政府が義務教育を提供していることが理解できません。

　実は教育の効果は，個人が教育を受ける見返りを超えてその外部に広がっていくものなのです。たとえばここに5人の人がいるとします。もしそのなかの一人（Aさん）だけが高レベルの知識や技能を持っているとしても，Aさんは十分に生産性を発揮できません。ほかの4人が同様の，あるいはせめて基礎的な知識や技能を持っているほうが全体としての生産性は上がるでしょうし，Aさんを含む一人ひとりの取り分も増えるのです。しかしだからといって，Aさんは無理に，あるいは自腹を切ってほかの人に教育を受けさせたりすることは現実的ではありません。だから政府が一律に教育を強制するのです。

教育と不平等

　これまでの説明で，教育が近代社会において持っている基本的な役割がある程度理解できたと思います。それは，国全体，あるいは国民一人ひとりを経済的に豊かにすることです。もちろん教育にはほかの役割もあります。政治（国全体，あるいは地域の約束事や税金の使途を決めたりする活動）に一人ひとりが市民として参加できるようにするための知識を身につけることは教育の重要な目的の一つです。これを「市民教育」と呼びます。

　経済発展の側面から教育をみると，教育においていかに仕事に役立つ能力を身につけるかが重要になります。しかし市民教育の観点からすれば，直接にその人の仕事の力に役立つものではない知識も重要だ，ということになります。歴史や哲学などの学問のことを「人文学」といいますが，これらはたしかに直接に仕事の役に立つことはありません。しかし，人は歴史を通じてしか自分が今いる社会のことをバランスよく理解することはできません。また哲学を学ぶことを通じて，人はどのようにしてある知識を「正しい」と判断し，別の知識

Column ③ 社会についての「誤認」

　私たちは，自分の趣味・趣向を自分で選び取っている，と考えています。あるいは，自分自身の好みから自然と導かれるもの，という理解をしていることも多いでしょう。

　他方で量的な社会調査は，趣味と社会階層とのつながりを明らかにしてきました。たとえばイギリスでは，好きなスポーツは社会階層によって異なっています。サッカーは相対的に労働者階級の好むスポーツです。同様に，音楽や絵画の趣味も社会階層によって違います。

　ここで，「趣味は自然と選ばれるもの」という考え方と，「趣味は階層によって異なる」という考え方が合わさるとどうなるでしょうか。資産も多く所得も高い人たちがいわゆる「高級趣味」になじんでいる場合，ほんとうは経済的な条件や人づき合い，あるいは幼少のときからの育成環境によって趣味が決まっているのに，あたかもそのような「高級」な趣向が生まれつき身についているかのように語られてしまうようになるのです。この場合，高い所得を持つ人のほうが生まれつき優れた才能を持つ，したがって支配的地位にそういった人たちがいるのは当然だ，という考えに結びついてしまうのです。こうなると，社会階層は固定化してしまいます。

　フランスの社会学者 P. ブルデューは，この勘違いを「誤認」と呼び，社会調査や社会分析の目的の一つをこの誤認の解明だと考えました。ブルデューにいわせてみれば，誤認はいたるところにあります。たとえば私たちは恋人や友人を「自発的に」選んでいます。しかしその自発性は，必ずしも自分でつくりあげた性向ではないでしょう。社会調査をしてみると，趣味にせよ恋人選びにせよ，その人が置かれた社会的な地位によって異なっているということの証拠をみつけることができます。

　このような調査を通じた社会認識は，ふつうに生活している限りはなかなか見出すことができないものです。ブルデュー自身も，量的な調査データにもとづいてさまざまな社会認識を提起しつづけたのです。
　　　　　　　　　　　　　　　　　　　　　　　　　　　　　　　(T)

を「正しくない」と判断しているのか（このことを追究する哲学の分野を「認識論」といいます）といったことについてより的確な判断を身につけることができます。

　人文学の知識は，学ぶ人の人生を（経済的にというよりも）意味的に豊かにし

ます。それに加えて、人びとがともに暮らすなかで共通のルール（どういった行動を禁止し、またみんなから集めたお金をどう使うか、など）を決める際にも役に立つ知識が人文学にはたくさん含まれています。

教育の社会学

経済成長の観点から教育をみていくのはおもに経済学の視点です。政治に参画する主体形成のための教育を考えるなら、政治学の視点になるでしょう。これに対して社会学は教育をどのようにとらえてきたのでしょうか。社会学の教育に対する見方にもいくつかのものがありますが、ここでは計量社会学の手法が使われることの多い社会階層論的な**教育社会学**について簡単に紹介しましょう。

社会学の教育のとらえ方の一つの特徴は、それを**社会的不平等**との関係からみている点にあるといえます。社会学では不平等を、さまざまな資源が個人にとって不均等に配分されている状態としてとらえます。ここでいう資源とは、典型的には金銭的な価値で測った資産ですが、ほかにも**地位**、威信（社会的な名声の高さ）、知識、人間関係などの無形のものを考えることもできます。この社会にお金持ちとそうではない人がいるように、人間関係が豊かな人もいれば、そうではない人もいます。

社会学では、これらのさまざまな資源格差のうち、おもに職業に注目します。ここでいう職業とは、具体的には管理職、専門職、事務職、マニュアル職（肉体労働を提供する職業）といった分類でとらえられるものです。社会学者が職業に注目する理由はいろいろあるのですが、その一つには、職業がその人の社会のなかでの**地位**をよく表しており、かつキャリアのなかであまり変化しないものだからです。ある人がいくら名だたる大企業に勤めていても、入社したてのころの収入はそれほど高くありません。ですから、収入を年齢と独立した社会的な地位の目安にすることは難しいのです。しかし職業であれば、たとえば最初にデスクワークの職に就いた人はかなりの確率で将来もデスクワーク職に就いているでしょうから、年齢に左右される度合いが収入よりは小さいのです。

さて、高い地位の職業に就こうと思えば、それだけ高い水準の教育を受ける必要があります。つまり、その人の受ける教育のレベルと職業的地位の高さは

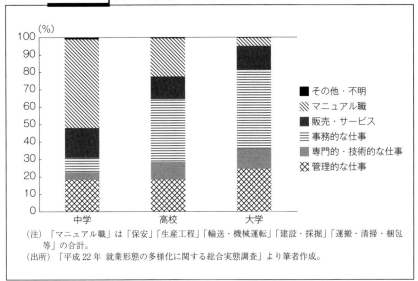

CHART 図2.3　最終学歴別の職種割合

(注)　「マニュアル職」は「保安」「生産工程」「輸送・機械運転」「建設・採掘」「運搬・清掃・梱包等」の合計。
(出所)　「平成22年　就業形態の多様化に関する総合実態調査」より筆者作成。

ある程度連動します。先にみた収入の学歴差は、その表れです。図2.3をみてください。これは、最終学歴別にみた、職種の割合です。マニュアル職（いわゆる肉体労働）の割合は中学卒、高校卒、大学卒の順に小さくなりますが、事務職や専門・技術職の割合は順に大きくなっているのがわかります。

教育と社会的不平等

ここで、教育が社会的不平等に対してどのような働きを持つのかを考えてみましょう。教育は、ある面では社会的不平等を小さくする力を持っています。教育と社会的地位がつながっているのならば、教育を平等に受ける権利と教育費に対する十分な公的援助があれば、結果的に社会的地位も平等になっていくと考えられるからです。もちろん生まれ持っての才能の差があれば、結果にも個人差が出てくるでしょう。しかし才能による個人差を許容としたとしても、教育の**平等化**する力は残るでしょう。

他方で、教育は社会的不平等を拡大する力も持っています。むしろ現代の日本では、教育のこちらの側面のほうがしっくりくる人が多いのではないでしょうか。これは、日本では子どもに教育を受けさせる際の家計の負担が重く、そのために親の経済力が子どもの教育水準に影響してしまうからです。

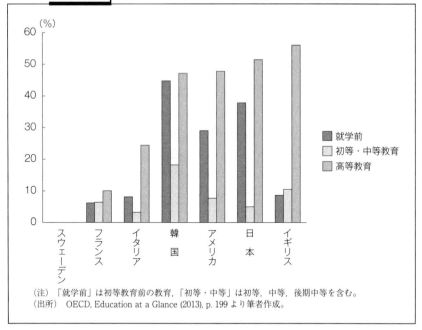

CHART 図2.4　いくつかの国における教育費に占める家計負担の割合

(注)　「就学前」は初等教育前の教育，「初等・中等」は初等，中等，後期中等を含む。
(出所)　OECD, Education at a Glance (2013), p. 199 より筆者作成。

　日本は教育費の家計負担が非常に高い国の一つです（中澤 2014）。図2.4 をみてください。これは，いくつかの国における国全体の教育費に占める家計負担の割合を，就学前（初等教育前）教育と高等教育（大学・大学院）について示したものです。スウェーデンなどのいわゆる福祉国家では，教育費の家計負担はきわめて低いことがわかります（スウェーデンでは家計負担はほぼゼロです）。フランスやイタリアなどの，いわゆる大陸ヨーロッパの国（グラフに掲載していない国々も含めて）でも概して家計負担は小さいです。日本では，就学前教育（37.9％）でも高等教育（51.5％）でも，家計負担はきわめて高い水準にあります。

家庭文化の影響

　では，政府が教育費用の多くを負担すれば，教育を通じた不平等はなくなるのでしょうか。図2.4 からみてとれることとして，たしかに就学前教育と高等教育については家計負担が重い国もあるのですが，日本でも「初等・中等教育」（小学校から高校まで）の家計負担はそれほど高くありません。したがってこの段階では親の経済力の格差のために差がついてしまう，ということはない

のではないか，教育の平等化作用を期待してよいのではないか，と考えたくなります。

しかしこれまで社会学者が見出してきたことは，話はそれほど簡単ではない，ということでした。学校はおもに学術的な知識を享受する場ですから，特定のタイプの理解力やコミュニケーションのやり方を身につけている生徒と，そうではない生徒では成績も違ってきます。イギリスを例にとってみましょう。イギリスは，オフィスワーカーなどが構成する中産階級と，おもにマニュアル職が構成する労働者階級のあいだの分断が比較的目立つ社会，つまり階級社会です。階級によって収入や職業的地位が異なるのみならず，話し方や服装といった文化も異なっています。

イギリスの社会学者 B. バーンスティンが明らかにしたことは，イギリスの中産階級の家庭で育った子どもは，労働者階級の家庭で育った子どもよりも，学校教育で必要になる言語能力をよく身につけている，ということでした（Bernstein 1971=1981）。そうした能力に欠けている労働者階級の子どもは，成績が思うように伸びず，たとえ進学意欲があっても存分に能力を発揮できないようになってしまいます。

子どもが学校で何を学ぶかについては，政府が介入して平等化することは可能でしょう。しかし，家庭内での育て方についてはそのかぎりではありません。政府が介入できない社会の部分で生じる学びの格差が，学校教育でのパフォーマンスに影響するとなると，教育の平等化作用は大きく掘り崩されてしまいます。教育社会学者の一つの関心はそこにあります。

 学校という場所はどのような場所か

KEYWORD
教育学　フィールドワーク　エスノグラフィー　教育過程　階級社会　限定コード　精密コード　社会化　再生産　学校文化　対抗文化　競争　高学歴化　社会的タイプ　参与観察　構造化　会話分析

「学校」の内部を調べる

　第2節でも述べたように,「学ぶ」ことは,人間にとって重要な生活の一部です。だからこそ,どのように「学ぶ」のか,「教える」のか,という問いは,私たちにとって大きな問題ですし,それを考えるための学問として**教育学**があります。最初の入り口としては,教育学が,教育実践への関心を強く持っているのに対して,教育に対して社会学的にアプローチをしていく際には,教育にかかわる事実への関心が強い,と説明されることもあります。

　ただ,実際には,これらの分野には多様な広がりがあります。つまり,教育社会学のなかにも,実践や政策への関心が含まれた研究がありますし,教育学においても社会学と同様の調査方法が取り入れられているなど,さまざまなかたちで研究がすすめられています。

　そこで,第3節では,まず,実際の教育現場,つまり,学校で何がなされているのかについて,考察した調査研究を紹介します。教育現場で何がなされているのか,実際にフィールドワークを行って調べる研究は,社会学だけでなく,教育学や心理学,そして何より,現場の教員たちとの共同作業によって,さまざまなかたちで行われています。授業研究や学校文化の研究といったテーマが掲げられることも多いです。

　現場で行ったフィールドワークをもとに,まとまった報告書(エスノグラフィー)を書く,という研究スタイルは,まず人類学のなかで生まれ,続けて社会学のなかでも,主要な研究方法となってきました。ここではまず,社会学者が,学校でフィールドワークを行い,実際の**教育過程**を調べようとした研究の,初期の代表例をあげることで,その考え方の入り口に立ってみることにしましょう。

なぜ学校の内部を調べるのか

　初期の代表例は,とくに1960年代から70年代にかけて,イギリスとアメリカでの研究に求めることができます。当時,英米の教育社会学では,それまで十分に研究されてこなかった学校の内部過程に焦点を当てることをめざす動きがあったからです。第2節では,社会学の教育のとらえ方の一つの特徴は,

社会的不平等との関係から考える点にある,と述べました。そもそも「社会」という概念の用法の一つには,日本国憲法における「社会権」のように,「社会」のなかで人が生活していけるように最低限度の平等を志向する使い方があります。だから社会学(の少なくとも一部)が,不平等の問題に関心を向けることは,理由のないことではありません。そのうえで,第②節では,教育を受ける権利と十分な公的援助があるならば,教育には社会的不平等を小さくする効果を見込めること,ところが現実には,さまざまな条件があって,平等化する力がうまく働かない場合があること,などを示しました。60〜70年代の英米の教育社会学においても,学校の内部の教育過程を調べることで,なぜ,どのように不平等が生じてしまうのか,明らかにしようとする動向があったわけです。

他方で,社会学は,自覚的に「社会」という概念の用法を拡張し,扱いうる対象をも拡張してきました。M. ウェーバーにならって,社会学においては,私たちの行為がほかの人の行動に関連づけて理解されているとき,それを「社会」的行為と呼ぶことがあります(Weber 1922=1972)。「教える」といった行為はまさに,社会的行為と考えることができますが,まさに「教える/学ぶ」ということ自体が一つの社会秩序としてどのように成り立っているのかについての研究も,授業研究というかたちをとってなされています。

第③節では,まず,学校の内部の教育過程を調べることで,なぜ,どのように不平等が生じてしまうのか,明らかにしようとした研究を紹介するところから出発し,次いで,「教える/学ぶ」ことそれ自体の社会的な意味について考えていく方向で,議論をすすめたいと思います。

不平等の再生産

まず,イギリスの事例から,考えてみましょう。第②節でも述べたように,イギリスは,中産階級と労働者階級のあいだの分断が比較的目立つ**階級社会**です。ここでの階級の違いは,言葉の使い方や,価値観の置き方などまで含めて,文化的な違いと結びついています。バーンスティン(Bernstein 1971=1981)が着目した言語の用法の違いも,こうした階級による不平等が生じるあり方の一端を示したものです。

バーンスティンの議論では,言語の用法は,限られた語彙や文を使って表現する**限定コード**と,複雑な文や語彙を使って,伝えたいことを表現することを促す**精密コード**に分けて考えられています。学校教育に向いているのは,後者なのですが,しばしば,中産階級の子どもは,家庭のなかで両方を身につけるのに,労働者階級の子どもは,家庭において限定コードを使う機会が多いため,学校での教育においても,不利になってしまうわけです。

こうした研究は,一方で,家庭における育て方が学校教育の効果に影響を与えることを明らかにするとともに,学校教育のなかでの**社会化**の可能性についても,考えていく道をひらきました。

さらに一歩踏み込んで,学校のなかで不平等が**再生産**されていくメカニズムを明らかにしたものとして,P. ウィリスによる,『ハマータウンの野郎ども』(Willis 1977=1996) という著作があります。ハマータウンという仮名の工業都市のセカンダリー・モダン・スクール（新制中等学校）でのフィールドワークにもとづいて書かれたエスノグラフィーです。

労働者階級出身の子どもたちは,総じて労働者階級の仕事に就いていくことになるわけですが,それについて,なぜ,どのようにして自ら厳しい労働環境を選んでいくのか,と問いが立てられています。そしてウィリスの描いた答えによれば,労働者階級の少年たちは,自ら選びとった結果として,厳しい肉体労働を行うようになる,ということなのです。

ここで描かれているのは,「野郎ども (the lads)」と自称する,**学校文化**に順応できず,反抗している労働者階級の少年たちです。彼らは教師に反抗し,喫煙や飲酒を行い,ふざけることで,反学校の文化を生きています。そして権威に従順な生徒たちを「耳穴っ子 (the ear'oles)」と呼んで,「連中は楽しむってことを知らない」と,優越感をもって見下しています。彼らが喫煙や飲酒にこだわるのは,それが学校文化への反抗であるからですが,同時に,成人した男性労働者の世界をみているからです。つまり,彼らが,学校に反抗し**対抗文化**をつくることができるのは,学校の外に広がる労働者階級の文化に依拠することができるからなのです。学校では進路指導がなされており,多様な選択肢があることが説かれていますが,聞き入れられることはありません。「たてまえの裏を見ぬく」ことで,就職への助言を拒む姿勢は,学校教育そのものに反抗

する一部なのです。著者との面談で,「金稼ぎの方便」にすぎず,「どんな仕事でも変わりない」と語る彼らにとって,職業の意識的な選択ということ自体がそぐわないのであり,学校に「さっさとおさらばする」「ほんとうの男ども」の世界に仲間入りする,というかたちで工場労働へと参入するというほうが実情に近いのだ,ということです。

こうして,労働者階級出身の少年たちは,労働者階級の文化に依拠しつつ学校の権威に反抗し,精神労働に対する違和感と手労働への親近感をつくりあげ,肉体労働の世界を選びとっていくわけです。そして,こうした一連の過程自体が,中産階級と労働者階級の区別を固定化し,不平等を再生産していく過程にもなっているのだ,ということなのです。

もちろん,こうした教室から工場への移行は,イギリス特有の階級社会と,当時の工場労働の豊かさがあって成り立ったものですから,いつでも,どこでも起こりうるというよりは,その時代,地域に根ざした現象だといえるでしょう。ただし,学校の内部においてさまざまな文化が再生産されうる,という考え方と,それを描いていく手つきは,学校のエスノグラフィー的研究の重要性を示すものでもあります。

誰が進学を決定するか

次に,アメリカの事例について,考えてみましょう。アメリカにおいては,1960年代前半というかなり早い時期に,A. V. シクレルとJ. I. キツセによって,『だれが進学を決定するか』(Cicourel and Kitsuse 1963=1985)という著作が発表されています。当時,アメリカにおいては,中流や上流階層において大学進学者が多いのは,進学への期待や意欲が,階層にもとづいて与えられるからだ,と説明されていました。また,いわゆる階級社会であるイギリスと違って,階層の社会的移動が,個人の能力にもとづいた平等な「競争」によって達成される,と考えられていました。シクレルらの研究は,こうした状況において,実際に学校の内部過程を明らかにしようと試みた,初期のものとなります。

この研究の舞台になっているのは,「レークショア高等学校」(仮名)という,最も進歩的な教育理論や実践を取り入れた,大規模な総合制高等学校です。高学歴化しつつあるアメリカにおいて,人がどのような職業に割り振られていく

Column ④ 行為の理解

　社会学が行っていることの一つに，私たちの行為を理解する，ということがあります。人間の行為を理解するということは，たとえば天体の運行を説明するような作業とは，異なっています。というのは，社会学者が，行為を理解しようとするまえに，私たちは，自分の行為や互いの行為を理解しているからです。行為を行っている当人は，自分が何をしているかについて，何らかの理解をしています。

　たとえば，教室で話をしている教師は，そのことで授業をしているわけです。そこで，なぜ「授業をする」のかと問われれば，「給料を稼ぐために」とか，自分の「天職だから」と答えるかもしれません。このように行為を理解することは，その行為がどのような動機のもとでなされたかを考えることでもあるのです。

　19世紀末から20世紀初頭にかけてドイツで活躍したM.ウェーバーは，当人にとっての意味をどのように扱っていくか，という問題に，理解社会学という方法で答えようとしました。ウェーバーは『社会学の根本概念』のなかで，社会学を，「社会的行為を解釈によって理解するという方法で社会的行為の過程および結果を因果的に説明しようとする科学」と定式化しています。

　行為を理解するというとき，ポイントになっているのは，主観的な意味のもとで理解する，ということです。「授業をする」のが，「給料を稼ぐために」なのか，「天職として」なのか，によって理解の仕方がことなります。「給料を稼ぐ」という目的に照らして「講義をする」という手段がとりうるならば，それは意味的に適切に理解できる行為だと考えられます。行為の理解とは，こうした意味連関のもとで理解するということです。

　こうした意味連関のもとでの理解にもとづいたうえで，行為の過程や経過を因果的に説明するのが，ウェーバーの定式化した社会学の方法でした。ウェーバーは，こうした方法のもとで，文献案内でもふれたとおり，純粋に宗教的動機にもとづいて職業に禁欲的に従事するようになったことが，意図せざる結果として，資本主義をつくりだすきっかけとなった，と説明しています（『プロテスタンティズムの倫理と資本主義の精神』）。　　　　　　　　　　（M）

のか，ということを考えるとき，大学教育の重要性が増していました。そして，大学への入学は，高等学校における成績によって左右されることが多くなっていたため，とくに先進的な進学校において，どのようにして生徒が位置づけら

れていくのかに注目したわけです。

　ここでめざされているのは，第1に，生徒や生徒の行動を分類するために用いられている「語彙と統辞法」を調べることであり，第2に，それらの分類が，高校内で生徒がたどる経歴の展開に対して，どのような結果をもたらすかを検討することです。そのために，この調査においては，100人近い生徒，およびその親，22人のカウンセラーについて面接がなされています。

　その結果として，まず，中流や上流階層の親たちは，自分の子どもが大学に進学することを「当然のこと」と考えている，ということが，明らかにされます。だからといって，親の進学への期待が，ただちに子どもを「大学へ進学する」生徒にするわけではありません。進学を期待する親が，そうでない親に比べて，大学入学の要件について特別な知識を持ち合わせているわけではないのです。この高校のカリキュラムには，大学進学コースと非進学コースがあり，生徒は，大学入学要件となる単位科目を含むかどうかによって，「大学準備型」「準大学準備型」「非進学型」へと割り振られることになります。生徒は進学の意向があるかどうかの選択を表明するわけですが，それだけが唯一の分化の基準ではありません。生徒が「大学へ進学する」生徒として扱われる仕方は，能力や過去の成績だけでなく，さまざまな属性を学校教職員がどのように解釈するかにもかかっているのです。

能力別クラス編成と分類の実際

　この高校のカリキュラムの一つの特徴として，「能力別クラス編成」が実施されていることがあげられます。生徒は，みな，SCAT（進学適性検査）による点数などにもとづいて，「成績優秀コース」「普通コース」「学業不振コース」に振り分けられます。大学入学要件にかかわる科目のいくつかは，「普通コース」「学業不振コース」にはクラスが用意されていないため，下位のコースに分類されると，大学入学向け科目の登録から自動的に除外されることになります。

　こうした能力別編成においては，成績は，それぞれのコースの想定と関連づけて評価されるため，学業不振コースに振り分けられた生徒たちは，良い成績を取得して，自分の学業上の順位をあげるチャンスを減じられてしまうことに

なります。注意しておきたいのは，高いSCAT得点と高い評点平均を持ち，大学進学の意向を示す生徒たちを，成績優秀コースや大学準備型プログラムへと振り分ける場合には，学校教職員による解釈は大きな問題になりません。そうではなくて，その振り分けられる生徒の成績やSCAT得点に一貫性がみられない場合に，問題になるのです。

　レークショア高校では，あらゆる生徒が担当のカウンセラーに割り当てられています。カウンセラーの任務の一つは，生徒の学業上の進歩を点検することです。そして，SCAT得点と評点平均とのあいだにずれが生じるとき，つまり，テストで測られた能力よりも高い，ないしは低い成績をおさめるとき，それは動機的・人格的・社会的な「問題」の結果とみなされることになります。

　カウンセラーは，生徒を「優秀な生徒」「平均的な生徒」「アンダー・アチーバー」（自分たちの能力よりも低い成績しかおさめていない生徒）「オーバー・アチーバー」（能力以上の成績をおさめている生徒）「学業不振者」に分類します。このアチーブメント・タイプの分類は，SCAT得点や評点平均だけで説明されるものではなく，むしろ「問題」を持つとみなされる生徒の分布を生み出します。それでは，ここでのカウンセラーは，どのようにその判断を行っているのでしょうか。シクレルらは，その「語彙と統辞法」（独特の用語とその使われ方）を探究しています。

　注意しておきたいのは，「どれくらいの社会的地位，つまり社会階層のグループがあるのでしょうか」という質問に対して，カウンセラーは，「中心グループ」（タイプ1）や，それに追いつこうとしているグループ（タイプ2）といった，高校のなかでの「**社会的タイプ**」を七つあげることによって答えている，ということです。あらためて「上流」「中流」といった社会階層について質問すると，「レークショア」では「上流階層」は旧家でなければならないので，対象となっている生徒にはいない，ということになるのです。その意味で，ここでの「社会階層」には，「社会的タイプ」よりも重要な意味は与えられていません。そして，生徒が「優秀な生徒」として分類される際には，平均評点よりも「中心グループ」に入っていることが重視されたり，「アンダー・アチーバー」として分類される際には，能力の問題だけでなく，「問題を引き起こすこと」が重く見られたり，といった独特の判断がなされているわけです。

どのように分類されるのか

　このように生徒を分類していくための作業について考えるためには，カウンセラーが学校組織のなかでどのように位置づけられているかを考えておく必要があります。当時のアメリカでは，学校におけるカウンセリング制度は専門職化しつつある過渡期にありました。つまり，普段は授業をしている教員がカウンセリングの職務にも時間を割くことになる場合から，カウンセリングにともなう管理的職務はあっても授業は担当しない場合へと，移行しつつあったのです。シクレルらの著作では，外部サンプルから採られたより伝統的な「教師カウンセラー」とレークショアの専任の「カウンセラー」の事例が比較され，後者のほうが，より専門職志向と臨床志向が強いことが示されています。

　専門職志向のカウンセラーは，問題を持っていると思われる生徒を探し出し，そこに「より深層に」横たわる問題を探り出そうと試みます。とくに先にあげた「アンダー・アチーバー」をみる場合には，「より深層」の原因を持つものであると同時に，親からの圧力や家族の解体や非現実的な希望などの「ケース」としてみる傾向があります。生徒の問題は，「コミュニケーション不能」「情動的な関与」「不適切な動因」といった，臨床的な用語やカウンセリングの方法で分析されることになるわけです。

　また，「問題」が一つ言及されると，カウンセラーやソーシャル・ワーカーは，さらに多くの情報を得ようとします。こうした「問題」が教師→管理職→カウンセラー→ソーシャル・ワーカーといった組織経路に広がるにつれ，より広い領域において「管理された生徒」を生み出すことになります。こうした専門家志向のカウンセラーの影響力は，実際に大学進学にかかわっており，たとえば，レークショアのカウンセラーは，強い大学志向を示す親たちに，「事実」を「現実主義的に」認識するよう助言し，「冷却」する，という問題に直面しているわけです。

　シクレルとキツセの研究を，イギリスの「ハマータウン」の場合と比べると大きく異なることに気づかされるでしょう。ここでは生徒の分化に関して明示的に社会階級への参照がなされているわけではありません。アメリカにおいては，むしろ，「競争」によって分かれると考えられていたわけですが，しかし

実際には,「成績」だけでは判断することのできない領域があり,そこにおいては,どの「社会的タイプ」(たとえば「中心グループ」) に入っているかといったことが,生徒の分類へと影響を与えているわけです。

　そして,最初の段階で進学コースに分類されるかどうかが,その後の経歴の展開にも大きく影響を与えていくわけで,そこでの学校職員(とくにカウンセラー)の活動の影響の大きさをみることができます。学校の内部過程をみるという試みは,そうしなければわからなかった分類と選抜のあり方を浮き彫りにしたといえるでしょう。

授業では何が行われているのか

　学校の内部過程をみるという試みは,教室の内部で生じている活動を,**参与観察**やビデオ分析などを用いて明らかにすることで,精緻化されていきます。こうした方針の初期のものとして,1979年に出版されたH. ミーハンによる『授業を学ぶこと (*Learning Lessons*)』(Mehan 1979) という著作は,その後の授業研究のあり方に大きく影響を与えました。この著作においても,それまでなされてこなかった実際の教育過程の記述がなされます。特徴的な点として,まず先にあげたように,約1年におよぶ小学校での参与観察と授業場面のビデオ分析にもとづいていることがあげられます。そして次に,実際にこの小学校での授業を行っているのは,当時,教育学の大学院にいた共同研究者であったことも重要です。つまり,より教育実践に近い研究者との共同作業というスタイルの研究でもあるわけです。

教室の授業の構造

　この研究においては,教室で行われる授業の構造について,それを**構造化**する活動と切り離さずに明らかにしようとする方針が採られています。ここでは,教室の授業の構造は,表2.1のように,教師と生徒のあいだのやりとりにかかわる連鎖構造と,授業の進行にかかわる階統構造の組み合わせによって成り立つと説明されています。

　まず,授業での教師と生徒のやりとりにおいては,教師が生徒にはたらきかけ,生徒がそれに応え,この生徒の応えを教師が評価するという三つの部分か

CHART 表2.1 教室の授業の構造

出来事	授業					
局　面	開始局面		教授局面		終了局面	
連鎖の種類	指　示	情報提供	主題の まとまり	主題の まとまり	情報提供	指　示
			誘導　誘導	誘導　誘導		
連鎖組織	I–R–E	I–R–(E/φ)	I–R–E I–R–E	I–R–E I–R–E	I–R–(E/φ)	I–R–E
参加者	T–S–T	T–S–T	T–S–T T–S–T	T–S–T T–S–T	T–S–T	T–S–T

（注）　φは，評価が生じない場合があることを示している。
（出所）　Mehan（1979: 73）より作成。

らなる相互行為上の連鎖が，次の例のように，さまざまなかたちでみられます。

　教師：「ん，これは誰の名前？（Um, whose name is this?）」（発問：Initiation）
　生徒：「メルセデス（Mercedes）」（応答：Reply）
　教師：「メルセデス，いいですね。（Mercedes, all right.）」（評価：Evaluation）
　　（Mehan 1979: 52）

　学問的知識の伝達は，こうした「発問（Initiation）─ 応答（Reply）─ 評価（Evaluation）」連鎖（「I–R–E」連鎖）を通じて，教師が生徒から知識を引き出し，それを評価するというというかたちで，なされるわけです。この連鎖組織が複数集まって「主題のまとまり」をつくり，「主題のまとまり」が複数集まって「教授局面」をつくります。そして，「教授」という局面は，それ単独で成り立っているわけではなく，実質的な授業に移行するための「開始局面」と授業を終わらせるための「終了局面」とのあいだでなされることになります。教室の構造は，このような授業の時間的な進行にもとづいて，構造化されているというわけです。

構造化される授業

　ここで注意しておきたいのは，こうした構造は，教師や生徒の行為を自動的に決定するようなものではない，ということです。むしろ，教師や生徒といった授業の参加者は，この構造に志向しながら，自らの行為をなしています。
　たとえば，最初の質問（I）のあとにただちに答え（R）がくる場合には，続

けて評価（E）がなされることで，三つの部分からなる連鎖がつくりだされます。ただちに答えがこない場合，答えがなされるまでのあいだ，教師と生徒のあいだでのやりとりがなされ，肯定的な評価によって，三つの部分からなる連鎖とおなじ仕方で完了するまで，相互行為の連鎖が拡張されることがあります。「I-R-E」連鎖が一つのまとまりとして境界づけられていることをマークする作業が，教室の授業を組織されたものとして理解できるようにしているのです。

このように教室の構造をそれとして構造化していく活動という観点から考えるうえで，重要な点として，発話の順番をどのように割り当てていくか，という問題が検討されています。注意しておきたいのは，誰が，いつ話すかを割り当てるやり方に関して，教室でなされる会話は，いわゆる日常会話とは異なる特徴を持っている，ということです。

日常会話においては，たくさんの人の発話が重なって聞き取れなくなることがあまりないことからもわかるように，一度に一人の人が話すように，発話の順番を交代するやり方があることが知られています。日常会話においては，現在話している人は，次の話し手を，会話の参加者のなかから選ぶことができますし，それがない場合には，誰でも次の話し手として話し始めることができます。

しかし，授業では，「教師」が「生徒」を次の話し手として選択することができますが，「生徒」は，次の話し手を選択することはできません。教師は，個人指名をしたり，挙手を誘ったり，直接答えることを誘ったりして，発話の順番を生徒に割り当てる方法を使い分けています。教師と生徒は，こうした発話の割り当てから始まる相互行為の連鎖に参加しながら，教室の構造を構造化していくわけです。

こうしたミーハンの『授業を学ぶこと』における分析が示唆的なのは，教室での授業にかかわるさまざまな活動が，教師と生徒がともにそこに参加していくことによって成り立っていること，そしてそうした活動に参加する能力（相互行為能力）が必要とされていることに，気づかせてくれるからです。

教師にとっても，知識を教えるという作業は，生徒の発話を受けて，答えを評価したり，誤りの修復を促したりといった相互行為を通じて，なしとげられることになります。また，生徒にとっても，授業において肯定的な評価を受け

るためには，授業の進行を理解し，適切な場所で挙手をしたり，適切な答えをつくったり，といった参加をしていくことが求められます。

現在の日本での授業研究

「学校」の内部をみるというかたちではじまった社会学的研究は，授業研究のあり方に対しても，大きな影響を与えました。現在の日本においても，いくつかの授業研究が，社会学的な観点からなされていますので，その一例を紹介しておきましょう（平本・五十嵐 2023）。

この事例は，小学校の中学年の一斉授業についてのものです。そこでは，一見するとミーハンが観察したような，教師が児童の発言機会を管理したり，典型的な I–R–E 連鎖が頻出したりといった行儀のよいやりとりが行われているようには，みえません。小学校中学年児は，しばしば教師から尋ねられる前に話し出し，口々に授業と関係のないことをつぶやいたり，逆に教師に問いかけたりもします。このように，児童が好き勝手に話しているように聞こえる発話を，著者たちは「ガヤ」と呼んで注目しています。このような状況でも，授業は成立しているわけで，だとしたらそのための「方法」は，どのようなものなのかが，問われているわけです。

それでは，教室の授業風景を想像してみてください。教師が授業の導入として，あるジェスチャーをしようとしています。教師が「ジェスチャーいち」といって黒板に何かを書こうとすると，児童の一人が「それ書けばいい」と提案します。ここでの「それ」は「ジェスチャー」という文字のことなのでしょう。教師はこの提案を受け入れ，「ジェスチャーて書ける？」と児童に問いかけます。

ここでの「それ書けばいい」というのが，児童が好き勝手に話した「ガヤ」です。この「ガヤ」がどのように発話されているか，もう少し詳細をみてみましょう。図 2.5 をみてください。これは，**会話分析**という手法に用いるトランスクリプト（書き起こし断片）です。本書に収録するにあたって，注釈を書き加えるなど，若干の修正を加えました。T は教師を示し，Sa や Sb などはそれぞれ児童を示しています。(3.0) は，3.0 秒の沈黙があったことを示しています（なお，凡例の詳細は，図 2.5 の右側をみてください）。

| CHART | 図2.5　断片1（教室での会話）

```
01 T  ：ジェスチャーいち                              [ ] ：発話の重なり
02    （3.0）（(黒板の方を向く)）                    (○.○)：○.○秒の沈黙
03 Sa：それ書けばいい  ガヤ   公的な発言としてデザイン   下線 ：強勢
04 T ：あ：そうだねそれ書いて  いいですね  受け取り   〈 〉：速度が遅くなっている
05 Sb：                       [マイケルジャク          ↑  ：音が高くなっている
06   ：ソンとか人です[か                              ?  ：語尾の音調が上昇
07 T ：            [ジェッ.   Initiation              ¿  ：語尾の音調が一端
08 T ：ジェスチャーて書ける¿   Initiation                  上昇したのち下がる
09    （0.3）（(生徒が一斉にノートに向かう)）
```

　この「ガヤ」は，誰も発言していないなかで発話されています。教師は，それを「あ，そうだね」と隣接する場所で引き取ることができます。ここでは，公的な発言として受け取られてよいものとしてなされた（デザインされた）「ガヤ」を，教師が受け取り，また，それを利用することによって，教師による「発問（Initiation）」が，「ジェスチャーって書ける」と，なされているのをみて取ることができます。この発問のあと，たしかに，次のようなI-R-E連鎖をみることができます。

I-R-E連鎖の進行

　先生が，「ジェスチャーって書ける？」と問いかけると（I），児童は「ジに，ちっちゃいエ」と答えます（R）。それに対して先生は「そう」と応じるのです（E）。ただし，注意しておきたいのは，「発問」がなされたあとにも「ガヤ」は生じている，ということです。図2.6をみてください。

　教師の質問に対して，児童の多くは，ノートに書きつけることによってこれに答えようとしています（09行目）。そしてその次に発されたSc（10行目）「ジェスチャー」とSd（11行目）「ジェスチャーゲーム」の発話は，発話の語尾の音調が平板であり，教師に確認を求めているようにも聞こえないため，公的な発言として受け取られる必要のない「ガヤ」としてデザインされていることがわかります。

　それに対し，Seによる14行目の「カタカナですか？」は，教師の質問に対してまだ答えが与えられていない位置で発されており，敬語も使われ，語尾の音調もあがっているので，確認を求めるものとして聞こえます。ところが，教

CHART 図2.6 断片2（教室での会話・続き）

```
07 T  :            [ジェッ.          Initiation
08 T  :ジェスチャーて書ける¿         Initiation
09    (0.3)((生徒が一斉にノートに向かう))
10 Sc :ジ↑ェ[スチャー         [(‥)     ガヤ
11 Sd :    [ジェスチャー[ゲーム(・[・)  ガヤ
12 T  :            [どういう字[書くかな   受け取られない
13    (0.9)
14 Se :カ[タカ]ナです[か?    ガヤ  公的な発言  確認の求め
15 Sf :  [え?]
16 T  :   [ジェ]     [ジェ     受け取られない → 無視する工夫
17    (0.2)
18 T  :〈ジェ〉[スチャーだよ]
19 Se :     [ジャに,((空書しながら))   Reply
20    (・)
21 Se :ジに,ちっちゃい[エ           Reply
22 T  :           [そう           Evaluation
```

師は，ヒントを与えることになってしまうからか，その確認の求めに応じることはありません。かわりにSeの発話と重なりながら「ジェ」と繰り返し，最後に「ジェ」の部分をゆっくり強調するように発しながら「〈ジェ〉スチャーだよ」(18行目)といい直しています。

つまり教師はここで，Seの発話を公的発言として認めたうえで，「無視」しているのです。この教師の発話の最中に，Seは，「ジャに,」(19行目)「ジに,ちっちゃいエ」(21行目)と空書しながら，答えの候補となりうる発話を発しています。そして，教師がこれに「そう」(22行目)と評価することによって，教師の質問（I）—Seの返答（R）—教師の評価（E）という連鎖が，「ガヤ」のなかに，成り立っています。このように，ここでの相互行為の進行は，児童（Se）の答え方によって決められている側面もあるのです。

さまざまな「社会」の成り立ち

こうした，現在の日本の授業研究の事例においても，教室での授業にかかわるさまざまな活動が，教師と生徒がともにそこに参加していくことによって成り立っている，ということをみてとることができます。先にも述べたように，

私たちの行為が，他人の行動との関係のもとで理解されるとき，それを「社会」的行為と呼びますが，この意味で，教師と生徒が行っている相互行為は，徹頭徹尾「社会」的なものです。

そして，そうした「社会」に参加していく能力についての分析が，ここでは提示されているわけです。学校の内部を調べる，という方針で行われてきた教育についての社会学的研究は，社会的不平等の問題から始まって，授業における社会秩序の研究にいたるまで，幅広い広がりを持っています。

4 おわりに

本章では，教育について質的・量的両面からのアプローチを紹介してきました。前章では，アプローチ法は問いの性質によって決まるといいましたが，ここではまとめとして，両アプローチが補完し合えるということを指摘しておきましょう。

第2節で指摘したとおり，出身家庭の社会階層上の地位と子どもの教育・地位達成の関係は量的研究の重要テーマです。しかし，おもに学校現場において具体的にどのようなプロセスで両者が関連するのかについては，結局は質的方法で明らかにするしかないのです。

しかしながら逆に，質的なフィールドワークによって描き出されたプロセスが，時代・地域限定的にしか当てはまらない可能性もあります。イギリスの特定の学校では，対抗文化を媒介にした社会階層の再生産が見出されました。とはいえ別の地域や時代では，そもそも社会的な条件が異なるために別のメカニズムが生じていることも考えられるのです。数量的なデータによって，おおまかにでも社会の多様性や時代の変化を把握しておくことは，この点においても重要であるといえるでしょう。

CHAPTER

第 **3** 章

働く

1 はじめに

　本書では，これまで「出生」「学ぶ／教える」というトピックについて，社会学的な見方を説明してきました。現代社会では，学校教育を終えたあとは，たいていの人は何かしらの職業を持つことになります。本章では，この「働く」ということについての社会学的な研究を解説していきます。

働くことの二つの変化

　第②節で書かれているように，長期的な社会の変化を追うと，働くことについて私たちは二つの変化を経験していることがわかります。一つは，それが単なる生きる手段から，「やりがい」や「意味」を表現する手段になってきた，ということです。これは，全体的に経済が豊かになるにつれて，少なくとも先進国では多くの人が生きがいを仕事に求めるようになってきている，ということです。

　もう一つの変化は，お金を稼ぐための有償労働と，お金を得られるわけではないが，生活のために必要な無償労働（家事や育児などです）のバランスが変わってきた，ということです。人びとが「家」単位で農業や自営業に従事していたときには，有償労働と無償労働はそれほどはっきり分けられるものではありませんでした。これは，一つの会社のなかで経理を担当する人と掃除を担当する人のどちらもが会社の経営に貢献しているのと同じだからです。しかしおもに男性が雇用されて働く社会になると，女性の家事や育児は「稼ぐ」活動と直接のつながりを失い，日常的な意味での「働く」ことの範疇から外れていきます。

　このように，おもに数量データによって「働くこと」についての時代の変化の記述や国際比較を行うことで，国全体の様子をマクロな視点から描き出すことができるのです。

　他方で社会学には，もっとミクロな眼で「働くこと」を観察するような研究の蓄積もあります。第③節では，働くことの内実を仔細にみてみると，必ず

しもそれが社会変化についてのマクロ理論が想定するような事態どおりになっていないことがある，ということが指摘されています。

　たとえば，人びとが個人として仕事に「やりがい」を求めるのと呼応するように，企業もそれを仕事の組織に導入しようという動きがあります。自動車工場において小集団の改善活動が推奨されたり，ファーストフード店において「サッカーチームの司令塔」のような店舗マネジメントが要求されたり，といった例があげられています。しかしその実態をみてみると，作業効率化という前提を崩さない企業の経営のもとで，働き手がその「やる気」を発揮して，非常に難しい作業を苦労してこなしている姿が浮かびあがってくるのです。

働くことの「バランス」

　次に，有償労働と無償労働のバランスの変化についてです。これは，しばしば「仕事と家庭の両立」の問題として認知されています。より多くの女性が有償労働に従事するようになると，男性も女性もともに，「外で稼ぐこと」と「家事・育児をすること」のバランスを見直す必要が出てきます。

　ここで，マクロな視点からは，第2節で触れるように，共働き夫婦が家事・育児使用人を雇い入れることで仕事と私生活のバランスを確保するといった「解決法」が一部の社会でみられています。しかし共働き夫婦の生活の様子を細かくみていくと，そこには「バランス」と呼べるようなものが欠けていたり，そもそも安心できる場所を家庭ではなく仕事に求めるようになった人びとがいることがわかるのです。

　以上のように，働くことについて，より広い視野でみる見方と，よりミクロな視点からみていく見方を比べてみて，その違いを感じてみてください。

「働くこと」の社会的な位置づけ

> **KEYWORD**
> 労働　生活の手段　やりがい　自己実現　価値観　世界価値観調査　脱物質主義化　労働力調査　労働力参加率　政府　公的扶助　社会保険制度　所得再分配　福祉国家　租税負担率　女性の労働力参加　無償労働　有償労働　格差社会　福祉レジーム　資本　工業化　グローバル化

「生活手段」から「生きがい」へ

　この本を手にとってくださった人のなかで，「過去も今も一度も働いてお金を稼いだことはない」という人はある程度含まれていると思いますが（まだ学生の人など），「将来もずっとそうだ」と思っている人はあまりいないでしょう。それくらい「働くこと」は自分の人生にとって深くかかわってくる活動です。

　とはいえそのとらえ方は，人や場合によってさまざまです。当然，学問分野によっても大きく異なっています。現代の経済学は，働くことを「**労働**」という概念で示し，所得を得るための「非効用」，つまりコストとして考えています。見返りを得るために我慢してする作業，といった意味ですね。「働かざるもの食うべからず」という慣用句にその考え方がよく表れています。

　しかし私たちは，「働く」ことについて非効用という側面だけで理解をしているわけではありません。子どものころによく聞かれる「将来何になりたい？」という質問について考えてみましょう。この質問をされたときの子どもたちの典型的な答えはなんでしょうか。たいていの場合，それは「どんな職業に就きたい？」という意味であるはずですから，よくある答えは，「サッカー選手」「お医者さん」「お菓子屋さん」などですね。もし働くことが単純に「生計を立てる」という意味しか持っていないならば，子どもたちはもっと堅実に稼ぎを得られる職業を選ぶはずです。ここから考えられるのは，働くことはその人の人生にとって「**生活の手段**」以上の大きな意味を持っている，というこ

とです。つまり，私たちはしばしば仕事に「やりがい」や「自己実現」を求めるのです。

　もちろん，いつの時代も人びとは働くことに人生の意味を見出そうとしてきたわけではありません。働くことの意味がなんらかのかたちで変化してきたのは確かです。そしてこの変化は，人びとが持っている基本的な**価値観**を反映しているはずです。社会学では，人びとが持っている価値観，すなわち人びとが何を重要だと思っているのかは時代によって異なるのだ，ということを強調します。R. イングルハートは，「**世界価値観調査**」という世界共通の大規模な社会調査（アンケート調査）の結果を分析することを通じて，経済が発展すると人びとの価値観が物質的な充足から自己実現などの精神的な満足にかかわるものに変化すると主張しました（Inglehart 1977=1978）。これを「**脱物質主義化**」といいます。

　図3.1 は，イングルハートらが作成した文化（価値観）マップです。横軸には「生存重視 vs. 自己表現重視」が，縦軸には「世俗合理主義 vs. 伝統主義」という価値観が表現されています。生存重視（マップの左側に位置する）の価値観を持つ人は，人生の意味といった自己実現にかかわることよりも，日々の生活を貧困や犯罪から自由に送ることができることを重視しています。自己表現重視の人はその逆に，人生の意味を追求することに価値を見出すような人たちです。縦軸の伝統主義の人（マップの下側に位置する）は，伝統社会のしきたりや宗教的価値観を重視している人です。これに対して世俗合理主義の人は，そういった価値観にとらわれていません。

　マップの左下にある国（ヨルダンやガーナ）では，人びとは伝統主義的で生存重視の価値観を持っていることがわかります。経済が発展すると一般的にはマップの左下から右上に移っていくことが考えられますが，アメリカのように自己表現重視であるのに，伝統的（この場合は宗教的）価値観を重視する態度が根強い国もあります。

　価値観マップで示された指標では，「生存重視 vs. 自己表現重視」の軸が，働くことにより深くかかわってくると思われます。とうぜん，自己表現重視の人は働くことに自己実現的な意味を見出そうとするはずです。

　このような国による価値観の違いは，同じ国の異なった世代のあいだにも見

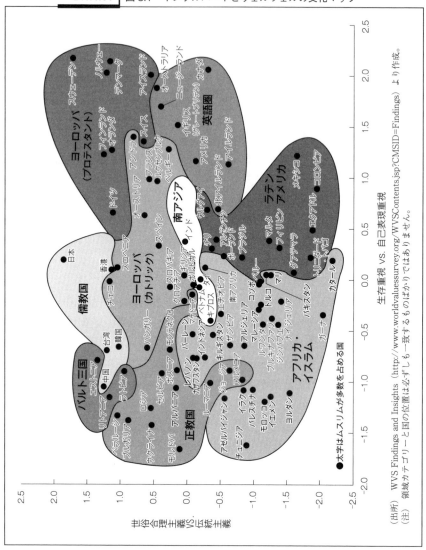

図3.1 イングルハートとヴェルツェルの文化マップ

出すことができるでしょう。就職希望先を「やりがい」で考えて悩んでいる学生のなかには、おじいちゃんから「食べていける職であればどんな仕事でもいいだろう、何を贅沢な」と苦言を聞かされた人がいるかもしれません。

さて、「働くこと」が生活の手段から人生の意味に変化しているという流れはたしかにあります。ここで、働くことが人生の意味にとって重要だという考

えを持つ人でも，「やりがいがあれば稼ぎがなくても構わない」と考えている人は少ないでしょう。みんな，あくまで一定レベル以上の収入があって生計を維持できることが前提になっていて，そのうえでやりがいがある仕事を求めているはずです。そういう意味では，「仕事と報酬」という結びつきはどちらにしてもあるわけです。

「働いて稼ぎを得ていない」人たちがたくさんいる

しかし，もう少し視野を広く取ると，また別の社会の見方ができるようになります。ここで，一つ簡単な数値をみてみましょう。

「働くこと」は私たち個人にとっても，また社会全体にとっても非常に重要な意味合いを持ちますから，国としても働くことについてさまざまな調査をしています。日本で行われているもので代表的な調査が，**労働力調査**です。なんと毎月，4万世帯を対象に調査が行われています（読者の方のなかにも，調査の対象者になった人がいるかもしれません）。

「労働力調査」によれば，2015年の日本の15歳以上の人口は1億1077万人でした。ここでなぜ「15歳以上」の人をみるのかというと，日本の法律（労働基準法）で，中学生までは原則働いて稼ぐことができないからです。では，この1億1077万人のうち，働いて所得を得ている人はどれくらいいるでしょうか。

正解は，6403万人です。58％ほどですね。このなかには，会社に雇用されている人もいれば，家業（八百屋さんなど）で働いている人もいます。次に，働こうと思って仕事を探しているが，みつかっていない人（失業者）は222万人でした。これは15歳以上人口の2％ほどです。残りの4450万人ほどの人たちは「非労働力」人口といって（失業者は働く意欲があるので「労働力」にカウントされます），働いて稼ぎを得ていない人たちです。実に40％の人たちがこれに当たります。

そうです，現在の日本では，10人のうち4人が働いて稼ぎを得ておらず，またそのための職探しもしていない人たちです。「意外と多いな」と感じた人もいるのではないでしょうか。しかしこの数値は，他の経済先進国に比べて特段に高いわけではありません。図3.2は，男女別に15歳以上人口に占める労働力の割合（**労働力参加率**といい，就業者と求職者の割合を意味しています）を示

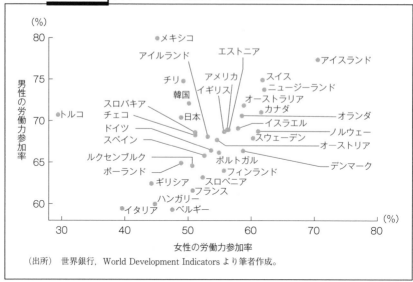

図3.2 OECD加盟国の男女別労働力参加率（2013年）

（出所）世界銀行，World Development Indicators より筆者作成．

したものです．縦軸は男性の労働力参加率ですが，日本はフランスやドイツといった経済大国よりも高いことがわかります．ただ，女性の労働力参加率は低めです．このことについてはまたあとで触れます．

ここで強調しておきたいのは，日本を含めて経済が発達した国では，意外に「働いて稼ぎを得ていない」人たちがたくさんいるぞ，ということです．これはどういうことでしょうか．

確認しておかなくてはならないのは，（当たり前のことですが）日本だけでも4400万人以上いる「働いて稼いでいない人たち」は，それでも何かしらの方法で生活を成り立たしめている，ということです．自分で働いてお金を得ていないならば，他のなんらかの手段でお金，あるいは生活に必要な食べ物や衣服を得，住居を確保しなくてはなりません．

まず思いつくのは，子どもでしょう．先ほどからの数値が15歳以上の人口についてのものであることからもわかりますが，子どもは（少なくとも非常に小さいころは）自分で働いて生活することができませんから，誰かに頼る必要があります．そう，家族，とくに親です．子どものほか，高齢者や専業主婦は，自分たちでお金を稼ぐことなく，家族（親，配偶者，成人した子どもなど）の稼ぎで生活しています．

しかし，必ずしもすべての働かない人が家族の稼ぎだけで生活を成り立たしめているわけではありません。稼ぎ頭の人が病気や怪我が原因で失業してしまった家庭，頼れる家族があまりいない障害者の人たちなどは，家族からではなく，別のところからも多かれ少なかれ支援を受けています。それが「**政府**」です。

　金銭収入の源泉，あるいは生活のために必要な物資やサービスの提供者として，現代社会で忘れてはならないのは，政府です。しばしば「国」ともいいますが，「国」は少し広い概念なので，ここでは政府としておきます。

　実は，現代社会で「働く」ことについて考えるとき，この政府の役割が非常に重要になってきます。このことについて，次の項で考えてみましょう。

働かなくてよいのが「良い社会」？

　「働いてお金を稼ぐ」「家族の稼ぎで生活する」以外に，「政府からの支援を得る」という選択がある，という話をしました。政府からの支援にはさまざまなパターンがあります。

　現在ほとんどの経済先進国では，特段の理由（病気や失業）があるために働くことができない場合には，多かれ少なかれ政府が生計を援助する制度があります。日本では生活保護プログラムがそれにあたります。

　生活保護などのしくみをしばしば「**公的扶助**」と呼びますが，公的扶助以外にも国民の生活を保障するしくみはいくつかあります。「**社会保険制度**」はその代表的なものです。公的扶助は税金を原資にしており，したがって基本的には高い所得を得た人から多めに徴収した税金を，低所得者に分配し直すしくみです。これを「**所得再分配**」といいます。

　社会保険制度はこれに対して，公的組織にお金を「保険料」として預けて，その組織がしかるべきとき（失業したり，育児休業に入ったり，病気になったり，高齢になったりしたとき）に現金給付を行うしくみです。しかし社会保険制度にも税金が投入されることが多く，その意味では公的扶助も社会保険も働くことができない，あるいは所得が低い社会的弱者に対する支援のしくみであるといえるでしょう。

　現代の先進国はこのようなしくみを多かれ少なかれ備えているため，しばし

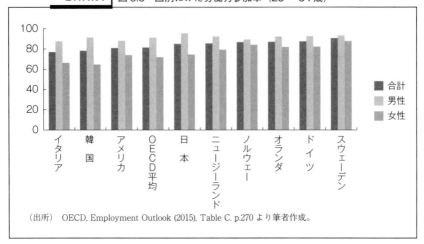

図3.3 国別にみた労働力参加率（25〜54歳）

（出所）OECD, Employment Outlook (2015), Table C. p.270 より筆者作成。

ば「福祉国家」とも呼ばれます。この福祉制度が最も手厚いのが，スウェーデンなどの北欧諸国であることを知っている人は多いでしょう。福祉制度が発達すると，さまざまな理由で働いて所得を得ることができない人でも安心してそれなりの生活水準を維持することができます。

しかし，読者のなかには，「高齢者や障害のある人ならともかく，仕事がない人びとの生活まで政府が手厚く保護すると，真面目に働く人が減ってしまうのではないか」という疑念を持つ人もいるかもしれません。手厚い福祉に対する疑念を持つ人は，どの国でもたくさんいます。とくに安定して高い労働所得を得ている人たちからすれば，自分たちから徴収された税金が失業者に回っていくことをよく思わないわけで，「大きな政府」に対して否定的考え方を取りやすいともいえます。そして1980年代の日本でも，スウェーデンなどの高福祉国家に対してこのような否定的な見方をする人が多かったのです。

しかし高福祉国家では人びとはあまり働いていないのかというと，現実は必ずしもそうではありません。図3.3をみてください。これは，OECD加盟国の一部の国について，労働力参加率を示したグラフです。労働力参加率の数値が高いほうが，多くの人が経済活動に参加している（働いてお金を稼いでいる，あるいはそうする意図がある），ということです。

少しわかりにくいのですが，各国の左のバーは，男女合わせたトータルの労働力参加率です。これが低い順に左から並んでいます。最も合計の労働力参加

率が低いのはイタリアで，逆に最も高いのはスウェーデンです。

　先ほどの理論的な予測は，福祉が手厚い国ほど働く人が減るのではないか，というものでした。しかしデータは逆の結果を示しています。政府による福祉があまり厚くないアメリカや日本よりも，高福祉国家のほうが労働力参加率が高いのです。

　もちろんこの数値だけをみて強い主張を引き出すことはできません。労働力参加率という数値は，パートタイムやアルバイトといった短時間労働者も，フルタイム労働者と同じようにカウントしたものだからです。このことはまた次の項で触れますが，ともあれ高福祉国家において働いている人の割合が低い，という傾向がみられないのは確かです。

　これはなぜでしょうか。理由はいろいろあるのですが，最も重要なのは，高福祉国家は高負担国家でもある，ということです。負担の重さを国際的に比較することはなかなか難しいのですが，日本の財務省が発表している「**租税負担率**」（国税と地方税の総額が，国民所得の総額に占める割合）をみてみましょう。日本は25.6％であるのに対して，スウェーデンは49.0％にもなります（日本は2015年度見通し，スウェーデンは2012年実績）。税金の重さだけみてみると，およそ2倍なのです。このような重い負担を国民でわかちあうためには，税金を納める人，つまり働いている人を減らすわけにはいきません。そのため，スウェーデンなどの北欧高福祉国家では，仕事を探している人に対して政府が職業訓練や仕事の斡旋など，手厚い就業支援を行い，働いてお金を稼ぐことを促すのです。

　このように，高福祉国家とは「働かなくてもよい社会」というよりは，むしろ「多くの人が働くことで支えあっている社会」といったほうがよいでしょう。

　ところで，図3.3をみてもう一つ気づいたことがないでしょうか。実は，トータルの労働力参加率の高さに影響している大きな要因は，**女性の労働力参加**です。スウェーデンやノルウェーでは，この数値は80％を超えていますが，日本の数値はこれほど高くありません。先ほど，家族の稼ぎで生活している人びとのなかには専業主婦がいる，という話をしましたが，北欧の高福祉国家では専業主婦というのは非常に少ないのです。このことから何がみえてくるでしょうか。

「無償」の労働という考え方

図3.3のグラフからみえてくることは，就業者の割合を増やすためには女性の就業を促すことが効果的である，ということです。これは，現在の日本でも重要な課題になっています。

第1章でみてきたように，日本でも深刻な少子高齢化がみられます。出生率の低下は，女性にとって仕事と家庭が両立しづらい環境があることが一つの要因ですが，その結果もたらされる高齢化は，別の意味で就業者の増加を社会的に要請します。高齢化が進むと，働くことができない高齢者を支える働き手がますます必要になるからです。具体的には，まず高齢者のケア（介護）を担う労働力が必要です。さらに，そういったケアにかかるお金を（税や社会保障費として）負担する納税者，つまり働き手が必要です。

とくに女性の就業を促すためには，さまざまな条件が必要になります。自営業や農業がさかんだった時代のように，働く場所と生活の場所が近いのならば（これを「職住近接」といいます），女性が就業することは子どもを持つこととそれほど対立しません。しかし現在は雇用労働の時代です。働き手は職場を選べないことが多く，そのため家庭生活を送る場所（自宅）と職場が離れているケースが増えるのです。このため，子どもが小さいうちは仕事を一定期間休んだり（育児休業），代わりの人に面倒をみてもらったりする（保育サービス）必要があります。加えて，配偶者（男性）が家事や子育ての役割をこなすことも重要になってくるでしょう。

子育てでも家事でも，それを家族自身が行う場合，基本的には金銭的な報酬はありません。これを社会学やその他の近接領域の学問では，**無償労働**（アンペイド・ワーク）と呼びます。これは，金銭的な見返りがはっきりとしたかたちで与えられる**有償労働**（ペイド・ワーク）ではないが，それでも生活するうえで必要になる労働がある，ということを示すためにつくられた言葉です。かつてはシャドウ・ワークなどと呼ばれたこともありましたが，現在では無償労働という呼び方が一般的です。具体的には，炊事，洗濯，掃除，家計管理などの家事，子育て，介護を指す言葉です。

先ほどの「非労働力」人口にカウントされる人は，たしかに有償労働は行っ

ていません。政府統計で「労働」というときは，自動的に有償労働を指しているからです。しかし専業主婦は，たいていかなり負担の大きな無償労働の担い手です。そして家族の誰かが無償労働を担っているからこそ，有償労働をする人の生活も成り立っています。

そもそも，家族というのはなんらかのかたちで有償労働と無償労働の配分をしてやりくりをしています。「夫が稼ぎ（＝有償労働をし），妻が家の面倒をみる（＝無償労働をする）」，いわゆる「性別分業」は，欧米では20世紀半ばに一般化しました。日本は遅れて1970年代に，専業主婦の割合が最も多くなりました。それ以前は，資本家でも労働者でもなく（これらが何を意味するのかは後で説明します），農業や家業などに従事する家族が多かったため，有償労働と無償労働の区別ははっきりしたものではなかったのですが，会社に雇われるという働き方が一般化するにつれて，この二つの労働は分離していきます。

日本を含む先進国では，現在は専業主婦のいる家庭は少数派になりました。そこでは，北欧やアメリカのように夫と妻が比較的平等に有償労働と無償労働を負担している社会もあれば，日本やオランダのように夫がおもに有償労働をしつつ家事を手伝い，妻がおもに無償労働をしつつパート労働のように限定的な有償労働を行う，という社会もあります。

有償労働と無償労働の配分の問題

家庭内（とくに夫婦間）で有償労働と無償労働をどのように配分するかは，女性が有償労働に従事することが多くなった現代の先進国での共通の課題です。これまで女性が無償労働を一手に担ってきたのですが，そうもいかなくなったわけです。「イクメン」といういい方がされるようになりましたが，「男性も家事・育児を負担せよ」という価値観が強くなってきました。

しかし，有償労働と無償労働の配分見直しについて社会学的に考えるときには，夫婦間での配分にのみ注目するのではダメです。なぜなら，家事・育児・介護は有償労働にもなりうるからです。これは何も，いままで黙って家事をやっていた妻が，いきなり「これからは晩ごはん食べたらお金払ってもらうから」と言い出す，といったことではありません。そうではなく，家族ではない誰かがそれを引き受ける，ということです。

具体的にそれは誰でしょうか。典型的には，子どもの保育を行う保育士や，高齢者の介護を行う介護士がそれにあたります。これらの労働者を「ケア・ワーカー」と総称することもあります。専業主婦はケア労働を無償労働として提供しますが，ケア・ワーカーは報酬を受け取ります。

一般に，ますます多くの女性が会社に雇われるようになるにつれて，ケア・サービスへのニーズをどう満たすかが社会全体の課題になっています。現在の日本では，夫婦ともに仕事（有償労働）と家事・育児を両立して少子化を克服するという課題を抱えていますので，政府が保育サービスをどれだけ充実させられるか，それによって待機児童をどれだけ減らすことができるか，が議論されています。

ケア労働の配分における国ごとの違い

ケアを政府が提供する体制が整っているのは，やはり北欧諸国です。北欧諸国では，有償労働をする女性の実に6割が政府に雇用されており，その大半が，保育や介護に従事するケア・ワーカーです。重い税の負担があるからこそ可能なやり方です。

他方でアメリカやカナダでは，政府はケア・サービスをほとんど提供しません。ですので，共働きの夫婦の多くは自らケア・サービスを「購入」します。保育については，民間の保育所やベビーシッターを利用します。

しかし，日本でもそうですが，ケア労働というのは，価格としてはあまり安くありません。なぜなら，一人のケア・ワーカーが面倒をみることができる人数にはどうしても限りがあるからです。日本では，1，2歳児であれば，おおむね6人の子どもにつき一人の保育士を配置することが定められています。かりに，フルタイムで共働きをする夫婦が，朝の8時から夜の7時まで2歳児を預けたとしましょう。保育士に（食費等諸経費を含めて）1日2万円の報酬で保育をしてもらうとすれば，一人当たりの2歳児の保育料は1日3330円程度，夫婦の支出は1カ月で7万円程度になります。ですので，政府からの補助がなければ保育にかかるお金を負担できる夫婦は少なくなります。

アメリカやカナダでは，政府の補助があまりないのに，どうやって夫婦はケア・サービスを調達できているのでしょうか。その答えは，実は「格差社会」

にあります。かつての（戦前の）日本でもそうでしたが，比較的裕福な家ではお手伝いさんが家に住み込んで家事・育児を担っていました。その時代には，まだまだ低所得の家がたくさんあり，比較的低い賃金で働く女性たちがたくさんいたために，お金持ちの家は彼女たちを雇い入れることができました。これと同じように，アメリカやカナダでは，東南アジアや中央アメリカ（とくにメキシコ）などからきた移民女性をケア・ワーカーとして雇うことで，そのコストを抑えているのです。

　いかがでしょうか。有償労働と無償労働をどう配分するかが，もはや夫婦間だけの問題（どちらが家事・育児をするか？）ではないことが理解できたでしょうか。ケア・サービスを公務員が担う北欧型社会，移民労働力が担う北米型社会，そして依然として家庭内の誰か（とくに女性）が担う日本，といった社会全体の特徴があるのです。「女性の社会進出」，つまり有償労働に従事する女性が増えるというのは，かように社会全体のかたちにかかわる革命的な変化であるといえるでしょう。

　デンマーク出身の社会学者である G. エスピン＝アンデルセンは，家族と政府，そして市場（民間企業）が絡み合いながらかたちづくっている社会の基本的パターンを，「福祉レジーム」と呼びました（Esping-Andersen 1990=2001）。アメリカのように民間の活力を最大限尊重し，政府の役割を小さくしようとする体制を「自由主義レジーム」，スウェーデンのように政府の役割が大きな体制を「社会民主主義レジーム」と呼びました。日本はこのどちらでもありません。その特徴は，家族（つまり女性）に大きな役割を担わせる体制です。

　エスピン＝アンデルセンは，市場でも政府でもなく家族にケアを担わせるような保守的な社会では，女性が「仕事か家族か」の二者択一に直面してしまうために，少子化になってしまうと論じました。事実，家族主義の国であるドイツやイタリア，そして日本は深刻な少子化に悩まされています。

「働かざるもの食うべからず」とはかぎらない

　ここまでは，「働いてお金を稼ぐ」以外に，家族や政府が生活において一定の役割を果たしているために，日本でも「非労働力」にあたる人たちが 4000 万人以上も存在している，ということを話してきました。

しかし，実際には政府にも家族にも頼ることなく，そしていわゆる労働力を得ずしてもお金を稼ぐことができている人たちがいます。彼らは，何も違法なことをしている人たちではありません。正当な経済活動をしています。しかし，通常の意味で「働いてお金を稼いでいる」わけではありません。

一言でいえば，「大金持ち」の人たちです。ただ，「大金持ち」と一言でいってもいろいろです。資産を少しずつ減らしながら，賃金を得る仕事をせずとも暮らしていける人たちもいるでしょう。しかしこれでは資産がどんどん減ってしまいます。したがってたいていのお金持ちは，手持ちの資金をなんらかのかたちで「運用」して，利益を上げることで生活しています。

資産の使い方としては，まず「投資」があります。投資とは，なんらかの生産活動を行う企業にお金を与え，企業が利益をあげたらその一部を受け取る，というものです。このように，さらなる利益を生み出すために使われる資産のことを「資本」と呼びます。そしてこの資本を所有している人たちのことを「資本家」といいます。工業化以前には農業がおもな産業でしたから，広大な土地と農民を所有している人（王族や貴族）は，たとえ働かなくとも生活していくことは可能でした。もちろん土地や農民の労働を管理することもあったでしょうが，そういった労力に見合う以上の収穫を自分の土地から得ていたのは確かです。

工業社会でも，大きな資産を所有していれば「働かなくても食べていける」生活を送ることができます。もちろん，投資して会社を経営すれば「経営者」として働くことになるでしょうし，投資の知識を駆使して資産を増やすような人はしばしば「投資家」と呼ばれ，一種の職業として扱われることもあります。とはいえ，一定額のお金を銀行に預けたり株式運用するなどすれば，たいして働かなくても金利や株式配当で生活することは十分に可能です。

「金利だけで生活していけるような大金持ちなんてたいしていないのでは」と思われる読者もいるかもしれません。たしかに，株式取引のようなリスクがない運用で生活していくのは，とくに低金利時代（本書が書かれた2017年の日本は超低金利ですが）では難しいところがあります。しかし，現在の日本国内には金融資産を1億円以上保有している世帯は100万以上ある，という推計もあります。日本の世帯数はおよそ5000万ですから，100世帯に2世帯ほどは，う

Column ⑤ 近代化の社会理論

　社会学が「近代化」と呼ばれる社会変化に強い関心を持っていることはすでに述べました。この近代化あるいは近代社会について理論的な考察を展開してきた社会学者の一人に，イギリスのA.ギデンズがいます。

　もともと社会学での社会変動の理論といえば，マルクス主義の史的唯物論が有力でした。史的唯物論とは，特定の時代（たとえば中世，絶対主義時代，近代）の経済的な生産のあり方と生産力の観点から社会変動を説明する理論です。たとえば資本主義が発達すると，小規模ながらも独立した工場や商店が競争する社会から，鉄鋼やエネルギー産業などの大資本（膨大な資金をもとに設立される大企業）が支配する社会に変化します。しかし大資本による支配は労働者の困窮や深刻な経済不況をもたらすため，いずれは労働者の共同管理による社会主義に移行する，といった理論です。政治や文化は，この経済構造・変化を反映する従属的な位置に置かれます。

　ギデンズは，この唯物史観を批判的に検討し，それを相対化します。近代化にはもう少し多様な側面がある。たとえば国家はどうだろう。政権による国家の運営は，経済不況や貧困といった問題にさまざまな仕方で対処し，またときには積極的に経済を成長させるような役割を果たしてきた。こういった側面にも目を向ける必要がある，というのです。

　このように書くと，Column ⑦で紹介するパーソンズの機能主義に近いようにみえるかもしれませんが，ギデンズの理論は機能主義に対して批判的です。たとえば政治と経済の関係は，調和しないことのほうが多い。人間（資本家であれ政治家であれ）の判断は有限な観察（モニタリング）をもとにしかなされませんので，つねに意図せざる結果をもたらします。政治と経済の関係も，社会全体の構造と個々の行為の関係も，あくまでも緩く結合しているものにすぎません。私たちの社会は，私たち自身が作り上げているのにもかかわらず，つねに予期しないできごとにあふれていて，私たちはそれに翻弄されているのです。世界同時不況，テロ，環境破壊などはその典型です。ギデンズは，そのような問題に直面した人びとは，ある意味で受動的にそれを受け止める宿命論が復活している，とまで論じています。

（T）

まく資産運用すれば家族が働かなくてもなんとか生活ができるかもしれません。「夢の金利生活者」といういい方がありますが，金利生活者は難しくとも，資産運用のみで生活できるような人は夢ではなく現実にたくさんいるわけです。

もちろんキャピタルゲイン（株式等の運用利益）や金利を得るためには，資本を何かしらの方法で獲得する必要があります。自らの労働所得，つまり働いて得たお金でそれを得てついに金利生活者にまで上りつめた人もいるでしょうし，親から資産を譲り受けて金利生活をしている人もいるでしょう。

変わる「お金持ち」のイメージ

　工業化の初期段階では，資本を所有しそれを元手に会社を経営する人（資本家）と，その会社に雇用される人（労働者）とのあいだには苛烈な貧富の格差がありました。日本でいえば，明治維新からほどなくして本格的な工業化が始まりましたので，明治時代から第二次世界大戦の前くらいまでは，こういった格差が目立った時代です。この時代，富裕層といえば会社を所有している人たちであり，そこに雇われて働く人の多くは，富裕層と比べて格段に低い生活水準に甘んじていました。しかし経済先進諸国の格差は，第二次世界大戦後からこんにちの経済成長期に大幅に縮んでいきます。この格差縮小の背景には，労働所得の上昇と資本市場の発達（具体的には株式会社の普及）があります。

　株式会社の普及とは，会社の所有者の分散を意味します。株式市場が発達する前までは，会社は非常に限られた数の資本家が単独で所有することが多かったのですが，株式会社では会社の所有者が多数に渡ることが普通です。たとえば小売業で有名なイオン・グループですが，株主の数は2017年時点で約70万人に及んでいます。読者のみなさんの身近にもイオン・グループの株の所有者，すなわち「イオン・グループの所有者」がいるかもしれません。

　以前のように「資本家が自らのお金で自分の会社を経営して利益を上げる」というかたちは，現在では必ずしも一般的ではありません。現在の多くの企業では所有と経営が分離しており，少数株主（資本家）よりも会社の管理職（労働者）の所得のほうが高いことがふつうにあります。

　次に労働所得の上昇についてです。経済発展により，人びとは徐々に工場での単純作業ではなく技術開発者やオフィスでの事務労働者として雇用されるようになります。多かれ少なかれ専門的技能を活かしたこれらの仕事にはそれなりの高い報酬が支払われますので，資本を持たない労働者でありながら豊かな生活を送る集団，すなわち「中産階級」が増えてきたのです。

こうして，お金持ちのイメージは「資本家」から，医者や弁護士，会計士といった高度な知識・スキルを持った人たちや会社の管理職の人たちに変わってきたのです。「高い所得」はどちらかといえば高い教育レベルの結果であると考えられることが多く，必ずしも所有する資本と結びつけられることはなくなりました。

ただ，最近は資本の生み出す格差がふたたび大きくなっているのではないか，という見方をする人もいます。この背景にはグローバル化があるのですが，ここではそこまでは触れないでおきましょう。ともかく，1980年代以降は資本による利益のレベルでも，労働による所得のレベルでも，格差が拡大しているのではないか，という議論がさかんになされています。

職業が大事？

これまでみてきたように，「お金をたくさん稼ぐ」には働くか，あるいは手持ちの資本を投資・運用するかの二つの方法があります。後者の方法は多くの人にとってはそれほど身近ではないため，たいていの場合には「いい大学に入って大企業に入社して出世する」ことがお金持ちへの道だと考える人が多いはずです。

経済的に豊かな生活と職業（仕事内容）とを結びつけて考える立場は，社会学のなかでも数多くみることができます。前章でも触れたように社会階層論では，人びとの社会的地位を職業で測定することが多くあります。典型的には，表3.1のように分類します。表3.1は，社会学分野でしばしば用いられるSSM職業分類と呼ばれているものです。

表をみると，たしかに管理職や専門職では平均年収が高めです。また，マニュアル職のなかでも非熟練に分類される職業では平均的には年収が低くなっています。

このような職業分類をもとにして，前章でみたような階層の再生産のあり方を計量的に記述するのが，計量社会学における社会階層論です。具体的には，親（父親）の職業によって子ども（息子）の職業が決まらない社会を理想状態とし，現状の社会がどれほどその理想状態に近づいているのかを測定するのです。

CHART 表 3.1　SSM 職業分類

分類	割合(%)	平均年収(万)	職業例
専門	15.8	479.5	医師，公認会計士，教員
管理	2.9	893.4	会社役員，管理職，議員
事務	24.6	386.7	会計事務員，受付・案内事務員
販売	15.7	330.8	小売店主，販売店員
熟練	14.1	308.4	理容師，石工，現場監督
半熟練	13.2	305.2	車掌，製鉄工
非熟練	8.3	188.0	採鉱員，清掃員
農林	5.4	218.9	農林業作業者

(出所) JGSS-2008。就業中の者について，分類不能やその他の職業を除いたケース。収入は，おもな仕事による本人の年収で，「無回答」「わからない」といったケースは除いた数値。

　ところで，この職業分類では，人びとの資産や投資行動の実態まではわかりません。すなわち，社会階層をこのような職業分類で考えることは，要するに例の「資本家と労働者」という対立図式を採用しない，ということです。このため，資本家と労働者の対立の図式を強調する研究者は，社会学のこのような社会階層論に対して懐疑的になることがあります。

3 「社会」のなかで働くこと

KEYWORD
組織　参与観察　労働の現場　自律性　熟練　小集団活動　職場への適応　効率化　合理化　マクドナルド化　官僚制　脱人間化された労働　雇用の流動性　エスノメソドロジー　ケア労働　私的領域　公的領域　感情労働　セカンド・シフト　感情のダウンサイジング　商品化　バーンアウト

「働く」現場を調べる

　第1節でも述べたように，「働くこと」は私たちの人生にとって深くかかわってくる活動です。だからこそ，「働くこと」は，さまざまな学問の対象にもなってきました。経済学においては，働くことを「労働」という概念で示し，

所得を得るための「非効用」，つまりコストとして考えています。経営学の観点からすれば，働く人びとは，企業の経営にとっての資源として考えられるかもしれません。

第2節では，これらの見方とは別に，働くことを社会のなかに位置づけて考えてきました。その入り口として，働くこと，あるいは職業は，単なる「生活手段」にとどまらず「生きがい」，つまり自己実現の意味も持っていることを，示しました。

第3節では，また別の社会の見方を提示したいと思います。これから考えるのは，私たちが，具体的な人と人とのやりとりのなかで，つまり，特定の**組織**のなかで働いているという事実です。会社のオフィスで同僚と一緒に働いているのか，飲食店のフロアで接客をしているのか，あるいは，工場のラインに入って製品をつくっているのか，具体的な状況は，さまざまな職業によって異なるでしょう。共通していえるのは，「働くこと」はこうした具体的な社会的状況のなかに埋め込まれている，ということです。第3節では，こうした具体的な状況のなかに埋め込まれた「働くこと」に着目します。

それでは，そうした具体的な状況のなかでの「働くこと」に着目するためには，どのようなやり方があるでしょうか。実際に，フィールドワークを行うのは，その一つの主要な候補です。**参与観察**といって，実際に**労働の現場**に参加し，そこで観察したことをもとに，「働くこと」がどのように成り立っているのかを明らかにしていく研究の方法があります。

とりわけ，労働の現場について調べる，ということなのですから，実際にそこで「働いて」調べる，というやり方も，有力です。現場の視点，もしくはそれに近いところからみていくことは，その「働くこと」の実態をみえるようにするだけでなく，それまでなされてきた一般的な説明を再考するきっかけを与えることもあります。第3節では，まず，こうした研究をいくつか紹介し，労働現場の質的調査研究から何がわかるのか，簡単に示したいと思います。

自動車工場の参与観察

日本における労働現場の質的調査研究として，2003年に，『トヨタの労働現場』（伊原 2003），『リーン生産方式の労働』（大野 2003）という，自動車工場の

参与観察にもとづいたエスノグラフィーが2冊出版されています。「リーン生産方式」のleanとは，「徹底的にムダを省いた」という意味ですが，いわゆる「トヨタ生産方式」と同じことを指しています。

　トヨタをはじめ自動車工場が，調査研究の対象となったのには，理由があります。何よりもまず，1970年代後半から90年代にかけて，当時の日本の乗用車輸出の好調を背景として，すぐれた競争力を説明するものとして，「トヨタ生産方式」が，非常に注目を集めていた，ということがあります。もちろん，その後同じように景気が維持されたわけではありませんし，多くの日本企業が変化や対応を求められたわけですが，トヨタ自動車は，そうした変革も含めて，不況期にあっても，高収益を維持してきたこともあり，この生産方式に対しては，多くの肯定的な評価がなされていました。

　それまで，近代的な大量生産システムを実現するための方法として，仕事量を客観的に測定していく科学的管理法（テイラリズム）に始まって，フォードの自動車工場で採用された作業の単純化・細分化にもとづく流れ作業による生産方式（フォーディズム）などが，発展してきました。こうした効率を求める方法は，仕事内容を単純化・細分化し，労働者の判断を排除していく傾向を持っていました。

　それに対し，リーン生産方式は，徹底的なムダの排除による原価低減とともに，問題点の改善に労働者の判断を取り入れている点が，特徴としてあげられます。まず，ムダを省くために「ジャスト・イン・タイム」といった言葉で知られる，必要な物を必要なときに必要なだけ，といった方針のもと，在庫を極力もたないようにしたり，異常が発生したら機械を自動的に停止させるしくみを取り入れたり（自働化），といったことがなされています。

　また，それまでの生産方式と比較すると，労働者にも判断業務に主体的にかかわる「**自律性**」が認められていることや，単純な反復作業だけでなくより高度な「**熟練**」を身につけていくことができる，といったことが強調されています。たとえば，改善活動やQC（quality control; 品質管理）サークルを通して，労働者が自ら問題を発見・提言・解決していくことが推奨されるのです。したがって，経済的に効率がよい，ということだけでなく，労働者にとっても優れた働き方になっている，という説明がなされてきたわけです。

労働者の「自律性」の実際

　実際に期間工として働きながらなされた調査研究は、労働現場の実態を明らかにすることを目的としてなされたわけですが、そこで示された実態は、こうしたよくなされてきた説明からは、やや距離のあるものでした。どちらの調査研究も生産ラインと小集団活動の検討を行っています。生産ラインは、組付、洗浄、検査、梱包、運搬、出荷などの諸工程のなかで、組付や検査・梱包などそれぞれに分かれており、著者たちがそれぞれ配属されたラインについて、検討されています。

　また、小集団活動については、先にあげたQCサークルなどがどのように改善にかかわっているかについて、検討されています。そしてそうした検討の結果示されたことは、そこで発揮されている労働者の「自律性」は、非常に限定的なものである、ということでした。

　もともと、自動車工場の生産ラインにおける労働は、時間の余裕のない高密度なものですが、どちらの著書においても、その作業に労働者がどのように適応しているかが描かれています。とくに注目すべきなのは、生産ラインに入った労働者が、一時的に生産スピードを上げることで、余裕のある時間帯をつくりだしていることです。

　『リーン生産方式の労働』においては、その職場で日常的に使われていた言葉で、「貯金」と「つめる」という行為が説明されています。「貯金」というのは、一時的なスピード・アップや工夫により、特定の部品をつくりだめしておくことです。こうすることで、後の作業を楽にし、設備異常などが発生してもあわてずに対応することができます。「つめる」は、やはり、一時的なスピード・アップや工夫により、ラインを仕掛品によって満杯にすることです。こうすることで、次の部品の乗ったパレットがくるまでの時間を稼ぐことができます。ルーティーン作業を強制されている状況において、こうした余裕のある時間帯をつくりだす行為によって、作業ペースをコントロールしているという主体的な感覚を取り戻している、というわけです。

　このように、単純反復作業といわれる労働過程で、労働者の**職場への適応**が調達されている、という点が、明らかにされています。一方で、こうした「貯

金」や「つめる」行為は，ほんらいみえるようにするべき「ムダ」をみえにくくしてしまうため，そもそものリーン生産方式の方針に反しているともいえます。こうした行為は必ずしも，経営側からみて合理的なものばかりではないのです。

『トヨタの労働現場』においては，生産スピードをあげる行為が，余裕時間を生み出すためだけではなく，同僚や上司からの精神的圧力を受けるからでもある，と説明されています。つまり，作業をタクト・タイム（工程上で設定された時間）内にこなせるようにならないと，新入りの労働者は職場の一員として受け入れてもらえない，ということです。こうした事情や，同僚とのライバル意識もあって，労働者は，自分の方法に磨きをかけていく，ということになります。

また，ここで注意しておきたいのは，こうした余裕を生み出そうとする「自律性」の発揮が，かえって余裕を失っていくことにつながる可能性が指摘されていることです。というのも，労働現場においては，余裕が生まれたとみられる複数の作業者に，他の労働者の作業の一部を割り当てていき，一人の労働者をラインから抜いてしまう，といったことがなされていたのです。このため，短期的には，労働の負担増が軽減されたとしても，長期的には，労働強化（仕事の量が増えること）が進んでいく，ということが起こるわけです。生産スピードをあげることによって余裕をつくりだす「自律性」の発揮は，労働者がいっそう合理化のシステムに組み込まれていくことにもつながっていた，ということです。

他にも，これらの研究によって，改善活動やQCサークルの効果が，それほど大きくないことや，労働者の熟練についても限定的なものであることが，示唆されています。『トヨタの労働現場』においては，生産スピードを上げるような標準化された労働をとおして形成される「熟練」については評価しつつも，一般従業員から職制（監督者）への昇進の機会が限られていることなどをあげて，「キャリア」形成をとおして身につけていく「熟練」については，否定的な評価がなされています。

ここでは，特徴的な点のみをあげましたが，労働現場の参与観察によって，はじめて具体的にみえるようになった労働現場の実態は，それまで一般的にな

されてきた「自律性」や「熟練」についての定型的な説明とは必ずしも一致していない点があることに，気づかせてくれます。「働くこと」が，自分自身の行為だけでなく，具体的な職場の環境のなかで，他の人とのやりとりのもとで成り立っていることに目を向けるならば，こうした参与観察にもとづく研究は，私たちの「働くこと」の理解に大きく資するものだといえるでしょう。

丼家の組織エスノグラフィー

次に，日本の労働現場の質的調査研究の一つとして，『丼家の経営』（田中 2015）という著作を紹介しましょう。「24時間営業の組織エスノグラフィー」という副題を持つこの書物は，24時間営業の丼家を対象にフィールドワークを行って書かれたものです。エスノグラフィーを作成する方法は，人類学において始められ，すぐに社会学においても主要なものとなったものですが，近年，経営学などでも労働組織を対象として用いられるようになってきています。丼家に関しては，そこで食事をしたことがある読者の方も多いでしょうから，想像しやすいのではないでしょうか。もしも，アルバイトをしたことがあれば，さらに共感しやすいかもしれません。

私たちは，早朝から深夜まで，全国各地のどこでも，牛丼家に行けば，それほど待たずに同品質の安価な牛丼が食べられることを，期待しています。著者は，こうした**効率化・合理化**されたシステムを特徴づけるために，G. リッツアによる「**マクドナルド化**」という言葉を用いています。「マクドナルド化」は，一般的な説明としては，効率化・合理化されたサービスのメリットを認めつつも，従業員が作業ラインの一部として脱人間的な環境へと追いやられていくことに対する批判的な含意も込めて用いられます。

少し補足しておきますと，リッツアは，「マクドナルド化」を，M. ウェーバーの「**官僚制論**」の延長上に位置づけています。しばしば「機械」の比喩を用いた説明がなされますが，近代における組織は，合理化によって「機械」のように計算できるものになっていく一方で，一人ひとりに対しては，その歯車や部品のように働くことが求められるようになっていく，といった考え方を発展させたわけです（Ritzer 1993=1999）。

折しも 2014 年には，丼家最大手の企業において，アルバイト従業員の大量

離職と人員不足による店舗の一時休業のニュースが伝えられました。マクドナルド化のような一般的な説明がどれくらい丼家の労働現場の実態をとらえているのでしょうか。この著作のフィールドワークでは，フィールドノーツやインタビュー・データを用いながら，それが明らかにされています。

店舗マネジャーの仕事

とくに焦点が当てられているのは，丼家をマネジメントする店舗マネジャーです。サッカーの比喩を用いて，「自身もピッチに立ち，実際にチームメイトに指示をだす司令塔のような存在」として位置づけられています。店舗マネジャーは，採用から離職，店舗環境の管理と過剰労働まで，さまざまな問題に日々直面しますが，それにどのように対応しているのでしょうか。

まず，アルバイトの採用は，店舗組織づくりにとって最も重要です。店舗へのアルバイト希望が入ると，店舗マネジャーが面接の日取りの電話を入れるのですが，多くの面接が入ることはマネジメント業務を圧迫していくことになります。マネジャーの都合に合わせていると，面接の機会がつくれないことにもなりかねないので，アルバイト店員でも面接を担当しています。

採用のときには，「丼家はライン業務ではない」ことが強調されています。8時から17時まで週5勤務を希望する主婦は，工場のラインに入る単純作業を想定しているので，採用後研修で必要なスキルを伝えられると，こんなに覚えられないと辞退していくことがあるようです。実際，店舗店員のほとんどがアルバイトで，正規社員が店舗に不在であることも少なくないので，アルバイトでありながらも店舗の経営理念や規則を体得していくことが求められます。けれども，駆け出しのアルバイトの多くは，それを望んではいないので，目標を持たせてスキルを習得させていくのですが，この「ハードルを越えられない」店員は，離職してしまうことになります。新入社員にスキルを伝達し，戦力に育てていくのも店舗マネジャーの仕事ですが，しばしば忙しく，欠員を埋めるためにシフトに入っていたりすると，店員のスキルが上達せず，モチベーションが下がっていく，といったことも起こります。

シフトを組むにも，店員の特性を考えてフロア・コントロールをイメージして行わなければなりません。「相手の立場にたって，相手の感情をつかまえて

いかないと，シフトは埋まっていかない」というわけです。店舗マネジャーは，他の店員との信頼関係を構築しなければなりませんが，年配店員への配慮が欠けたり，店員の能力差に応じて対応を変えたりすると，信頼を得ることはできません。「依怙贔屓をしてはいけない」「平等に」ということが強調されています。

　また，威圧的な態度でマネジメントをしていると，店員は一人また一人と店舗を去って行き，シフトに穴があき，マネジャー自身がそれを埋め，負担が増え，店員への不信が増し，といった悪循環につながっていきます。店員同士の人間関係から醸成される店舗の「空気」が悪いと，これも離職につながっていくわけです。シフトに入る店員がいないと，経験の浅い若いマネジャーは，自らが「最後の砦」となって，シフトに入り営業を続けていこうとします。ただ，それでは過剰労働に陥ってしまうので，問題の解決になりません。店舗マネジャーは，シフト要員ではなくて，店舗のマネジメントが重要な職務であるのですが，「自己管理のマネジメント」が，そもそも簡単ではないのです。

　店員の連携を図るフロア・コントロールは，最短時間での商品提供によって顧客の回転数を上げ，売り上げをあげるために不可欠です。フロアの動きは，パスを回すサッカーの動きに似ています。マネジャーの声かけは，商品を提供するワークを競技へと意味づけしていきます。ある店舗マネジャーは，「他のお客さんの注文をすべて把握したうえで，最短でメニュー提供できるように調理していく」と述べ，顧客の注文を正確に把握しながら，店員に指示を出していく指令塔の役割を担っています。シフトの編成は，当日の店舗のチーム編成と同じなのです。

労働者の「自律性」

　この著作では，労働現場での実態は，「マクドナルド化」が象徴しているような脱人間化された労働とは，異なるものとして描かれています。むしろ，脱人間的な労働を強いられる店舗は，離職率が高く，店舗の経営が悪化していくのに対し，効率化された作業工程のなかでも，店員同士でコミュニケーションをかわす店舗では，従業員はやめていくことなく，現場を円滑にまわしていくことができる，ということなのです。脱人間化された労働にならないようにす

ることは，店舗マネジャーにとっても解くべき問題なのだといえるでしょう。こうした組織のエスノグラフィーもまた，具体的な職場の環境のなかで，他の人とのやりとりのもとで成り立っている「働くこと」の理解に，貢献するものです。

そして，先にみた自動車工場の参与観察研究が，工場のラインにおける労働を扱っているのに対し，こちらは，飲食店でのフロア・マネジメントを描いている，という違いがあるものの，どちらも効率化されていく労働過程において，どのように自律性や主体性，やりがいを調達していくか，という問題を浮き彫りにしています。

後者は，社会学の研究としては，「経営」よりの観点に重きを置いていますが，アルバイトの大量離職だけでなく，店舗マネジャーの辞職も含めた，**雇用の流動性**の問題についても考察されています。それと比較すると，自動車工場の参与観察においては，「自律性」の発揮が合理化のシステムに取り込まれていく点や，昇進の機会が限られている点について，より批判的な評価がなされています。また，本書では，大きく取り上げませんでしたが，バイク便ライダーとして働いた経験をもとに描かれたエスノグラフィーでは，不安定雇用にもかかわらず，ライダーたちが自発的にワーカホリックへと向かってしまうことについて，よりはっきりと問題が指摘されています（阿部 2006）。

これらの研究群は，それぞれ力点の違いはありながらも，一般的になされてきた説明に対し，労働現場での実態調査を対比することによって，そのずれを明らかにしてきました。第②節でみた，生活の手段か，人生の意味か，という問いは，このようなかたちで，労働現場においても問われているのです。

ワークプレイス研究

なお，「働くこと」を調べるという考え方のもとで，具体的な職場の環境や，他の人とのやりとりそのものに，より徹底して注目した近年の研究群として，ワークプレイス研究という分野があり，『ワークプレイス・スタディーズ』という論文集が編まれています（水川・秋谷・五十嵐編 2017）。

この著作で紹介されているワークプレイス研究とは，労働現場やそこでのコミュニケーションに焦点を当てたフィールドワークを用いた研究を指していま

す。ほんらい，人類学や社会学において行われてきたフィールドワークの方法が，情報学や経営学の分野でも注目され，とくに現場に参加している人びとが用いている方法論そのものに着目する「エスノメソドロジー」の考え方が取り入れられてきました。

　こうした発想は，これまでみてきたような組織の合理性についての考え方を，大きく変えることになります。つまり，これまで理論的に論じられてきた組織の合理化をめぐるさまざまな問題を，その実践に参加している人びとの問題であると差し戻していくことになるからです。こうした作業は，経営学や情報学との学際的研究として行われてきました。たとえば，経営管理の研究のなかで論じられてきた「意思決定」や「情報管理」といった概念を，実際に人びとがやっていることに即して記述していくといったことがなされています。

　また，「コンピュータに支援された協調作業（computer-supported cooperative work: CSCW）」と呼ばれる分野においては，いかにして人びとがテクノロジーや道具を用いて他の人と協調的に作業を進めているか，明らかにされてきましたが，そこでも「生産管理」や「情報共有」「意思決定」といった，個々の組織独特のワークの解明が併せてなされてきました。

　この論文集では，以上の考え方を平易に説明したうえで，それぞれの研究方針の実演として，住宅リフォームの顧客対応，製造業のハードウェア設計者のグループ業務，航空管制官のリスク管理実践，ICT 教育における教育機器を用いた共同作業といった，さまざまな領域における「働くこと」についての質的調査研究が収められています。

協働実践としてのケア

　筆者自身も，「働くこと」についての質的調査研究の一つとして，病院の急性期病棟におけるケア労働についての論考を寄稿しました（前田 2017 → 前田・西村 2020 に加筆再録）。病棟に勤務する看護師たちは，さまざまな実践を行っていますが，この論文では，その一つである緩和ケアの実践に着目しています。緩和ケアにおけるがん疼痛のコントロールにおいては，どのように患者の痛みを評価するか，ということが重要な課題になっています。病院でのフィールドワークと，その際に得られた病棟でのカンファレンスのビデオデータの分析を

通じて，こうした緩和ケアの実践が，どのような仕方で成し遂げられているのかを，明らかにしました．

　そもそも，痛みは，患者にとってはどうしようもなく感じられてしまうものですが，看護師たちは，患者の苦痛を和らげるために，患者の痛みを評価する必要があります．そうした痛みの評価は，ペイン・コントロールの方針と鎮痛薬の使用量を決定する際にも重要であり，記録され，複数の看護師たちによって共有されていなければなりません．そのために数値と痛い表情が示されている「痛みスケール」が用いられています．患者は，入院しているあいだ，病棟に居続けるのに対し，看護師たちは，交代しながら勤務している以上，痛みに関する情報は，申し送りやカンファレンスなどで伝えられていかなければなりません．

　筆者がフィールドワークをしているあいだ，あるがん疼痛の患者Aさんについては，毎日，他の患者よりも長い時間をかけて，いろいろな報告や相談がなされていました．Aさんの訴えるがんによる痛みやしびれを理解することが難しく，それらがコントロールできていないのではないかという問題意識があったのです．ある日の朝，Aさんのケアを担当した看護師は，「痛みはどうですか」と聴くと，「ほとんどない」という答えなのに，フェイス・スケールを見せると，「しびれはあるから，調子は6だ」といわれたため，それを昼のカンファレンスで報告します．

　カンファレンスにおいては，「痛みスケール」の用法をめぐってさまざまな議論がなされました．まず，「痛みはどのくらい」「しびれはどのくらい」とAさんの「苦痛」を分けて理解していくことが提案され，医師の治療方針を再確認していきます．しかし同時に，患者自身も「つらくて」どうしようもないとき「分けることができない」ものだ，とも述べています．そのうえで，「つらい」ときにも「頓用」の薬を希望してくること，その薬が効いていること，痛みの記録自体はこれまでも適切になされていること，などが確認されていきます．

　このように，「痛みスケール」を用いてなされる評価は，すでに明らかである対象に一般的な基準をあてはめるような作業ではありません．そもそも「一番痛いのが10だとすると」という表現方法自体が示しているように，評価さ

れるべき対象を同定し，分割し，評価のための基準を作り出すワークになっています。「スケール」の使用の適切さは，それを使っていく実践に依存しているわけです。そして，こうしたカンファレンスは，看護師たちのあいだで共有すべき問題（この場合は，スケールの使用法）について議論する場ですが，同時に，チーム医療全体としての治療方針の決定と，患者本人の感覚への配慮とを調停する場面としても成り立っています。

　この研究においては，フィールドワークによって得られたビデオデータを分析することで，先にあげた表現を用いるならば，情報共有のもとでの決定がどのように成し遂げられていくのかを，明らかにしたわけです。こうしたワークプレイス研究は，具体的な職場の環境のなかで，他の人とのやりとりのもとで成り立っている「働くこと」の理解に，直接照準したものだといえます。

感情労働の発見

　第2節でも述べたように，「働くこと」は，組織のなかでのみ，行われているわけではありません。政府統計で「労働」という場合にカウントされる有償労働だけではなく，炊事・洗濯・掃除などの家事，子育て，介護を指す言葉として，無償労働という呼び方がなされることを紹介しました。したがって，家庭においても，無償労働という意味での「働くこと」はなされるわけですし，また，家族というのは，なんらかのかたちで有償労働と無償労働の配分をやりくりしているわけです。

　他方で，家事，子育て，介護といった労働は，有償労働としても，つまり，家族以外の誰かによってもなされることがあります。ケア労働のように，無償労働として家族の誰かが提供するのか，報酬を受け取るケア・ワーカーが有償労働として行うのか，現実的な問題になることもあります。こうした問題は，家庭のような**私的領域**と企業組織のような**公的領域**との線引きをめぐる問題としても理解することができます。こうした線引きの難しさについて考えるために，A. R. ホックシールドという社会学者が行ってきた一連の調査研究を参照してみましょう。

　ホックシールドは，1983年に出版された『管理される心』などの著作を通じて，肉体労働や頭脳労働の枠に収まらない，「**感情労働**」という労働のあり

方を明らかにしたことで知られています（Hochschild 1983=2000）。感情労働とは，対人サービス業などの公的な仕事の場で自分自身の感情を管理することによってなされる労働です。私たちは，日常的に私的な生活のなかでも感情の管理を行いますが，それによって報酬を得ている感情労働は，日常の感情の管理とは，さしあたり区別することができます。日常生活においても，私たちは，どのような状況ではどのような感情を持ったほうがいいのか，持たないほうがいいのかを知っていて，それに合わせています。たとえば「葬式では悲しむべき」「お世話になったら感謝すべき」「お客様の前では明るく」というふうに。これを決めているのが「感情規則（ルール）」です。このルールは，「感情という贈り物」を交換するためのものです。ところが，このルールにそぐわない感情を持つことはしばしばあります。たとえば，葬式だからといっても，たいして悲しくならないことはあります。そうした場合でも，笑っているわけにはいかないので，悲しんでみせることがあります。これを「感情作業（ワーク）」（その集まりを「感情管理」）といいます。その場合，悲しいふりをして表面上泣いてみせることを「表層演技」といいます。他方で，心から悲しもうと努めることを「深層演技」といいます。

　私的領域では，こうした規則は比較的自由に変更することができます。つまり，お世話になったときどれだけのお礼をするべきなのか，当人たちのあいだでうまく帳尻が合うように贈り物のやりとりがなされているわけです。けれどもこのルールが簡単には変えられない場合があります。ホックシールドが調査した航空会社の客室乗務員の場合もそうです。態度の悪い乗客に出くわしても怒るわけにはいきません。仕事が終わったあとの楽しみを考えたり，乗客は子どもだから仕方ないと割り切ったりして，明るく微笑みながらやりすごします。このように「感情作業（ワーク）」が商業的になされることが，「感情労働」です。

　感情労働とは，相手が安全な場所で世話されているという感覚を他人にもたらすような外面を維持するために，感情を引き起こしたり抑えたりすることなのです。そして雇用者は，従業員のこうした感情面での活動を，訓練や指導を通じて，ある程度コントロールすることができます。仕事で行っているので，ここでの感情のルールは，自分では勝手に変えることはできません。たとえば，

接客を含むアルバイトをしていて,「お客様の前では明るく」といわれて,あまりに無愛想にしていたら,それはやはり違反にみえてしまうのであって,「無愛想に接客すべし」とルールを変えることは難しいでしょう。感情労働という言葉は,感情が提供されるべき「商品」になっていることに加え,その提供のあり方が一方的に決められるがゆえの問題を,私たちに理解させるものです。こうした力のある言葉は,後で述べるように,ある意味では,社会学の範囲を超えて影響力を持つようになっています。

労働と家庭における感情ワーク

ホックシールドは,その後の1989年に『セカンド・シフト』という本を出版して,80年代アメリカにおいてなされたインタビュー調査をもとに,共働き世帯において,夫婦間で労働時間に格差があることを示しました(Hochschild 1989=1990)。共働き世帯が一般化したにもかかわらず,有償労働としての勤務が終わったあとにも,家事,子育て,といった無償労働としての「セカンド・シフト(=第二の勤務)」が女性に期待される家庭内での分担のあり方を問題化したわけです。

この著作で描かれたある夫婦の場合には,家事の分担を「平等主義」的に考える妻の主張が,実際にはなかなか実現されないなかで,どのような感情の管理がなされていたかが,示されています。家事負担の平等を訴える妻の主張は,なかなか夫には受け入れられないなかで,妻は,家事負担をめぐる争いと離婚を避けるため,妻が「階段の上」,夫が「階段の下」という,家事分担を受け入れていくようになります。居間もダイニングも台所も階上にあるので,かなり多くの家事を妻が分担するという意味で不平等なものであるわけです。ここで,「うまくいかせる」ために,自分が感じたいと望んでいる感情を持とうとつとめる,「感情ワーク」をすることになります。「階段の上と下」という分担は,公正な取引とみなされ,台所も居間も子どもも自分の思いどおりになるという意味では,「勝者」とさえ考えることもできるかもしれない,といったふうに,感情に折り合いをつける戦略が用いられているわけです。これまで私的な領域として考えられていた家庭においても,無償労働である家事負担をめぐって感情の管理が求められる,そうした状況が描かれています。

1997年に出版された『タイム・バインド』においては，仕事と家庭の両立という問題が，さらに踏み込んで追求されています（Hochschild 1997=2022）。ホックシールドは，ワークライフ・バランスを実現しようとする先進的でファミリー・フレンドリーな企業に，自由に出入りする許可を得て，役員から，中間管理職，事務職員，工場労働者まで，さまざまな人にインタビューを行っています。

　まず驚くべきこととして，短時間制勤務やジョブシェアリング，在宅勤務制度といった施策がほとんど使われていない，ということです。むしろ，仕事にやりがいを感じる多くの社員は，長時間労働を選んでおり，それと逆に，時間に追われるなかでの家族との関係づくりに難しさを感じるようになっています。

　ここで明らかにされているのは，仕事と家族の逆転現象です。先にも触れたテイラリズムのような効率化の考え方のもとで，労働者が機械とみなされているならば，それを信奉する人はいないでしょう。けれども，従業員に投資する企業は，従業員からよりいっそうの感情的忠誠と時間とを受け取ることができるわけです。その結果として，最も安全を感じることができる場所の答えが，しばしば「職場」になっている，ということです。

　それに対して，評価のえられにくい家庭においては，むしろ圧迫された時間のなかで，効率化が求められるようになってきています。それに抵抗する子どもたちをなだめすかし，家族にかける時間を減らしたり，家族サービスの代わりになるものを外注したり，といったことがなされているわけです。このように，私的な領域であった家庭のほうでこそ，不安定なやりとりのなかで，**感情のダウンサイジングが生じている**，そうした状況が描かれています。公的領域における感情の「**商品化**」という問いから始まった一連の調査研究は，むしろこうした線引き自体を問い直すところまでたどりついたわけです。

感情労働としてのケア

　「感情労働」という言葉は，その後，社会学の領域にとどまらず，広く使われるようになっています。とくに近年，看護，介護，保育といったケア労働にかかわる領域で，多くの研究がなされています。その一つ，1992年にホックシールドの影響のもと看護学の領域で書かれた『感情労働としての看護』とい

う著作を紹介しましょう（Smith 1992=2000）。この著作では，イギリスの病院のフィールドワークにもとづいて，看護学生が病棟での実習において感情労働のやり方を習得していく様子が描かれています。

ホックシールド自身も指摘していたように，医療福祉関係の職種の場合，しばしば十分に訓練プログラムを受けることがないために，自己管理が強く望まれる場合があります。ここでも，ほんらい公的な仕事の領域に，私的な領域の資質が持ち込まれているわけです。募集の際にも，もともとの人間的な資質を求める傾向があり，この当時にはまだ，ケアを女性の自然な仕事とみなすイメージも利用されていました。また，教育課程には，生物医学的な看護のしめる割合が高いままになっています。病棟での実習においても，感情労働の習得は，看護師長がどのような考え方を持っているか，という個人的な事情に左右されているとのことです。

そのうえで，感情労働が困難になる条件として，厳しい感情労働が，組織の下位にいる看護学生に集中してしまう構造があること，同僚のサポートが得られないことが，困難な状況に拍車をかける場合，**バーンアウト**が起こりやすいこと，そして，これらの困難に共通することとして，その困難の理由が特定の個人に帰責されやすいということ，こうしたことが明らかにされています。

なお，この書物は，患者へのケアの意義を述べていく際に，患者の爪にマニキュアを塗ったり，眼鏡をきれいにしておいたりといった，「ちょっとしたこと」（しかし，重要なこと）についての，肯定的な考察から始められています。その意味で，感情労働としてケアを行うことの肯定的な意味づけと，他方で，問題が個人のものとして考えられる傾向に対する批判的な含意の双方を持っています。患者に適切なケアを提供することも，行き過ぎた感情労働によるバーンアウトを避けることも，現場の看護職にとっての問題であるからです。

私自身が行った，先にあげた急性期病棟における緩和ケアのワークの研究においても，一人の患者が一人の看護師に対して訴える苦痛に対して，適切なケアを行っていくための看護師たちの協働実践のあり方を明らかにしました。実際の労働現場のフィールドワークにもとづく調査研究は，こうした問題を考えるための材料を提供するものなのです。

4　おわりに

　社会全体をとらえるマクロなデータにもとづいて社会の変化を描き出すことは，それはそれとして大事な社会学の研究です。こういった研究を抜きには，私たちは大局的な社会変化をとらえることができないからです。「生存手段としての仕事から生きがい（自己実現）としての仕事へ」「性別分業社会から共働き社会へ」という変化は，先進国を中心に確かに観察されています。

　他方で，より精度の高いレベルで私たちの生活をみてみると，上述のようなシンプルな社会変化から自然と想像されるような事態ばかりが進行しているわけではないこともまた明らかになるのです。「生存手段から自己実現へ」という記述をみると，あたかも仕事の世界が効率性を重視しなくなっているかのように思えてきます。しかし事態はそれほど単純ではありません。有償労働の拡大は，むしろ効率化へのプレッシャーを絶えず生み出しています。

　人びとの仕事での振る舞いを事細かに観察することは，こういった「効率性」「やりがい」といった概念を，人びとが実際にどのように理解しているのか，また実際の仕事環境がそれによってどのように組織されているのか，といったほんらいあるべき水準に差し戻す，ということでもあります。ファストフード店の労働者や共働き夫婦の妻の事例を精密に観察することで，はじめてそれが可能になるのです。

CHAPTER

第4章

結婚・家族

1 はじめに

家族規範はどう変わったのか

　前章のテーマである「働くこと」と同様に，「結婚すること・家族を持つこと」のかたちもまた変わってきています。本章では，結婚・家族という，これもほとんどの人びとがなんらかのかたちでかかわっているできごとについて，社会学が何を明らかにしてきたのかを紹介していきます。その際のキーワードは，「家族規範」です。家族規範とは，人びとが家族あるいはその役割に関していだいている「家族とは〜であるべきだ」「妻であるからには〜するべきだ」といった思いのことです。
　家族規範の変化は，一般には伝統的な「家（直系）規範」からの解放として理解されています。結婚も「親が決めること」から「自分で決めること」に変化してきましたし，「子であるならば親の面倒をみるべき」という規範も緩んできています。

社会変化との対応

　第2節ではまず，こういった家族規範の緩みの背後にある社会変化とは何か，ということについて説明します。資本主義のもとでの産業化や，働き方の変化から，家族と家族規範の変化を説明します。簡単にいえば，結婚が親=家から自立した決定になるのと同時に，住む場所もまた親子別々になる傾向がみられます。というのは，産業化された社会では人びとの多くは会社に雇用されて働いて，自分自身の稼ぎを得ることができ，したがって住む場所も自由に決められるようになるからです。こうなると，たとえば「結婚の決定は親に従うべきだ」「子どもは結婚しても親と一緒に住むべきだ」といった家族規範も弱体化していくことが予想されるわけです。
　ただ，少なくとも日本では，こういった規範は産業化社会でもある程度存続してきました。これはなぜなのでしょうか。実は，家族の変化と家族規範の変

化の関係は，思われるほど単純ではないのです。

　第3節では，家族という概念が，そもそも人びとの振る舞いのなかで規範と強く結びついているということがまず示されます。私たちは，「誰が身柄を引き受けるべきか」「誰が高齢者の面倒をみるべきか」といった規範を示す際に使っているのです。そのうえで，高齢化や共働き社会化にともなって生じる「ケア（育児・介護）の社会化」の問題についての，質的調査をもとにした研究が解説されています。

　そしてやはりここでも，家族規範はそれほど単純に理解できないことが示されています。私たちはしばしば「保育の社会化」の是非について議論します。多くの女性が働きに出るようになると，育児の一部を「外部化」すべき，つまり保育所やベビーシッターを活用しやすいようにすべきだ，という声が強くなっていきます。しかし実際の保育の現場を観察すれば，そこでは「子育ては親がするべき」という家族規範を温存するかたちで保育実践が行われていることがわかるのです。

 近代化は家族をどう変えてきたのか

KEYWORD
近代化　家族の変化　家族規範　配偶者選択　雇用労働化　見合い婚　核家族　家族社会学　近代家族　イエ　直系　家父長制　ケアの外部化　ケアの社会化　ジェンダー家族　セクシュアリティ　関係の排他性

産業化が家族の変化をもたらした

　社会学はその誕生のときから，**近代化**という社会変化にとくに注目してきました。近代化にはいろいろな側面がありますが，工業化あるいは産業化はそのなかでも社会変化にきわめて大きなインパクトを与えたと考えられています。そして，それはとくに家族のあり方と深くかかわりを持つ社会変化でした。つまり，社会の変化は家族の外で，家族と関係なく進んできたわけではなく，社

会変化と**家族**の変化は同時に進行してきたのです。この節では家族の変化についていくつかの数量データを用いて説明しますが，その前にまず，産業化という社会変化について簡単に述べておきましょう。

産業化とは，簡単にいえば比較的大きな「資本」のもとで大規模な生産活動が行われ，多くの人がその生産活動に巻き込まれていくプロセスです。といってもよく理解できないかもしれません。資本とは，何かを生産するうえでの手段のことなのです。資金，土地，工場，オフィスなどが代表的な資本ですね。

18世紀の後半のイギリスで，大きな工場を経営する人がたくさん現れ，またそこに雇われて働く人がそれ以上にたくさん現れたことが，現在にいたる産業化の出発点だと考えられています。産業化の当初は小規模の工場や自営の商店が多かったのですが，徐々に大資本のもとでの会社，つまり大企業が増えていきます。初期の繊維産業ならまだ資本規模の小さな会社でも運営できましたが，鉄鋼業や石油化学工業ともなると，大規模な企業が中心になっていきます。

こういった産業化は，私たちの家族や**家族規範**を大きく変えていきました。この変化について，まずは結婚の例で説明してみましょう。

家からの個人の独立

まずは図4.1をみてください。これは，日本での「お見合い結婚」と「恋愛結婚」の割合の推移をみたものです。横軸は，結婚が行われたときの年代です。

1960年代に「お見合い結婚」と「恋愛結婚」の割合が逆転しています。今では，「お見合い結婚」の比率は5％程度まで下がっています。

こういった**配偶者選択**の変化の背景にあったのが，産業化，とくにそれがもたらした**雇用労働化**です。工場やオフィス（会社）の経営者に雇われて働くという仕事のスタイルは，産業化がもたらした最も大きな変化の一つです。経営者に雇用されるということは，多かれ少なかれ自分の親から経済的に独立することを意味しています。経済的に親から独立する，つまり親元を離れても自活して生活ができるのならば，自分の生き方もある程度は自分で決めることができるようになるはずです。ならば，結婚相手を選ぶこと，つまり配偶者選択も自分の裁量で行うことができるようになります。

もし雇用労働ではなく，農業や自営業であればこうはいきません。というの

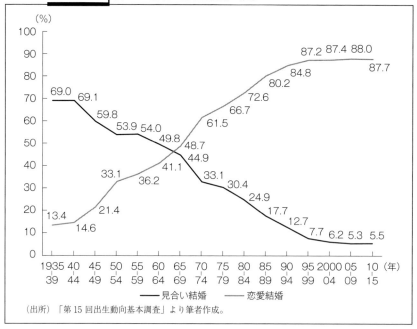

図4.1 見合い婚と恋愛婚の推移

(出所)「第15回出生動向基本調査」より筆者作成。

は，生産手段＝資本（農業であれば土地や農具，自営業であれば仕事場，商売相手との関係など）は基本的に親によって所有されているからです。この場合，親も子どもの配偶者の選択に介入したがるでしょうし，また子もある程度親のいうことを聞かなければなりません。

　要するに，日本での「お見合い結婚」から「恋愛結婚」の変化も，農業や自営業が減り，雇用された人たちが増えていくプロセスと，ある程度連動して生じてきたのです。この変化に対応して，結婚についての意識も変化します。つまり，伝統的な家族規範が緩み，「結婚は自分で決めること」という考え方が強くなっていくわけです。

　しかしデータを詳しくみていくと，このシンプルな枠組みにうまく当てはまらない部分があることにも気づきます。結論からいえば，少なくとも日本では「親が結婚に口を出す」という習慣はある程度残っており，それはとくに女性が結婚する際に当てはまります。

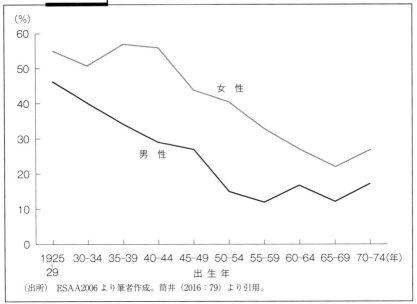

図4.2 結婚の決定において親が影響力を持ったと回答した人の割合

(出所) ESAA2006より筆者作成。筒井(2016：79)より引用。

「見合い婚」の不思議

　たしかに図4.1でみたように，日本の「見合い婚」比率は継続的に減少してきました。しかしそもそも見合い婚とは，なんなのでしょうか。

　アメリカの家族社会学者R.ブラッドは，1950年代の日本の都市部に住む夫婦を調査するなかで，興味深い現象に遭遇します（Blood 1967=1978）。それは，同じ結婚について夫はそれを「見合い」だと思っていたのに，妻は「恋愛」だと思っていたというケースがいくつも出てきたのです。たとえば，夫はお見合いで妻と出会ったのだから自分たちの結婚を「見合い」だと思っていました。これに対して妻は，たしかに親の紹介で夫と出会ったとはいえ，その後で夫と恋愛関係になってから，自分たちで結婚を決めたことを重視して，自分たちの結婚を「恋愛」だと考えたわけです。

　このように，結婚にいたるまでには，少なくとも「どうやって出会うか」ということと，「誰が決定権を持つのか」という局面があります。このうち決定権に注目してみると，図4.1とは異なる，配偶者選択の側面がみえてきます。

　図4.2は，結婚の決定において親が影響力を持ったと回答した人の割合の推

移を男女別に示したものです。横軸は，出生年です。

これをみるとわかりますが，まず自分の結婚の決定において親の影響があったと回答している人は，1970年代に生まれたような比較的若い人たちの結婚においてもまだ残っていたことがわかります。この傾向は女性に顕著で，1970年代前半に生まれた女性の結婚において，実に3割近い人が，結婚の決定において親の影響があった，と回答しています。1970年代前半生まれの人の多くは30歳前後で結婚しましたが，見合い婚は1割程度です。それなのに，親の影響が相当な程度残っていること，とくに女性においてそれが当てはまるということは，どのように説明できるでしょうか。

親の影響力

少し戻っておさらいしてみましょう。雇用されてそこから収入を得るようになった人は，結婚においても親の決定から自由になりうる，ということでした。そうだとすれば，逆に雇用労働者にならなかった，あるいはなってもそこから生活に十分な所得を得ることができない場合には，親の影響力が強いままだ，ということになります。

日本では，1950年代以降，重化学工業に牽引されて産業化が急速に進みます。ベビーブーム期（1947～49年）に生まれた人を私たちは「団塊の世代」と呼んでいますが，農村地域で生まれ育った団塊の世代の男性は，中学や高校を卒業したらすぐに東京，大阪などの大都市部近くの工場に就職しました。一般的に，産業化と雇用労働化にともなって経済的に独立したのは，最初は男性が多かったのです。

他方で女性は，男女不均等な働き方を背景に，経済的に親や夫である男性に依存することを余儀なくされていました。女性の親からしてみれば，娘の幸せは結婚相手にかかっていると思ってしまうので，娘が「きちんとした」相手を選んでいるのかどうかが気になり，口を出したくなるわけです。

このような状況では，結婚の選択を自由にしたい女性と，「しっかりした男性と結婚させてあげたい」と世話を焼く親とのあいだで価値観の衝突が生じてきます。家族に関する規範や意識と，家族を取り巻く社会環境の変化は必ずしもスムーズに連動しているわけではないのです。

近代家族

 こうしてみると，産業化がもたらす雇用労働の増加によって個人が「家」から自立したというのは，厳密には「男性稼ぎ手とその家族」が出身家庭から自立した，ということなのでした。このようななかで「**核家族**」，しかも男性（夫）が外で働き，女性（妻）が家庭の責任を持つ，という性別分業体制の家族が一般化していきました。日本の**家族社会学**では，こういった家族のことを「**近代家族**」と呼びます。

 若い読者の皆さんからすれば，「男性が稼いで女性が家事をする」といった夫婦のかたちはむしろ「伝統的」な家族の姿であって，なぜこれが「近代家族」と呼ばれるのか不思議に感じる人もいるかもしれません。しかし，前章で説明したとおり，産業化によって会社に雇われた働き方が増える前は，多くの女性は農家あるいは商家のなかで，男性とともに働いていたのです。こういったイエにおける家族や仕事のあり方が大きく変化し，親世代が支配するイエから解放され，場合によっては男女の自由意志で結婚してつくられるようになったのが，近代家族の特徴なのです。

 近代家族はこのように，家の直系規範や老親扶養といった義務からはある程度距離を置いた家族です。その意味では，男女の恋愛感情に基礎を置く自由な家族だといえるでしょう。しかし近代家族は同時に，性別分業を特徴としています。「女性が家のことをして……」という家族のあり方は，現代に生きる私たちからすればもしかすると古臭く聞こえ，なぜこれが「近代」家族なのか不思議に感じられるかもしれません。しかしすでに述べたように，性別分業に基づく核家族は近代化，とくに産業化によってもたらされ，前近代社会にはなかったものですから，やはりまぎれもなくこういった家族は「近代」の産物なのです。

直系家族のゆくえ

 これまでみてきたように，より仔細にデータをみてみると，シンプルな理論やデータから想定できないことがあります。結婚への親の介入は一つの例ですが，もう一つ別の例をみてみましょう。

しばしば，近代化にともなう家族規範の変化については，「直系規範」の衰退が語られます。「**直系**」とは家族の社会学・人類学などでよく使われている概念で，親夫婦1組とその子の夫婦1組の「つながり」を指しています。「直系家族制度」といえば，たいていは男親の権力や資産を長男が継承するというかたちで「家」が存続する制度のことをいいます。

　資産はともかく親の「権力」を継承するということは，現代の若い人たちからすればピンとこないことかもしれません。しかし，農家や自営業の家では，資産のみならず実際に家の「経営」が行われていたことを想起してください。耕作地を広げるか，商売をどう進めるか，労働力をどう確保するのか（息子の嫁も立派な労働力です），どの家と深い関係を結ぶか（娘の嫁ぎ先の選択はこういう経営の観点から行われたりします）など，家が現代の会社と同じような経営主体として決めなければならないことがたくさんありました。家族のメンバーがてんでんバラバラに意思決定していると会社，ではなく家の存続が危うくなりますから，昔の家ではたいてい，誰が一番偉いのか（誰が一番強い決定権を持つのか）が決まっていました。それが「家長」です。男性が家長になって権力を持つ制度は，**家父長制**と呼ばれます。

　配偶者選択を例として述べたように，多くの家が経営基盤ではなくなってしまった私たちの社会では，家長が強い権力を持つことはほとんどなくなっています。もちろん親に資産（家や預貯金）がある場合，それを継承するのは子どもです。しかし少なくとも先進国での相続の原則は均等配分ですし，親が勝手にどれかの子どもに財産をすべて残す，といった決定をすることはできません（もちろん資産のかたちは多様で，ある程度の不公平はでてきますから，相続のときに仲が悪くなるきょうだいのケースは残念ながらたくさんあります）。

　ですので，現代の家族社会学で「直系」というときは，かつてのような家の経営権の継承については問いません。そのかわりに，「親と同居するかどうか」が研究されています。わかりやすくいえば，長男が結婚しても自分の親と同居する場合に，「直系家族」である，あるいは直系規範に従った行動をしている，と理解するわけです。単に一緒に住んでいるだけで「直系」だとみなすのはヘンだ，という意見もありそうですが，子どもからすれば親のメインの資産（家や土地）を受け継ぐきっかけになりますし，親からすれば自分の老後の面倒を

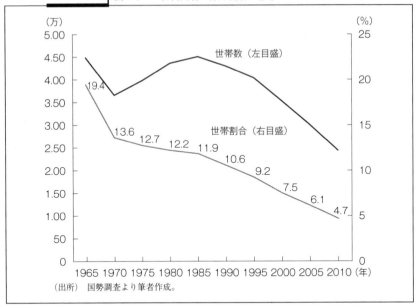

図4.3 三世代同居の数と割合の推移
(出所) 国勢調査より筆者作成。

見てくれる人を確保するわけですから，同居というのは親子間の「強いつながり」を意味しているのは間違いありません。

ただ，この「つながり」がよいものかどうかは別問題です。同居子のほうが親の資産の「目玉」である家や土地を相続できる可能性が高くなるとはいっても，均分相続が原則ですから，親の資産がほかになければ長男はこれまで家族生活を営んできた家や土地を売ってきょうだいの相続分をつくる必要が出てくるかもしれません。それに，同居すること自体の難しさ（感情のもつれ），親の面倒をみることの負担もあるでしょう。現代の日本では，総じて親との同居は「できれば避けたいもの」であるようです。

ともあれ，親と成人子との同居を「系」の一つの指標とみなすことで，直系規範が存続しているかどうかをみていくのが最近の家族社会学の考え方です。

| 親子同居の動向 |

このような同居規範は，産業化が進んで夫婦単位で経済的な自立がなされるようになると，弱まってくることが理論的には予測できます。社会変化（＝産業化）と家族規範の連動がみられるはずだ，というわけです。しかし実際には

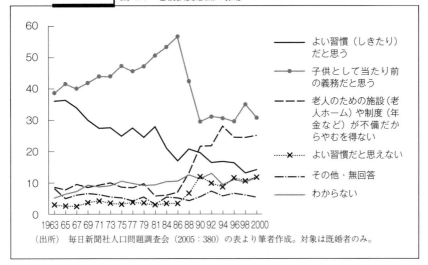

図4.4 老親扶養意識の推移

（出所）毎日新聞社人口問題調査会（2005：380）の表より筆者作成。対象は既婚者のみ。

そのとおりになるとは限りません。ここで実際のデータをみてみましょう。

まずは実際の家族，正確には世帯のかたちの推移を示した図4.3 をみてください。これは，典型的な伝統的家族形態だと考えられることの多い，三世代同居の世帯数と全世帯に占める割合を示したグラフです。三世代同居の世帯数が1985年まではそれほど減っていないことがわかります。これに対して，割合は単調に下がり続けています。データの制約から1965年からしか表示されていませんが，さまざまなデータから，戦後からかなりの期間，三世代同居の世帯数は減っていないことがわかっています。

これはどういうことでしょうか。これは実は，日本の戦後の人口構成によって説明することが可能です。戦後すぐに生まれてきた団塊の世代は，きょうだい数の多い世代でした。彼らが結婚するのはおもに1970年代ですが，団塊の世代はきょうだい数が多いため，そのうち一人（多くは長男）が親と同居していれば，残りのきょうだいは都市部に出て核家族を形成することができたわけです。そうすると，親世代からすれば子どもとの同居は減らない，ということになります。実態としては核家族化が進んでいるとしても，それが親同居世帯を温存するかたちで進んできたわけです。

そうすると，私たちは，無理に家族規範を変更するプレッシャーを受けなかった，ということになります。家族規範に関する長期的なデータを得ること

2 近代化は家族をどう変えてきたのか ● 119

はなかなか難しいのですが，図 4.4 に示したデータは参考になります。これは同居についての考え方ではなく，「老親扶養」についての意識調査の結果ですが，間接的には参考になるでしょう。

グラフをみると，子どもが親の面倒をみることを「よい習慣だと思う」と積極的にとらえている人の割合は，たしかにほぼ一貫して減り続けています。他方で，「当たり前の義務」と回答した人の割合は，1986 年までは上昇しており，少なくともこの時期までは老親扶養の規範は健在だったのです。1988 年からは「義務」だと回答している人の割合は急激に下落し，かわりに上昇してきたのが「やむをえない」という回答です。1990 年から 2000 年までは，この二つの回答がほぼ同じ程度で推移しています。

転機となった 1990 年前後は，すでに出生率が減少し，きょうだい数が減ってしまった世代が結婚し始めるころです。それに応じて，親との同居は（多くのきょうだいのなかの一人ではなく）誰もが意識すべきことになります。こうして，気持ちとしては同居したくないが，他に方法もなく，仕方なく同居することになるだろう，と考える人が増えていくわけです。逆にいえば，産業化が急激に進展した 1960～70 年代では，人口学的な条件から，まだ親の介護は多くの人にとって深刻な問題ではなかったのです。

ケアの社会化

繰り返しになりますが，少子化という人口学的な変化は，同居規範や老親扶養規範に本格的な変更を迫っています。これは理論的な想定ですが，もしすべての人が二人きょうだいである社会があれば，そこでは原理的にはすべての人が親と同居している状態が実現可能です。ところが一人っ子社会では，すべての成人子が親と同居したとしても半分の親は子どもと同居できません。2015 年時点の日本の合計特殊出生率は 1.46 であり，またすべての成人子が親と同居するわけではないでしょうから（むしろ少数派でしょう），高齢者のほとんどは夫婦あるいは一人で生活することになります。

すでにみてきたように，家の面倒をみてきた女性は雇用されて働きに出るようになり，さらに子どもの数が減るとなると，誰が高齢者のケアを行うのでしょうか。このような問題に直面して，家族社会学では「ケアワークの配分」

という枠組みで議論がなされています。簡単にいえば、政府、市場（民間企業）、家族（たいていは介護が必要な人の配偶者や子ども）、そして地域社会や NPO 団体などのあいだで、ケアワークをどのように負担しあうのが良いのか、ということが研究されているのです。介護でも保育でも、家族以外がケアワークを担うようになることを、しばしば「ケアの外部化」あるいは「社会化」と呼びます。

このケアの社会化については、次の節でさらに詳細に検討されるので、覚えておいてください。

ジェンダー家族

現在の経済先進国でみられる家族変化は、性別分業夫婦から共働き夫婦への移行であるといえます。この変化は、女性の経済的地位の上昇やそれにともなうケアの社会化によって裏づけられています。しかし、この二つの変化は、必ずしも結婚が人生にとって必須ではない社会の条件にもなりえます。なにしろますます多くの女性が結婚せずとも経済的に自立でき、育児や介護を配偶者に頼らずとも生活できるようになるとすれば、結婚してもしなくても生活していける、ということになるからです。

たしかに、「ケア（おもに育児・介護）のニーズをいかに満たすか」という観点から考えれば、そこから一対のカップル（たいていは男女カップルですが、同性カップルを含めても同じです）が必然的に要請されるわけではありません。たしかに配偶者は頼りになりますし、対等な立場でのカップルというのは理念として広く受け入れられてきました。

フェミニスト法理論家であり、家族社会学にも大きな影響を与えているマーサ・ファインマンは、この点を追究しました（Fineman 1995=2003）。男女一対の夫婦を含む家族を現在の家族社会学ではしばしば「ジェンダー家族」と呼びますが、ファインマンは、社会政策や法律はジェンダー家族を前提としてではなく、ケアを必要としている者とケアを与える者（たいていは母親です）を核として構想されなければならない、と主張したのです。ここでは、ケアを必要としている子ども、高齢者、障害者などのニーズを満たすうえで必要となるものが男女平等だ、とは考えられていません。男女平等のカップル形成が積極的に否定されているわけではないのですが、それはケアの問題の解決法ではない、

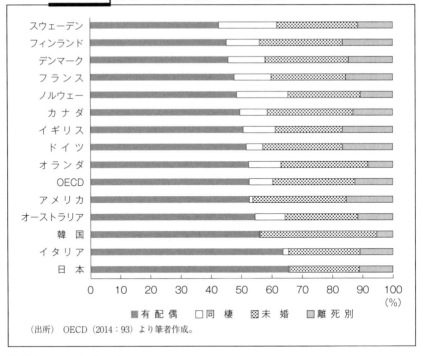

図 4.5　OECD 主要国における配偶地位

(出所)　OECD (2014：93) より筆者作成。

と考えているわけです。

同棲の増加

おもにフェミニズムの分野でジェンダー家族に対して距離を置く立場が目立つようになってはいるものの，カップルという関係のかたちは先進国のあいだで衰えているわけではありません。ただ，結婚という強い絆に必ずしも依存しないライフスタイルが増えていることもまた確かです。

同棲の増加がその例です。図 4.5 は，OECD 加盟国の一部について，同棲を含む配偶形態の分布を示したグラフです。日本ではほとんど同棲はみられませんが，スウェーデンやフィンランド，デンマークといった北欧諸国ではかなりの割合の同棲がみられます。

恋愛や結婚のあり方は「多様化」しているとよくいわれています。しかし依然として，結婚にせよ同棲にせよ，パートナーとカップルを形成するという制度は継続しているとみるべきでしょう。ただ，そうはいっても同棲は結婚のよ

うな正式な登録や結婚式のような儀式を欠いていることが多く，より自由で不安定なカップル形成だと考えられています。はたして，同棲の増加はつきあい方の自由化を表しているのでしょうか。あるいはそもそも，関係のあり方は大きく変化しているのでしょうか。

恋愛の規範

　このような議論をする前に，今現在の私たちの「つきあい方」について軽く触れておきましょう。まず，関係には「セクシュアリティ」をともなうものとそうではないものがあります。つまり，性的な行為を行ったり，あるいは性的魅力を感じ合ったりすることがあるケースと，そうではないケースです。前者には恋愛関係や結婚，後者には友人関係や単なる知り合いが含まれるでしょう。

　関係には多かれ少なかれ「排他性」がともないます。**関係の排他性**とは，ある人とつきあいがあるときに，他の人とつきあわなかったり，あるいは他の人とのつきあいを避ける，という傾向です。セクシュアリティをともなった関係では，多くの場合に排他性の規範も働きます。つまり，誰かと性的な関係を持っているあいだは，他の人とは持たないようにする，ということです。

　さて，恋愛関係が「自由化」し，多様化していくと，関係の排他性も緩くなっていくのでしょうか。たしかに，行動のレベルでは，ある人とつきあっているときに別の人ともつきあう（いわゆる浮気や不倫です）ことは，どの社会でも一昔前よりも多くなっている可能性があります。というのは，女性の雇用労働化が進むにつれて，異性同士が出会う機会が多くなっているからです。とはいえ，この変化を示すしっかりとしたデータはほぼ存在しないといってよいでしょう。道徳的によくないとされていることについてのデータは（昔ならば余計に）採取しにくいのです。ですので，行動のレベルで排他性が緩んでいるというのは推測です。

　しかし，たとえ浮気や不倫が多くなっているとしても，必ずしも人びとは排他性の規範を尊重しなくなっているとは限りません。排他性の規範がまったく存在しない状態とは，複数の人と同時にセクシュアリティをともなう関係を持つことが許容されている状態です。ここでは不倫や浮気という考え方自体が存在しません。しかしこのような状態は，現段階ではどの国でもほぼみられない

といってよいでしょう。だからたいていの人は「浮気」するにしても，隠しながらこそこそとやるわけです。規範をある程度尊重しているがゆえに，それから逸脱する振る舞いを隠すわけですね。

また，自由恋愛といえば，短期的なつきあいを重ねるようなケースを思い浮かべる人が多いかもしれませんし，つきあいの期間が短期化していることについては，ある程度の実証的証拠があります。しかしこのデータだけから，人びとは長期的関係よりも短期的関係を好むようになっている，という結論を導き出すことは間違っています。というのは，短期的なつきあいを繰り返している人は，束の間の関係を楽しんでいるというよりは，最終的に長期的な関係を築くに値する人を探すためにそうしているのかもしれないからです（筒井 2014）。

以上，配偶者選択，同居，恋愛など，結婚や家族に関連するいくつかの局面についてみてきました。そこからわかることは，結婚や家族とその規範・意識の関係は単純ではない，ということです。変化に関するデータを読み込むうえでも，この点は気にとめておく必要があります。

家族であるとはどのようなことか

> **KEYWORD**
> 家族の多様性　逸脱　異議申し立て　「家族」という概念　家族定義問題　社会構築主義　日常の概念　合計特殊出生率　社会問題　子育て支援　子育ての社会化　性別役割分業　インタビュー調査　成員カテゴリー装置　支援の論理

家族の多様化

家族のあり方は，時代によって大きく変わってきています。第2節でみたように，夫が会社で働き，妻が専業主婦として家事を行い子どもを育てるといったあり方（「男性稼ぎ手＋専業主婦」）は，近代化にともなって生じた，過渡期的な家族形態ですし，日本においては，欧米社会ほどには一般化しなかったものです。現時点からみれば，むしろ家族のあり方は多様化してきていると主

張されることが多いですし，またそういわれたほうが，みなさんの実感にあうかもしれません。実際に家族のあり方は，夫婦共働きはもちろん，母子もしくは父子世帯，ステップファミリーや，事実婚にもとづく家族，といったふうに，多様なものになっているようにみえます。家族が多様化している，ということ自体が，社会学の研究課題でもありますが，ここでは以下のことに気をつけておきたいと思います。

まず，家族が多様化しているといったとき，それ以前には，それほど多様ではなかった，ということを含意しています。第②節では，産業化がもたらす雇用労働の増加によって「男性稼ぎ手とその家族」が出身家庭から自立し，「核家族」のようなあり方が生じたこと，また，現在は，「男性のみが住居と離れた職場で働く」段階から「男女ともに住居と離れた職場で働く」段階に入っていることが示されていました。こうした変化の意味について考えていくことは，重要な社会学の課題です。同時に，それまで標準的だといわれていた「家族」が，どの程度，実態に即しているのかについても，議論のなされてきたところです。むしろ**家族の多様性**を主張することは，「**標準**」だとされる家族形態からみて「**逸脱**」だとみなされることへの**異議申し立て**としての性格や，「逸脱」だとされる家族を包摂していこうとする志向も持っていました（久保田 2009a; 木戸 2010）。

家族定義問題

他方で，家族が多様化しているというとき，その際に数え上げられるさまざまな「家族」の形態が，同じ「家族」という概念のもとで理解できる，ということを前提としています。つまり，「男性稼ぎ手」型の家族も，夫婦共働きの家族も，シングルマザーの家族も，（そして，場合によっては，事実婚や同性カップルの場合も）そのいずれもが，同じように比較することのできる「家族」である，ということを示しています。私たちは，日常的にも「家族」という言葉を使っていますので，その意味するところは理解できているはずです。けれども，そもそも「**家族**」という**概念**が，いったい何を指しているのかということを，学問的に議論し始めると，意外と難しい問題が生じます。つまり，家族に対してなんらかの定義を与えようとすると，どうしてもたくさんの例外が見つ

かってしまうので，なかなか決定的な定義にいたらない，ということで，「**家族定義問題**」と呼ばれることもあります（木戸 2010）。

こうした家族の定義をめぐる問題は，家族社会学のなかでも繰り返し論じられてきましたが，実際に，先にあげた「多様化」が進んでいるとすると，家族を特定の成員構成によって定義することは，いっそう難しくなるでしょう。あるいは，家族をなんらかの特徴によって定義づけるやり方は，どうでしょうか。「同居」のようなわかりやすい特徴づけをあげてみれば，こちらもそんなに簡単ではないことがわかるでしょう。「別居」していても「家族」といえる場合はいくらでもあるでしょう。また，「家族」は，私的領域のなかで「子育て」を担っている，という考え方がありますが，この場合にも，それにあてはまらない家族があるだけでなく，現在，そもそも誰が「子育て」や「介護」といったケアを行うのか，ということ自体が問題になっています。

| 家族定義問題への対応 |

こうした定義の難しさに対しては，さまざまな対応方法があり，D. チールはそれらを「特定化」「放棄」「置き換え」「拡張」の四つに分類しています（Cheal 1991; 木戸 2010）。順にみていくと，それぞれの研究目的にあわせて，「家族」という概念を限定的に使っていく，という考え方があります（「特定化」）。逆に，「家族」という概念を使うことをやめて，「親密な関係」のような新しい概念を使って研究を進めていく，という考え方もあります（「放棄」）。あるいは，新しい「家族」という概念を，多様化にあわせて，新しい現象に使えるように「拡張」してみる，ということもできるでしょう。法律婚によらず同居するカップルや同性のカップルを「家族」という概念のもとでとらえるとき，「家族」という概念の方が拡張されている可能性があります。こうした考え方は，家族の多様化という考え方にもなじみやすいかもしれません。

さらに，「家族」という概念に関連していそうな特徴を，たとえば，夫婦間の性的親密性や，（介護や育児のような）ケアの提供，同居による生活の共同のように分解していくこともできるかもしれません（久保田 2009a）。その延長で，たとえば同居による生活の共同は，「家族」ではなくても，現在，高齢者にとってのコレクティブハウス，また，若者にとってのシェアハウスというかた

ちでなされているので，そうした現象について研究していくこともできます（久保田 2009b）。あるいは，このような考え方を突きつめていくなら，私たちがこれまで「家族」という言葉でとらえてきた現象のある部分は，他のものでも置き換えられることがわかってくるかもしれません。ある種の社会学的研究は，実際に社会を動かしていくための指し手にもなりうるでしょう。

　ここでは，これらの対応の方法に加えて，もう一つ別の考え方を紹介したいと思います。それは，研究者の方で「家族」という概念を定義するのではなく，そのかわりに，「家族」という概念を私たちが日常的にどのように使っているか，差し戻して考えるという方針です。この方針は，先にあげた四つの分類のなかでは，「家族の置き換え」のなかに位置づけられています。

記述のための方法としての「家族」

　「家族」とは何か，誰が家族なのか，家族は何をしているのか，といった問いは，社会学的な家族研究における基本的な問いだといえます。こうした問いに対して，研究者が定義することによって答えるのではなく，家族にかかわるさまざまな言説に着目し，私たちが日常的に記述を行い，家族にかかわるさまざまな現実を構築していく過程を明らかにしていく（**社会構築主義的な**）考え方があります。代表的なものに，そのものずばり『家族とは何か』という書物にまとめられた，J. F. グブリアムと J. A. ホルスタインによる研究があります（Gubrium and Holstein 1990=1997）。

　私たちが「家族」という概念を使って何をしているのか，その用法に着目していくと，この概念が，さまざまな行為を動機づけていることに気づかされます。たとえば，誰が介護をするのか，ということを決定する際に，しばしばどこまでが「家族の責任」なのかが論じられます。そのとき，介護方針を決定していく過程において，「家族」という概念が用いられて問われるわけです。

　こうしたことは，私たちの日常を振り返ってみても，ごく当たり前のこととして理解できるでしょう。この本を読むまで，「家族」という言葉を知らなかった，という読者はいないはずで，私たちは，この言葉を当たり前のように使っています。ただし，わざわざこの言葉をつかって，「家族」であることを強調する必要がある場合というのは，ある程度限られてくるでしょう。その一

つに，ケアを必要とする人のケアを誰がするのかについて考えるとき，その重要な候補の一つを指し示すものとして，「家族」という言葉が用いられるわけです。

　もちろん，私たちが「家族」という言葉を用いる際にあてにしている結びつきもまた，先に紹介したような「家族定義問題」のなかで定式化しようとした特徴づけと無縁なわけではありません。逆に，そこで論じられていた「家族」にかかわる結びつきは，私たちが実際に社会生活を成り立たせるための資源として用いることができるものでもあるのです。私たちは，「家族」にかかわるさまざまなリソースを用いて，私たちの社会生活を成り立たせています。

家族に期待される規範

　たとえば，『家族とは何か』のなかには，そもそも「誰が家族なのか」という問いが際立ってみえる事例があります。そこでは，私たちの日常の概念としての「家族」の用法が，より制度的な思考と結びついて用いられています。どういうことかというと，ある患者の入退院をめぐる判断をする際に，そこで医療や司法の専門家が，誰がその患者の家族なのかについて考えなければならない，といったかたちの特徴的な事例になっているのです。一方では，精神科医が，自分の患者を治療プログラムどおり退院させたいと考えています。他方，判事は，この患者に対して行為能力がないのではという判断のもと，措置入院させたほうがよいと考えています。ここで，入退院の判断をめぐって，この患者の家族が探されることになります。

　精神科医は，患者は自分の家族と一緒に暮らしている，といっています。昨年離婚したが，ガールフレンドと子どもと彼女のおばと同居しているのだ，と。それに対して，判事は，誰が彼をコントロールしておくのかを問い，責任をとりうる人物を求め，「ほとんど家族があるようにはみえません」と結論づけています。つまり，医師にとっては，治療プログラムを支援してくれる人が「家族」であり，判事にとっては，彼を監督してくれる人が「家族」なのです。ここでは，誰が家族なのかが，確かに問われています。治療的関心のもとでは，「家族」とみなされた同じ人が，「身柄引き受け人」を求める司法の目のもとでは，「家族」とはみなされない，という相反することが生じているわけです。

> **Column ⑥ 日常生活世界**
>
> 　行為を理解することは，M. ウェーバーにとっては，あくまでも観察者としての社会学者にとっての問題でした。そこからもう一歩進んで，行為を理解することは，日常生活者としての私たちにとっての問題でもある，と考えた社会学者に，A. シュッツがいます。シュッツは，人間の行為の科学としての理解社会学を，事象そのものを反省的にとらえようとする，現象学という哲学によって基礎づけることで，徹底させようとしました。
>
> 　そもそも社会学者が対象とする社会的世界は，研究者が科学的に説明を与えるまえに，すでに日常生活者によって意味づけられています。たとえば，教室で話をしている教師は，自分自身でも，結婚式で友人のためにスピーチしているのでも，政治集会で聴衆にむけて演説をしているのでもなく，生徒に向かって授業していることを知っています。教師は，給料を稼ぐという目的のためには，授業するのでなければなりませんし，聞くべきものとして生徒が聞いてくれるのでなければ，授業することもできないでしょう。生徒にとっても，有意義な授業を受けていると思えば，真剣に勉強する理由になるでしょうし，逆に自分にとって無駄なことに見えれば，教師に反抗する理由になるかもしれません。生徒にとっても，教師にとっても，自分や互いの行為を一定のあり方で理解することは，重要です。
>
> 　このように私たちは，自らや互いの行為を，未来の目的や過去の理由といった時間的な意味連関のもとで理解しています。その際私たちは，「教師」や「生徒」といった類型のもとで，自分たちがしていることを，その類型に関連した行為として理解しています。私たちが特定の状況で行う相互行為は，その状況を超えて用いることのできる類型的な知識が，実際に用いられ，修正されていく領域でもあります。私たちの生きる社会的世界は，こうした時間の厚みと空間の広がりを含みこんだものなのです。
>
> 　こうした考え方は，第二次世界大戦時にウィーンからアメリカへと亡命したシュッツ自身の仕事を超えて，エスノメソドロジーをはじめ，本書で扱う質的研究の方法の多くに影響を与えました。社会科学の方法論と，日常生活世界の構成を問うこととが切り離せない，そうした研究群が生み出されたのです。（M）

　注意しておきたいのは，誰が家族なのか，という問いは，家族は何をしているのか，さらに，何をするべきなのか，という問いと，強く結びついている，ということです。ここで精神科医は，同居の事実や情緒的な結びつきをもって，

「家族」であるかどうかを判断しているのに対し，判事は，「身柄を引き受ける」ことができるかどうか，という基準で，「家族」であるかどうかを判断しているのです。

　こうした結びつきには，さまざまなものがあります。「親は子どもを育てるべきだ」「長男は親と同居するべきだ」などなど。こうした結びつきを，家族に期待される規範と呼んでおきましょう。もちろん，私たちは，こうした規範に自動的にしたがうものではありません。つまり，「親と同居することをのぞまない長男」はいくらでもいるでしょうし，また，「育児を積極的には担当しない親」もいるでしょう。ただし，他方で，こうした例外事例が，ただちに規範を覆してしまうようなものでもありません。第❷節の恋愛関係や結婚の排他性の規範においても示したように，かりに浮気や不倫が増えているとしても，ある程度規範を尊重するからこそ，それを隠しながらこそこそするのでしょう。同様に，もしも強い理由もなく育児を放棄する親がいたら，家族規範に照らして非難される可能性があります。もしも仕事との兼ね合いで，育児になかなか時間がさけないのでしたら，家族規範とどのように両立するか調整がなされるかもしれません。実際に，これから詳しくみていくように，家族による子育てを社会が支援しようと試みる現場においては，こうした調整の実践をしばしばみることができます。

子育て支援と家族規範

　ここまで，家族を定義することの難しさから出発して，私たちが社会生活において用いている家族概念に着目するという方針を紹介してきましたが，続けて，その実例として，「子育て」とその支援をめぐって用いられる家族規範の用法の研究を検討しましょう。第1章第❷節でもみたように，日本においては，2015年当時で合計特殊出生率が1.46と，少子化がすすんでいます。この要因として，女性にとって子育てと仕事が両立しやすいという環境を整える，ということに遅れをとってしまったことをあげておきました。つまり，「稼ぎ手の夫と専業主婦の女性」という考え方を1980年代以降も引きずり，結果的に女性を「仕事か子どもか」という選択に追い込んでしまい，出生率の低下につながった，というわけです。

こうした状況において，少子化は対策をとられるべき**社会問題**として理解されてきましたし，それに対して，**子育て支援**施策の必要性が訴えられてきました。子育て支援をどのように行うのか，という問題は，子育てを誰が行うべきなのかについての問いを含んでいます。最初の入り口として，大雑把に述べてしまうと，子育ては，家族が行うべきなのか，あるいは，社会全体で担うべきなのか，ということが議論されてきました。もちろん，実際には，ここで用いられている規範の働きは，かなり複雑なものです。それを分析した著作に，『子育て支援の社会学』(松木 2013) があります。以下では，そこであげられた事例を下敷きにして，この問題について考察してみましょう。

　この著作において，まず指摘されているのは，家族規範が二重化している，という点です。一方で，たとえば2005年度の『国民生活白書』にみられるように，子育て世代に対する負担感が出生率低下をもたらしているという理解のもと，子育て世代に対する支援が必要である，といわれるようになってきました。つまり，「子育てが家族の責任だけて行われるのではなく，社会全体によって取り組む『子育ての社会化』が重要である」(内閣府 2005：185) ということです。「**子育ての社会化**」という考え方は，子育てに関する責任を「家族」にだけでなく，「社会」にも割り当てることになります。

　しかし，だからといって，子育てに関する家族規範が失われた，ということではありません。「男性稼ぎ手＋専業主婦」のような**性別役割分業**が流動化している現在においても，子育てに関しては，家族と結びつけて論じられることも多いでしょう。だとするならば，現在は，一方で子育ての社会化が述べられ，他方では子育てを家族に期待する規範も維持されている，という二重化された状況にある，ということになります。そもそも，「子育て支援」という考え方自体が，子育てをする「家族」を「社会」が支援する，という形式を持っているはずです。こうした規範の調整は，どのように可能になっているのでしょうか。この著作では，さまざまなかたちで子育て支援の提供に携わる人びとに対して行われた**インタビュー調査**をもとに，そこで用いられている「家族」や「子ども」概念に着目することで，それがあきらかにされています。

子育て支援のインタビュー調査

このインタビュー調査は，対象者が提供している支援のタイプによって，それぞれ，①施設型支援，②家庭型支援，③ひろば型支援，の三つに分類されています。施設型支援とは，保育園や認定こども園，その他各種の施設で，子どもにケアを提供する支援のことで，現在の日本の施策のなかでは，この支援形態が主流です。家庭型支援とは，支援の提供者が自らの家庭で，利用者の子どもにケアを提供するタイプの支援のことで，いわゆる「保育ママ」事業がこれにあたります。ひろば型支援とは，一般的には「子育てひろば」などと呼ばれる，地域の子育て家庭が親子で集まって子育てにまつわる日常的な経験や悩みを分かち合うことができる場所を提供するものです。

施設型支援の調査においては，ある子ども家庭支援センターで提供されている，夜間まで家族外で子どもにケアを提供する支援サービスに着目しています。このサービスにかかわる5人のスタッフの語りからは，スタッフたちが，自らの仕事をそれ以外の仕事と比較して，「子どもに関わる仕事」と位置づけていることがみて取れます。たとえば，この子ども家庭支援センターを運営する社会福祉法人で事務職をしていたCさんは，異動してきてストレスは減ったかと問われて，次のように答えています。

「すごい気持ちが楽ですね。やっぱり楽しい部分が多いですね。子どもの成長とか，成長ってほどじゃないですけど，なんかちょっとしたことで笑えることが多いじゃないですか，子どもって」。このように語られる文脈においては，「子ども」は，いずれ「大人」になるべく成長が期待される，そうした位置づけにあることがわかります。

それに対して，スタッフたちは，自らの経験を語るうえで，子どもの保護者である親との関係についても言及しています。たとえば，同じCさんは，「親御さんに子どものケガのことを伝えるときにクレームが来てしまった」と語っています。きょうだいの下の子がちょっとケガして，最初にお姉ちゃんがお母さんに伝えてしまったので，それも怒る理由の一つだったということで，なるべく1回近づいて子どもの様子を伝えるようにしている，とのことでした。このように語られる文脈では，「子ども」は「親」（や「きょうだい」）との関係の

なかでとらえられていることがわかります。

成員カテゴリー化装置

　この研究においては、こうした「子ども」をめぐる概念の用法をとらえるために、H. サックスによる「**成員カテゴリー化装置**」というアイデアを用いています（Sacks 1972=1989）。日常的な家族概念に着目する考え方のもとで、私たちが家族規範を日常の実践においてどのように用いているのか、について考察を深めていくとき、その実践に参加している人たちの「人びとの方法論」があることに注目し、それを明らかにしようとする考え方（エスノメソドロジー）からも影響を受けることになります。こうした考え方に由来する成員カテゴリー化装置というアイデアについて、ここでは先ほどあげた著作よりも少し踏み込んで紹介しておきましょう。

　先にあげた最初のCさんの語りにおいては、人を指示するための言葉として、「子ども」と「大人」が対になって使われています。こうした「子ども」「大人」といった一つひとつを、成員カテゴリーと呼びますが、それぞれのカテゴリーは単独ででではなく、集合のなかで用いられています。たとえば「子ども」は、これから成長して「大人」になることが期待されているのであり、「子ども」と「大人」は、｜赤ちゃん／子ども／大人／老人｜といった「人生段階」（年齢）の集合に位置づけられていることがわかります。すぐに気づくことですが、「子ども」というカテゴリーは、「人生段階」だけではなく、｜母親／父親／子ども｜といった「家族」という集合にも入っています。Cさんが、「親御さんに子どものケガのことを伝える」とき、その「子ども」は、その「親御さん」の子どもとして、つまり、「家族」の一員として理解されているわけです。

　なお、この成員カテゴリー化装置、というアイデアにおいて重要なのは、「正しい」カテゴリーのもとでの特徴づけが、そのつどの状況においていつも「適切」とはかぎらない、という点です。たとえば、今、読者のみなさんが、この文章を教室で「学生」として読んでいるとしましょう。みなさんが他の状況で担うことのできる他のカテゴリーは、年齢や性別をはじめ、実は無数にありますが、その教室の場ではそうしたカテゴリーは使われていない可能性があ

ります。同様に，インタビュー調査に登場する一人ひとりも，さまざまなカテゴリーを担いうるので，そのうちのどれかを適切にそのつどの状況で使っているわけです。

「家族」集合と「人生段階」集合

　さらに細かいことですが，注意しておきたいのは，「人生段階」の集合と「家族」の集合は，そのつくられ方が，まったく異なるということです。「人生段階」の集合は，「年齢」に関係しています。私たちは，「年齢」を，1歳ごとに分けたり，10代・20代・30代……と分けたり，いろいろ仕方で分けることができます。そのうち，人の成長に沿って区切られる段階によって分けられているのが「人生段階」集合です。もちろん，同じ年齢でも文脈によって「子ども」に位置づけられたり，「大人」に位置づけられたりすることがあります。そうであっても，年齢は，誰にでも関係するものですから，誰でも，人生段階集合のどこかには，位置づけることができます。誰でも，どこかには位置づけられる，つまり，もとの集合に足していくことができるので，数が決まっていません。たとえば，電車の中に大人30人子ども10人が乗っていたとして，次に乗ってきた乗客も，大人なり子どもなりに位置づけることができます。この施設の場合，約5人の大人が，15～30人の子どもの世話をしていましたが，施設で預かれる範囲内で子どもの数にかなりの増減があることがわかります。

　これに対し，「家族」のほうは，そうではありません。家族を分類するためには，ただ，「母親」「父親」「子ども」といったふうに分類するだけではなく，そのなかで，特定の「母親」と特定の「父親」と特定の「子ども」を結びつけて一つのユニットとしての「家族」をつくる必要があります。だから，先に紹介した事例においても，ケガした「子ども」の「親御さん」は，その子の親御さんなので，こちらは数がある程度きまっているわけです。もちろん家族が増えることも減ることもあるわけですが，その仕方は非常に限られています。一般的に，数が決まっている結びつきのほうが，数が決まっていない結びつきよりも強い可能性があります（第2節では，恋愛関係の排他性について述べましたが，「友達100人できるかな」は簡単にいえても，「恋人100人できるかな」は，かなり難しそうです）。

子育て支援の実践においては、「子ども」が「人生段階」と「家族」の二つの集合に入っていることが重要な意味を持っています。そのことを気にかけている典型的なものとして、スタッフのAさんの次のような語りをあげておきましょう。「僕も最初入って三年四年のときは、子どもと遊んでればっていうのが……そうじゃなくて、子どもを含めて、お母さん……お父さんも含めて、そこでの関係というか、それも含めての支援なんだ」ということがわかってきた、とAさんは語ります。「大人」が「子ども」と遊ぶ、という位置づけにおいては、それは、ケアの提供者とケアを受ける対象者という関係だけで考えることもできるわけですが、その子どもは、子どもを含む「家族」の一員でもあるので、この二重性が、子育てにかかわる規範に強くかかわってくることにも注目すべきなのです。

家族支援としての子育て支援

　もう一度、施設型支援の調査データに戻ることにしましょう。「子ども」が「家族」の一員でもあることは、「子ども」に「大人」として向き合うスタッフに対して、さまざまな影響を与えます。たとえば、Aさんは、「過度な」ケア提供への疑問を提示しています。「あんまりやりすぎんのもね。子育てしなくなっちゃうんじゃないかなあって思う」。施設で夜遅くまで子どもの世話をすると、かえって子どもが家族の一員として位置づけられないのではないか、という懸念を示しているわけです。ここには、子どもへのケアの責任を家族に結びつける理念を尊重しつつ、現実に自分が行っていることとのあいだでのジレンマが示されています。

　あるいは、「家庭的なイメージをすごくつけたい」と言っていたDさんは、「マンモス化してきちゃうと」「安全確保だけが」というふうに、子どもの数が多くなることで、「家庭的な」サービスが提供できないことを述べています。ユニットとしての性格を持つような「家族」的な対応を擬似的にしようとしても、それが難しいということなのです。ここでもまた、「家族」のなかに子どもが位置づけられることを優先する規範がみられます。

　このようにみてくると、「子育ての社会化」の一環としてなされてきた施設型支援は、子育てと結びついた家族規範をただ単に否定する形で進行してきた

わけではない，ということがわかります。先ほどのAさんの語りをもう一度みてみましょう。Aさんは，仕事をしていてつらいと感じるときについて，「理不尽な苦情っていうのがあるんでそれがこたえますね」と説明したのち，「子ども」「お母さん」「お父さん」も含めて，つまり，「家族」も含めての支援なのだ，と理解が変わってきたことを示しています。つまり，単なる子どもへのケアの提供から，家族全体へのかかわりを含めたものへと変換する試みがなされているわけです。その際，親と子の結びつきや子育ての期待は，維持されています。

　もちろん，このような変換は，課題としては認識されていても，その実現には，制約がともないます。たとえば，「マンモス化」の問題を指摘していたDさんは，自分の仕事とは「違ってくる」という理由で，（親に対して）「基本的に悩みを『何かありますか』ということは聞かない」と述べていました。このように，支援者としての職務には一定の限定がかけられています。

子育て支援の実践的解法

　子育て支援を家族支援として行うという考え方は，先にあげた「家庭型支援」，たとえばいわゆる「保育ママ」事業においてもみられます。「保育ママ」であり，育児サークル「さつき」の主催者でもある川間さんの語りをみると，こうした課題をどのように解いているのかがわかります。家庭外で子どもに長時間にわたってケアを提供するという支援のあり方への疑問は，すでにみた施設型支援のスタッフの語りと共通していて，「誰がお母さんかわかんないじゃん」と，語られています。また，「仕事をしていてよかったと思うことは何か」と問われて，「子どもが幸せになり，家族が幸せになるのをみれたことですかね」と答えています。自分のしていることが，子どもへのケアを肩代わりすることではなく，家族関係への支援として理解されているわけです。

　こうした理解を維持できるのは，どのような家族にケア提供をするかについての裁量権を，（保育所とは違って）川間さん自身が持っていることが大きいようです。

　「子どもを育てるのは，親と二人三脚でと思ってるんです。だから，『預かってくれりゃいいのよ』とか，預かりっぱなし，預けっぱなしになるような姿勢

の人の子は預からない」。「わたしだけが育てるんじゃなくて，二人三脚で子育てをしようっていう気持ちのある人じゃないと。それとあと夫もそうですね，お母さんだけでがんばろうなんていっても無理だと」。

　こうした川間さんの語りからは，子どもの母親や父親とのあいだに，「二人三脚」で子育てを行うような関係性を形成しようとしているのが，わかります。

　注意しておきたいのは，ここでなされている子育て支援は，「家族」の優先性を否定するようなかたちでは行われていない，ということです。他方で「いわゆる伝統的な育児は母親が」といった考え方には，「うん，わたしはそうは思わない。無理だと思う，無理ですよね」と，川間さんは明確に否定しています。ここでなされているのは，「子ども」が「家族」のなかでケアを提供されるべきであるという点は維持しながら，家族がそのような家族であるために，家族そのものを支援の対象としていく実践なのです。

　他の35名の家庭福祉員（いわゆる「保育ママ」）になされたインタビュー調査においては，そのさまざまなヴァリエーションが示されています。ある人は，「その子の家庭と同じように自分が提供するケアを母親が家庭で子どもに行っているケアに近づけようとしています。また，ある人は，子どもが初めて寝返りをしたり，歩いたり，話したりといったできごとに立ち会うことがあっても，それをあえて母親には伝えないでおいて，「最初にできたのはおうちっていう感じにちょっとストーリーをつくって」いました。こうした一つひとつが，家族と育児を結びつける規範がまだ効力を持っている状況で，家族外の人間が子どもにケアを提供し，子育てを支援するための，実践的な解法となっているのです。

家族概念の用法を分析する意義

　以上のように，日常的な家族概念に着目する方針に基づいて，「子育て」とその支援をめぐる家族規範の用法の研究を紹介してきました。こうした研究が指し示しているのは，「子育ての社会化」といった，避けて通ることのできない問題が，政策的な問題や研究者にとっての問題であるだけでなく，まず，何よりも実際に「子育て」とその支援に参加する，参加者たちにとっての問題でもあることです。

実際に経験的な調査にもとづく社会学による知見は，政策的な議論に入る手前のところで，まず子育て支援がどのような論理にもとづいてなされているのかを，具体的に明らかにすることができます。この節では，**支援の論理**によって，家族と育児を結びつける規範を包摂していくことによって，家族外の人間が子どもにケアを提供していく実践が可能になっていることを確認してきました。家族と育児を結びつける規範が効力を持っていることをふまえて，家族外の人間が子育てを支援するための，実践的な解法があるということです。こうした実践から学ぶことは，実際に「子育ての社会化」を進めていくための条件を明らかにしていくことにもつながります。

　もちろん，ここでみた支援の論理によって家族主義的な規範を包摂していくことだけが，その解であるということではありません。みてきたように「家族」カテゴリー集合は，「人生段階」集合などと違って，数が決まったユニットとして組織されているので，その成員間での権利・義務関係を強く期待される傾向があるとはいえるでしょう。ただし，そのうえで，そこから何をどれだけ家族の側に残しておくかについて，あらためて考えていくこともできます。

　実際に，この『子育て支援の社会学』という著作においても，「親であること」と「ケアを提供すること」を切り離して後者だけを外部化する論理についても，合わせて検討されています。家族に期待される規範を分解していくことによって，「ケアを提供すること」を社会の側に移していくこともできるのかもしれません。なお，施設養護における養育についての質的調査にもとづいて，家庭支援にとどまらないかたちで「子育ての社会化」をとらえようとする研究もあります。そこでは，家族の存在を前提にしないという点において，子育ての〈脱家族化〉の可能性についても論じられています（藤間 2017）。

　先に「家族定義問題」への答え方の一つとして，家族にかかわる特徴をケアの提供や同居へと分解していく考え方があることを紹介しました。家族は，ケアを提供できる場のあくまで一つにすぎないのであって，他でもありうると考えることもできるかもしれません。また，第②節では，長期データを用いて，「性別役割分業」を「伝統的」と考える考え方が実情に合わないことを示しました。こうしたさまざまな知見は，何をどれだけ家族の側に残しておくのか，という問題について考えるための足場を提供するものです。

第3節では，そのなかで，とくに子育て支援をめぐるインタビュー調査を中心に紹介してきました。「子育ての社会化」のような課題を成し遂げるためにも，家族をめぐる規範的な期待の網の目を解きほぐしていくことから始める必要があるでしょう。こうした調査研究は，私たちの社会がどのようなものでありうるのかについて，その可能性を考えるための，最初の足場を提供してくれるものなのです。

4 おわりに

　第3節では，たとえば「ケアの社会化」という概念によって社会変化をおおまかに記述することではみえてこない内実が，保育実践の観察を通じてみえてくるということが解説されました。これまでの章においても強調されてきたように，家族やケアという概念は，研究者がこういった概念の一定の理解にもとづいて社会の変化を記述する以前に，ふつうの人びとの振る舞いをかたちづくるものなのです。したがって，研究者にとっての概念と，ふつうの人びとにとっての概念にはズレが生じることもあります。

　長期的なデータを使って家族の推移をみる，異なった社会（国）を比較して家族の多様性をみるといった作業をする際には，どうしても家族という概念をどうにかして固定する必要があります。実際には1950年代の「家族」と2010年代の「家族」は，同じ家族という概念でとらえられるほど似通ったものではないかもしれません。スウェーデンでの「家族」と日本の「家族」についても同様です。

　その意味では，長期推移の記述や多国間の比較といった作業は，かなり「目の粗い」作業です。それでも家族社会学者の多くがこういった作業を行うのは，データを使って推移の記述や比較を行うことによって，私たちの現在いる場所をよりよく「理解」できると考えているからです。この場合の理解とは，人びとが家族やケアといった概念を実践のなかでどのように使っているのかを理解することではありません。むしろ，人びとが思い描いている社会の姿とは違う，データからみてより妥当な社会の姿を記述しようとしているわけです。

たとえば，私たちは性別分業夫婦を「伝統的」だと理解しがちです。しかし長期データをみてみれば，専業主婦世帯の割合が最も高かったのは 1970 年代で，それもせいぜい半数程度であったことがわかります。また，私たちはしばしば，日本では欧米社会より専業主婦世帯が一般的であったと考えがちです。しかし 1960 年代くらいまでは，むしろ専業主婦家庭は欧米でこそ典型的にみられたものでした。

　このように，人びとが社会やその変化にいだく理解と，研究者がデータを通じて描き出す社会の姿とはズレることがあります。社会全体のレベルでは，多くの場合，一般人よりも研究者のほうが妥当な理解をすることができるのです。

CHAPTER

第5章

病い・老い

1 はじめに

　本書では，これまで「教育」「労働」「家族」といった領域を扱ってきました。多様な領域を扱う社会学の広がりをみるとともに，それにもかかわらず，方法的な態度においてゆるやかな共通性があることも，少しずつみえてきたのではないでしょうか。続く第 5 章では，私たちの「病い」の経験と，それを対象とする専門領域である「医療」を，トピックとして取り上げます。

　実は，私たちの健康や病いに対して，社会の側からみる考え方は，ずいぶん古くからあります。つまり，病いや死と，貧困のような経済状態との関係を考える研究は，19世紀にはすでに「医療」の側から行われていて，ある意味では，社会学そのものの成立よりも先立つものといえます（市野川 2012）。こうした社会医学や疫学的な考え方と，その標準的な方法としての統計学は，社会学のルーツの一つであると考えることもできるでしょう。

　こうした経緯からすれば当然のことですが，社会学は，医療の側からの要請に応じて研究をする側面を持っています。しかし，同時に，社会学は，現代社会における医療のあり方を調査し，記述し，そしてある場合には批判していく役割も担ってきました。こうした区別は，古典的には，1950年代のアメリカで社会学の下位分野として医療社会学が興隆した際に，「医療の中の社会学（Sociology in Medicine）／医療を対象とする社会学（Sociology of Medicine）」（Strauss 1957）という対比のもとで，なされたものです。現在，必ずしも明白に分けられるというものでもありませんが，まずは，社会学が医療に対して取りうるスタンスの違いから，出発することにしましょう。

医療の中の社会学

　これまで述べた経緯からわかるように，社会学は，健康について統計学的にアプローチする方法を持っています。社会学は，その意味で，つまり，医療の一部として働き，医療に貢献する学問でもあります。第 2 節では，疫学的な考え方との関連も視野に入れて，統計学を用いて病いや健康と社会的要因との

関係をみる考え方を紹介しましょう。

具体的には,「ある薬が本当に効果があるかどうか」「タバコの健康への影響はどうか」といった問いに対する答え方を示しながら,統計的因果推論の基本的な考え方を説明していきます。そのうえで,喫煙のような生活習慣と「学歴」のような人びとの社会的属性との関連を調べる社会疫学の考え方を紹介します。

医療を対象とする社会学

一方で,社会学は,現代社会における医療のあり方を記述し,ある場合には批判していく役割も担っています。私たちは,さまざまな仕方で病いや老いを経験し,さまざまな医療や福祉のサービスを利用しています。病気になることは,私たち一人ひとりにとって,苦しい身体的な経験であるのと同時に,社会的な意味を持った現象でもあります。それでは,現代社会において,「病い」を得て生きること,また「老いる」ことは,どのような経験なのでしょうか。

第3節では,病いの経験を語りという観点から理解しようとしてきた考え方を紹介します。こうした考え方は,慢性疾患や摂食障害,遺伝性疾患といったさまざまな病いの経験についての社会学的研究を促してきました。それぞれの当事者たちは,どのような知識を用いて,どのような規範的な期待のもとで,病いや老いを経験しているのか,インタビューやフィールドワークをもとに社会学的に考えていく方法を紹介します。

 統計学は医療とどうかかわってきたか

KEYWORD

国民健康保険制度　分業　医療費　高齢化　医療技術の高度化　医療経済学　疫学　統計的因果推論　因果推論　無作為化比較実験　介入　倫理的問題　コーホート調査　マッチング　疫学転換　社会疫学

医療と学問の関係

みなさんは，現代の日本の医療水準が高い位置にあるという話を聞いたことがあるでしょう。たしかにこの主張はある程度正しいものです。

第1に，日本にはかなり充実した**国民健康保険制度**があります。このおかげで，あまり裕福ではない人でも，ある程度はちゃんとした治療を受けることができます。アメリカではこういった公的医療保険制度がありませんから，お金がない人はちゃんとした治療を受けられないことがあります。イギリスやカナダなどの他の欧米諸国でも日本と同じような国民健康保険制度を持っているところは多くありますが，必ずしも日本ほどサービスが充実していません。諸外国ではいわゆる「かかりつけ」の医者と専門医との**分業**が進んでおり，病気になったときは，まずかかりつけ医（ホームドクターといった呼び方もあります）に診察してもらいます。そこで必要に応じて専門医を紹介してもらうのです。これは基本的に全体の**医療費**を削減するための制度ですが，専門医に実際に治療してもらうまでに長い間待たされることもあります。

もちろん日本の医療制度にもさまざまな問題が指摘されています。近年，日本をはじめ先進国では国全体の医療費の負担が大きくなっており，国の財政を圧迫しています。図5.1は，年間の国内医療にかかった費用の総計の推移（左軸）と，GDPに占めるその比率を示したグラフです。

グラフをみるとわかるように，国民医療費はここ50年間以上上昇の一途をたどっており，また私たちが国全体で稼ぐお金に占める割合も増え続けています。医療費は，私たち国民の家計と，政府の財政の両方をますます圧迫しているのです。

医療費の高騰にはおもに二つの要因があります。一つは**高齢化**で，もう一つは**医療技術**の**高度化**です。

実は技術発展がコスト増をもたらすことは，他の分野ではあまりみられない医療分野の特徴です。たとえばテレビやパソコンなどでは，技術発達によりある程度の低価格化が実現してきました。しかし高度な医療技術（たとえばCTスキャンなど）は機器の開発・製造・運用にかかるお金が非常に高価になります。これは薬も同じです。

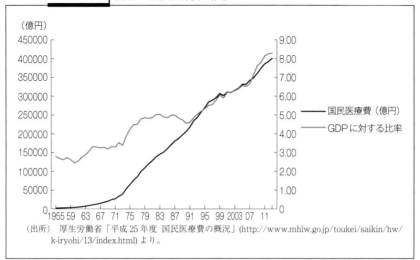

CHART 図5.1 国民医療費の推移

（出所）厚生労働省「平成25年度 国民医療費の概況」(http://www.mhlw.go.jp/toukei/saikin/hw/k-iryohi/13/index.html) より。

　ともかく，日本をはじめとするいくつかの国では，私たちが支払う社会保険料や税金では現在の医療水準を維持することが難しくなっているのです。いかにして全体の医療コストの増加を抑えていくかは，医学ではなく**医療経済学**の大きな課題です。医療経済学は比較的新しい学問分野で，近年は医療費の増大という現代的課題を背景に注目を集めています。

　では社会学は医療にどのようにかかわってきたのでしょうか。次の節でも触れられるように，いくつかのかかわり方がありますが，この節ではまず**疫学**の考え方について説明しましょう。

　疫学は医学と同じく，私たちの健康状態の改善をめざす学問です。社会学の一部ではありませんが，計量社会学と同じく数量データを用いて研究が行われます。疫学は，計量社会学でもしばしばなされている「**統計的因果推論**」というアプローチを主導的に発達させてきました。この統計的因果推論は，社会学や疫学にかかわらず，心理学や経済学など，データを用いる学問分野のほとんどすべてできわめて重要な方法になっていますので，それがどういった方法なのかを理解しておくことは，社会学を学ぶうえでもけっして無駄ではありません。

統計的因果推論とは何か

　統計的因果推論は，それ自体けっして難しい考え方ではありません。**因果推論**という活動それ自体は私たちが日常的に行っているものです。これには，大きく分けて以下の二つの段階があります。

　一つには，ある状態（たとえば疾患）について，それがどういう原因で生じたのかをあれこれ模索することです。この「原因を探る」という活動は，研究者の専売特許ではありません。私たちは，つねにそういうことをしているわけではないでしょうが，それでも日常生活のなかで「原因を探る」ことがままあります。たとえば腹痛が起こったとき，「なぜお腹が痛くなったか」を私たちは知りたいはずです。何か悪いものを食べたからか，それともお腹が冷えてしまったからなのか，いろいろ考えることがあるはずです。「因果」，すなわち原因と結果の関係を「推論」するというとき，このような「原因を探る」という活動のほうを思い浮かべる人は多いはずです。

　しかし，統計的因果推論の方法は，どちらかといえばその次の段階に適用されることが多いといえます。次の段階とは，あてをつけた原因の候補について，それがほんとうの原因なのかを確かめることです。これも私たちは日常的に行うことがあります。ある食べ物（たとえば乳製品）をとったときに決まってお腹がゆるくなることに気づいたならば，その食べ物が腹痛の原因だと考えて，今後はそれを避けようとするでしょう。

　これらの二つの活動はつながっていることが多いでしょうが，「あることの結果（効果）の真偽を確かめる」という活動は，独立して行われることもあります。たとえば「朝食を食べると仕事の能率が上がる」ということの是非を確かめることについては，「仕事の能率はどうやったら上がるか」という問題の認識が先にあるとは限りません。

　いずれにしろ，因果推論は「原因を探る」ことと「効果を判断する」ことのどちらのアプローチにおいても有効ですが，統計学の知識を使った因果推論は，どちらかといえば後者の作業で用いられることが多いものです。つまり，おもに「〈何か〉の効果がほんとうにあるのか」を知るために行われるものです。「ガンの新薬が開発されたが，ほんとうに効果があるのか」「子ども手当にはほ

んとうに出生率を上げる効果があるのか」といった問いについて，しばしば統計的因果推論の枠組みで取り組まれています。

効果の判定は意外に難しい

さて，「ある薬に本当に効果があるのか」を正確に知りたいとき，私たちは何をしたらいいでしょうか。これが，意外にめんどうなのです。ここでは話をできるだけわかりやすくするために，この薬には（効果があるかどうかはまだわかりませんが）少なくとも害はないということがわかっているとしましょう。つまりヒトの体を使った実験（臨床試験）ができる，ということです。

問題はその次です。たしかに因果推論という行い自体は，私たちは日常生活で行っていることなのですが，研究者がそこに厳密さを追求するときに，いろいろな課題がみえてくるのです。「薬に効果があるかどうかを知りたいなら，誰かに薬を与えて症状が改善するかどうかみればいいじゃないか」と単純に考えたくもなりますが，科学的に厳密に薬の因果効果を知りたい場合，これだけでは認められません。なぜでしょうか。おもな理由は二つです。

一つは，症状（ここでは高血圧としましょう）が改善したのは他の原因のせいである可能性があるからです。薬を与えられた患者は，もしかすると日頃から食事や運動などの面で体調管理を心がけていて，その効果がたまたま薬を飲んだあとに出たのかもしれません。そうだとすれば，「血圧が下がった」ことを薬の効果にすることは間違っていたことになります。したがって，さまざまに考えられる原因から切り離して薬の効果をみていく必要があるのです。

ここで，「一人の結果しかみないからそういう間違いの可能性があるのではないか」と考える人もいるかもしれません。たしかに，もっとたくさんの人を対象に臨床試験すれば，「たまたま」日ごろから症状の改善に取り組んでいた人にばかり当たってしまう確率が低くなるでしょう。しかしこのときに少し気をつけなければならないことがあります。まず，すべての観察対象者に薬を与えてはダメです。たしかに多くの人に薬を与えれば，そのなかに特殊な人が混ざっていても，全体的には妥当な薬の効果が計算できるかもしれません。しかしすべての人に与えるやり方だと，万が一対象者全員（あるいはその多く）が別の変化を経験しているとき，やはり薬の効果ではないのに血圧が下がる，と

いったことが生じえます。たとえば臨床試験の対象者のいる病院全体の食事がそのときに改善された，などです。

　もちろん，多くの人を対象にすることには大きな意義もあります。それは，効果にはたいてい個体差があるからです。人間の体質には多様性がありますから，薬が効きやすい人もいれば，効きにくい人もいます。ある一人に薬を与えて劇的な効果がみられたからといって，他の人でも同じように効果がみられるとは限りません。「（一人ではなく）多くの人に薬を与えて結果をみる」ことで，たまたま薬の効果がすごく小さい人やすごく大きい人に当たって薬の効果を過小／過大評価してしまうリスクを減らすことができるからです。

　とはいえ，ただ単に多くの人を対象にするのでは，先ほどのような問題が生じてきます。したがって厳密な臨床試験では，薬を与えるグループと与えないグループを分けたうえで，血圧の変化がこれら二つのグループで異なるのかどうかを比較する必要があります。このグループ分けの際にも一手間かけることが必要になってきます。というのは，薬を投与したグループの食事がたまたま改善されていたり，投与グループにたまたま薬の効果が高い人が集まっていたりすると，ちゃんとした薬の効果を判断できないからです。

　このような問題に対処するために，統計学者はある方法を開発し，発達させてきました。それが「**無作為化比較実験**」と呼ばれる方法です。現在では，無作為化比較実験を行えば，因果効果がかなり正確に判断できると考えられています。では，この無作為化比較実験とはどういう手続きなのでしょうか。

「同じもの」を比較する：無作為化比較実験

　簡単にいえば無作為化比較実験とは，「同じもの」を比較するための手続きです。「え，比較って違うものを比較するから比較なんじゃないの？」と思う人もいるでしょうが，こと因果推論については，まずは均質な（理想的にはまったく同じ）二つのグループをつくることがすべての出発点になります。均質なグループを二つつくったうえで，片方にのみ「**介入**」を行うのが実験のミソです。「介入」というのは，投薬などのなんらかのアクションのことです。実験をする人は介入，たとえば投薬の効果が知りたいわけです。介入を受けるグループを措置グループ，受けないグループを統制グループと呼びます。措置

とは treatment の訳語で，介入と同じような意味です。

　ではなぜ均質な二つのグループをつくるのでしょうか。それは，完全に均質な二つのグループを準備して片方にのみ介入を行い，結果の差をみれば，その差はまさに介入によるもの以外にないだろう，と判断することができるからです。

　この考え方は，「一卵性双生児」の調査にもみることができます。ある能力（身体能力や学力）がいかにして形成されるかを知りたいとき，生まれつきの違いなのか後天的な訓練の結果なのかを弁別したくなることがあります。双子は遺伝的な特性が類似しますが，一卵性双生児ならば遺伝的な特性はまったく同じなので，その違いがあるとすれば後天的に身についたものだ，と判断できるわけです。

　さて，実験の場合には1組の均質的な個体ではなく，できるだけたくさんの個体を二つのグループに分けることが行われます。それは，たまたま措置グループに特定の性質を持った個体が集まるリスクを減らしたいからです。先ほどの例でいえば，たまたま投薬グループに節制する人たちが集まらないようにしなければなりません。たとえばたった二人の人を対象にしてしまうと，一人は高齢の女性，一人は若い男性といったまったく異なった個体のどちらかに投薬してその違いをみる，といったおかしな作業をせざるをえなくなります。

　ただ，たくさんの人を対象者とするだけでは「たまたま」の効果を小さくできないこともあります。ですので，わかりやすい特徴については各グループの比率が同じになるように分けることが普通です。たとえば年齢や性別については，措置グループと統制グループで同じ構成になるようにグループ分けをするのがよいでしょう。とはいえ，年齢や性別などわかりやすい特徴はよいのですが，日頃の節制の度合いや薬の効果の個体差（体質の差）などについては，あらかじめ観察することが難しいのです。たとえばなんらかの理由で措置グループに薬の効果が高い個体がたくさん入っていると，薬の効果をほんらいよりも高く見積もってしまうかもしれません。

　こういった目に見えにくい個体特性が均質になるようにグループ分けをするには，どうしたらよいのでしょうか。

　統計学者はこのための独特の方法を発明しました。それは，くじびきなどを

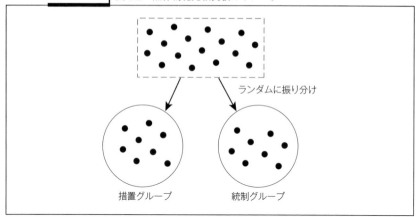

図 5.2　無作為化比較実験のイメージ

使って，ランダム（無作為）にグループ分けをするという方法です（図5.2のイメージ参照）。こうすることで，二つのグループの性質は（判別しにくい個体の体質を含めて）均等になります。もちろん，偶然どちらかのグループに特定の個体特性を持った人が集まってしまうということはありえます。すべての目が出る確率が均等である完璧なサイコロを振っても，たまたま特定の数字が続いて出ることはありえるのと同じです。しかしこのような偶然の誤差については統計学的に対応できるのです。

このような実験の手続きが無作為化比較実験です。この方法を最初に開発したのは，R. A. フィッシャーという統計学者です。フィッシャーは近代統計学をつくった重要人物の一人として，よく知られています。

同じ人の「その後」を追う：コーホート調査

無作為化比較実験は，因果推論を行ううえで非常に強力な武器になりますが，大きな欠点もあります。それは，そもそも多くの場合，実験ができない，あるいは許されていない，ということです。たとえば長時間労働が健康に与える因果効果を知りたいとしましょう。このとき，無作為化比較実験を行うならばどうすることになるでしょう。まずは二つの均質なグループをつくります。たとえば実験に協力してくれる人 100 人を募り，均質になるように無作為に二つのグループに分けます。ここまでは可能でしょう。さて，無作為化比較実験では二つのグループのうち片方にのみ「介入」を行います。ここで介入とは，長時

間労働をさせることです。つまり，50人に対して「今後3年間，必ず1日（週5回）12時間働いてください」と指示し，もう片方の50人には「今後3年間，必ず1日（週5回）8時間働いてください」と指示を出すのです。この時点で，こういった実験が実際上，あるいは倫理上難しいことがわかるでしょう。

一つには，無理やり特定のグループに健康を損なう可能性のある長時間労働を強いる，ということの**倫理的問題**があります。次に，労働時間が結果的に2グループの均質性を損なわせます。長時間労働をすればそれだけ実入りが増えますから，金銭的な余裕が健康状態にプラスの効果を及ぼすかもしれません。そうすると純粋な長時間労働の効果がわからなくなります。労働時間以外の条件を均質に保つためには，労働時間にかかわらず収入も一定にしなければなりません。やはりこの実験には無理がありそうですね。

このように，実験をすることが難しい場合も多いのです。アメリカは，社会的な実験について日本よりも寛容だといわれています。たとえば失業した人に施される職業訓練について，それを施したグループとそうでないグループについて無作為化比較実験が行われることもあります。しかしそのアメリカでも，「タバコの健康への影響」について実験をすることは無理なのです。

そこで代わりに行われるのが，**コーホート調査**（「縦断調査」「パネル調査」「前向き調査」といった別名があります）と呼ばれる方法で，疫学が先頭に立って発達させてきた方法です。コーホート調査とは，複数の個人を定期的に複数回（通常は数年間，場合によってはそれ以上の期間）追跡して調査するのです。たとえば100人を選び，3年間観察します。人為的な介入，つまり特定のグループに長時間労働させる，といったことはしません。長時間労働をするかどうかは，あくまで調査対象者の自発的な選択になります。だからこそ倫理的な問題をクリアできるのです。しかしその代償として，長時間労働をする人のグループとしない人のグループが均質なものではなくなってしまいます。

たとえば，長時間労働をしやすい特性を持った人が長時間労働をし，そうでない人は定時に帰る，といったことが生じえます。このとき，長時間労働をしやすい人たちがそもそも体が頑丈で，ちょっとやそっとの働き方で健康を損なわないような体質を持っていた場合，「長時間労働をしても健康は悪化しない」という間違った結果を引き出してしまう可能性もあります。介入実験ではない

調査観察研究では，二つのグループが均質化していないから，そういうことが起こりうるわけです。

そのため，コーホート調査ではできるだけ似たような人たちを比べるように調整を行います。具体的には，長時間労働をしているグループとしていないグループからそれぞれ，性別や年齢，職種や過去の健康状態などが似たような人を一人ずつ選び出し，その二人の健康状態を比べる，という作業を繰り返すのです。これを「マッチング」といいます。

マッチングの手法はしかし，年齢や過去の病歴など，比較的調査しやすい項目についてしか行うことができません。つまり，観察しにくい特性や，未知の特性については何もすることはできません。たとえば「長時間労働に対する耐性があるかどうか」は，正確には観察できないので，喫煙者と非喫煙者でそういった体質が類似している人同士を比べるといったことが難しいのです。

これは，統計分析の世界では，調査観察データの限界として一般的に理解されていることです。調査観察データは，介入をともなう実験と異なり，対象者の主体的な選択の結果を基本的には受動的に観察したものです。したがって，（研究者が特定のグループの人に喫煙をさせるのではなくて）喫煙をしたい人が喫煙をします。そうすると，たとえば「もともと体力の強い人が喫煙をする」といった傾向が生じます。そうした傾向性を調査で測定してマッチングができなければ，喫煙の健康への正確な影響はわからない，ということになります。無作為化比較実験はくじびきでグループ分けをして片方に介入できたので，個性や体質など観察しにくい特性を含めて均質化できたのですが，調査観察ではこれはできません。

このような限界があるコーホート調査ですが，現実的に実験ができないことが多いなかでの「次善の策」としてのメリットは大きく，多くの研究がコーホート調査の手法で行われています。

疫学転換

実は病気の原因を統計学的に追求する疫学は，近年になって社会学と接近することが増えてきました。このことの背景には，「**疫学転換**」と呼ばれるできごとがあります（渡邉 2015）。

第1章第2節で述べましたが、第二次世界大戦前くらいまでの日本では、病死のほとんどは感染症によるものでした。感染症は、特定の細菌やウィルスに感染することで発症します。結核菌に感染することで発症する結核がその代表です。しかし抗生物質やワクチンが次々と開発され、予防・治療に用いられるようになり、私たちの生活は感染症の恐怖から解き放たれるようになりました。もちろんHIVウィルスなど、まだ深刻な影響力を持った感染症を引き起こすものはありますが、身近な人が次々と感染症で亡くなってしまう、ということはなくなりました。

　感染症に代わって私たちの健康を脅かすことになったのが、生活習慣病やそれに起因する疾患です。高血圧、肥満（メタボリック・シンドローム）などの慢性的な不健康状態が引き起こす病気（心筋梗塞や脳溢血）などが代表的です。生活習慣病とは、私たちの日常の生活スタイルに影響される病気、という意味です。具体的には食生活と運動習慣、そしてストレスです。これらの生活スタイルが深刻な病気につながるという知識が一般的に共有されるようになったために、最近の健康診断（健康診査）では、尿検査や血液検査だけでなく、働きすぎやストレス経験、運動習慣などについて質問紙調査（アンケート）を行うことが増えてきました。

　「感染症から生活習慣病へ」の転換、すなわち疫学転換は、健康に対する私たちの考え方や取り組み方を大きく変えることになりました。感染症が死因の上位を占めているような段階だと、人びとは食生活や運動習慣をあまり気にしません。もちろん、感染症はそういった生活習慣とまったく関係ないわけではありません。たとえば体が弱っている人のほうが、風邪（現代の代表的な感染症です）にかかりやすいです。しかし、いくら健康な人にでも感染症は降りかかってきます。医療技術の発展によって感染症が克服されるようになって寿命が伸びてくると、今度は生活習慣病が顕在化するわけです。

社会疫学の考え方

　生活習慣病は私たちの生活スタイルと密接に関連しています。ということは、それは社会学的な問題にもなってくるわけです。「社会学的」というのは、ここでは人びとの社会的特性に関係する、という意味合いだと理解してください。

具体的には，社会階層や人間関係のあり方が健康に影響する，ということです。ある人の社会的な地位や，社会的に孤立していないかなど，これまで社会学者が関心を持ってきた要素が健康と関係しているのではないか，という考え方がなされるようになってきたのです。こういった研究を「**社会疫学**」と呼ぶこともあります。

社会的地位や所得格差が健康に影響するということは，格差を是正することが病気の面でも一つの課題となる，ということです。格差はそれ自体で生活のレベルを規定しますから，これまでも問題とされてきたのですが，健康状態や寿命にまで影響するとなると，ますますほうっておくわけにはいかなくなります。

これまで説明してきた統計的因果推論は，「介入」の効果を見きわめるための手続きでした。健康についていえば，投薬の効果やタバコが健康にもたらす影響について判断することが目的です。投薬にせよ喫煙にせよ，人びとが意図的に操作できる行動です。

これに対して，社会学的な特性というのは容易に変えることができません。「この薬はよく効くことがわかったから摂ってみよう」ということはありえますが，「社会的な地位が高い人のほうが長生きできることがわかったから，地位が低い人の地位を高くしよう」というのは難しい相談です。ましてや，生まれた地域や年代によって寿命が異なることが社会疫学的な調査によって明らかになったとしても，特定の地域に人びとを移してしまうことは無理でしょうし，ましてやある人が生まれた時代を変えることは不可能です。

したがって，社会学的な特性が生活スタイルに，そして健康に影響していることが社会疫学的な研究によってわかった場合，今度は「どうしたらその状態を変えられるのか」を考えることになります。ここで，ふたたび統計的因果推論が登場するわけです。

喫煙と社会的属性

例をあげましょう。喫煙の健康被害，とくに喫煙がガンを引き起こすリスクについては，実験ができないために数多くの調査データにもとづいた疫学的研究がなされてきました。他方で，喫煙行動が社会学的な変数と関連している可

CHART 表 5.1　学歴別の喫煙経験

	現在吸っている	以前は吸っていたがやめた	ほとんど／まったく吸ったことはない	計
非大卒	33.5	17.2	49.3	100.0
短大／大学／大学院卒	21.0	19.6	59.4	100.0
計	28.3	18.2	53.5	100.0

(出所)　JGSS-2008 より筆者作成。

能性を考えることができます。「人びとの特性→喫煙→ガン」という影響関係でいえば，従来の疫学的研究は「喫煙→ガン」という因果的なつながりを追求するものでした。これに加えて，その前段階のつながり，「人びとの特性→喫煙」を考えてみよう，というのが社会疫学的なアプローチです。

　喫煙行動と関連がありそうな社会的属性には何があるでしょうか。みなさんが最初に思いつくのは，性別かもしれません。たしかにほとんどの国では，男性のほうが女性よりも喫煙する割合が高いです。ここでは別の属性との関連，具体的には学歴との関連をみてみましょう。表 5.1 は，学歴と喫煙の関係を示したものです。

　表からは，「短大／大学／大学院」を卒業した人のほうが，そうではない人よりも現在の喫煙率が低く，また「ほとんど／まったく吸ったことがない」の割合が高くなっています。ここから，学歴と喫煙の間には関係があることがわかります*。

　　参考までに，学歴と喫煙の間の関係を示した表 5.1 について統計学的な検定（カイ二乗検定）を行うと，このデータのもととなる調査でたまたまそういう傾向が出た，とはいえないことがわかります。正確にいうとこの表は，JGSS-2008 で調査対象となった「2008 年 8 月 31 日時点で全国に居住する満 20 ～ 89 歳の男女個人」のなかから原則無作為に抽出された 8000 人のなかで，調査に協力し，該当する質問に回答をした個人についてのデータです。そして，統計学的手法を使うと，仮にこの母集団において学歴と喫煙のあいだに関連がない場合に，表 5.1 のような傾向がみてとれる確率は 1% もない，ということがわかるのです。

　　同様に，性別，年齢，出身地，職業など，学歴以外の社会的属性について，「どのような人の喫煙率が高いのか」をデータで記述することができます。こういった分析は，「人」を単位としていますので，「人口学的」なデータ分析といわれることもあります。

社会を数量データで記述すること

こういった人口学的データ分析は，私たちが住む社会についての，数量データを用いた記述の一つの方法です。序章でも触れましたが，数量データによる社会記述は，研究者にかぎらずいろんなところで行われています。「○○県の人口がここ10年で5％減った」「クラスの男女比は4：6だ」といったいい方ですね。社会学者や社会疫学者が行う人口学的な分析は，こういった社会についての記述の延長線上にあるものです。

ただ，社会学で行われるデータの記述は，一般にメディア等で行われているものよりも詳細なものになります。たとえば，先ほどあげたいくつかの社会的属性（性別，年齢，職業など）を組み合わせたうえで，どういったグループで喫煙行動が目立つかをみたり，長期的なデータを用いて特定の社会的属性と喫煙行動の関係の変化をみたりするわけです。

では，こういった数量データによる社会記述は，すでに述べてきた統計的因果推論とどのように関係しうるでしょうか。

さまざまな関係の仕方が考えられますが，一つには統計的因果推論でその効果が認められた介入の実質的な効果を検討することがあります。タバコには中毒性がありますが，この中毒性を緩和できる新薬が発見され，また実用化にはいたっていませんが，その効果が統計学的に確かめられたとします。しかし，もし喫煙者の人口に占める割合が急激に低下しており，近い将来にほぼいなくなる，といったことが人口学的・社会学的なデータ記述によってわかったとしましょう。そうなると，新薬の実用化に向けた莫大な投資をすることがはたして社会的に効率のよいお金の使い方なのか，再検討する余地が出てきます。

もちろんデータによる社会の記述は，因果推論を離れても，私たちが社会を理解するうえで強力な武器になります。次章で触れますが，日本における自殺には他国と比べて「男性の割合が多い」という特徴があります。こういった傾向がなぜあるのかは，他の人口学的なデータ記述との関連で首尾よく理解できる可能性があります。社会の全体像をよく理解すれば，どのような「社会病理」がそこに存在しているのかがみえてきます。「どういった介入をどういう場面に行うのがよいのか」の方針は，こういった理解のうえでしかできないの

です。

　先ほど，調査観察データの利用は，介入をともなわないことから，実験の〈次善の策〉であると述べました。医学を含む科学の分野では実際，実験データが最上であり，調査データは価値が低いとみなす傾向もあります。たしかに因果推論という目的を前提とすれば，そのようになるでしょう。しかし私たちは，個々の因果推論の実際上の意義を確かめるためにも，丁寧な社会記述を行う必要があります。社会学者が調査データにもとづいた分析を行う意義は，たくさんあるのです。

　さて，この節では，データを使って因果推論を行うこと，そしてデータを使って社会の姿を記述することについて説明してきました。たしかに，統計的因果推論について知ることは，科学の世界に足を踏み入れようと思うのなら，必須といえるくらい重要です。もし読者の方が「社会学部（学科）」に所属している場合には気づかない可能性もありますが，大学の理系の学部や，文系でも経済学や心理学，経営学などでは，統計学と因果推論はなかば「共通言語」になっています。自分の研究でこういった知識を使わないことはありえますが，その他の多くの研究の世界でどういうことがなされているのかを知っておくことは，けっして無駄にはなりませんし，視野を広げるうえでも重要なことです。

　他方で，とくに健康（病いや老い）については，数量データによる記述や分析ではうまく対応できないことがらが目立ってくることも確かです。繰り返しますが，数量データで記述するという行為は，私たちが社会や人びとの振る舞いについて理解することの一部でしかありません。統計的因果推論は，要因や目的の状態についてある程度シンプルにとらえざるをえません。たとえば罹患率という数値に表れるのは，「病気にかかるか，かからないか」です。しかし「病気にかかること」「回復すること」は，実際にはもう少し複雑なかたちで，（ときに私たちが表面的に理解する範囲を超えて）私たちの生活に結びついています。このことを，第3節でみていくことにしましょう。

3 病むこと・老いることは，どのような経験か

KEYWORD
病いの経験　病人役割　成員カテゴリー化装置　語り　物語　回復の語り　当事者　ナラティヴ・アプローチ　遺伝学　老いの経験　超高齢社会　パッシング　ジェンダー

病人役割

　第3節では，**病いの経験**について社会学的に考える方法を紹介します。そもそも，私たちにとって，現代社会において，病いをえるとはどのような経験なのでしょうか。みなさん一人ひとりにとって，病気になること，たとえば，高熱がでてインフルエンザだと診断されることは，苦しい身体的な経験でありうるでしょう。その意味で，病気は，一人ひとりにとって個人的な，生理的な，身体的な経験でもあります。他方で，インフルエンザだと診断されれば，大学の講義に行かなくてよくなるように，普段行っていた義務を免除されることがあります。そのことで，何か責任を問われることもないでしょう。そのような意味で，病気になることは，社会的な現象でもあります。

　1950年代のアメリカにおいて社会学全体を牽引する活躍をしていたT.パーソンズは，『社会体系論』という著作において，病気になることの社会的な意味を「**病人役割**」という言葉で説明しています（Parsons 1951=1974）。

　役割というのは，地位に結びついた規範のことです。たとえば，「学生」であれば，講義に出席して，勉強するべきだ，という規範的な期待があります。私たちは，どのような地位に位置づけられるかによって，どのようなことをするべきかについて，それぞれ異なった期待のもとで理解されることになります。「学生」であるのに，講義を欠席するのは，その期待に違反することになりますが，「病人」である場合には，それが免除されるわけです。

　病人役割という考え方のポイントは，「病人」もまた，たくさんある地位の

一つだと位置づけたことにあります。そのうえで、「病人」には、学生として講義に出席するといった通常の義務が免除され、その責任が問われることがないかわりに、回復をめざすことが期待され、またそのために医師のもとで治療を受けることが期待される、と説明されてきたわけです。

病人役割に対する批判

こうした説明は、病気になることを、規範的な期待の網の目としての社会のなかに位置づけた、という点において、非常に大きな意義を持っていました。そのうえで、こうした説明の内容自体には、いくつかの批判もなされてきました。最も重要な点は、病気がいずれ健康へと回復する（べき）一時的な状態として（のみ）位置づけられていることにあります。それに対して、現実の病いは、必ずしもそのようには経験されない、ということが指摘されてきました。

こうした指摘がなされる背景には、第2節でも述べたように疾病構造が、インフルエンザのような感染症から、（2型）糖尿病のようないわゆる慢性疾患へと移行してきた、ということがあります。慢性疾患の場合、簡単に回復をめざすといえるようなものではありませんし、それゆえ、病いの経験は、一時的な逸脱という意味を持っていません。それぞれの状況に応じて、職場で働きながら薬を服用する、といったように、日常生活のなかで病いと折り合いをつけていく必要がある場合もあります。

あるいは、近年、生活習慣病といういい方がされるようになってきたように、これらの病いの要因は、しばしば生活習慣に求められます。病いになること自体、本人が望んでなるものではなく、その責任を問われることがないものだとしても、過度な喫煙や飲酒をはじめとした一連の生活習慣を改めないとしたら、そのことが非難されることはありうるでしょう。あるいは、医師が喫煙、飲酒や食生活といった生活習慣について尋ねること自体が、患者の側から（それを控えるべきだということが理解されているからこそ）道徳的な含意を持つものとして理解されることがある、という研究もあります。

ここで注意しておきたいのは、慢性疾患のような病いがみえやすくなることによって、「病人」に期待される規範が変わってきた、ということだけではありません。それだけではなく、「病人」であることは、「学生」であったり、

Column ⑦ 機能主義の社会学

　新聞を見ると,「政治面」「経済面」「家庭面」「文化欄」といった区分けがなされていることに気づきます。大きな書店での棚の並びもこういった区分でなされることが多いようです。この区分は,実際の社会の区分をある程度反映したものであるといえるでしょう。それに応じて,「経済学」「政治学」といった学問分野も成立するのです。

　ところで新聞には「社会面」もあります。社会面は上記に含まれない雑多な出来事を取り扱う面になっているようです。しかし社会学のなかには以前から,「政治」「経済」「文化」を含む社会全体の仕組みをトータルに把握しようとする営みもありました。そのような仕組みについての理論を「社会理論」と呼びます。

　戦後のアメリカ社会学を支配したT.パーソンズの機能主義理論もその一つです。パーソンズの理論は,政治,経済,家族といった社会の各部門はそれぞれの機能（役割）を担っていて,相互に依存しながら社会全体を成立させている,と考えました。パーソンズにとって機能とは,社会の安定を説明する道具だったといえるでしょう。

　これに対してパーソンズの弟子であるR. K. マートンは,同じ機能という概念を,むしろ「隠れている問題」の発見のための道具として再利用しようと試みました。その際のキーワードが,「潜在的機能」です。たとえば選挙報道機能は,時々の政党や候補者への支持率を調査して読者に伝えることです。他方でこういった報道は,「この政党は勝ちすぎるかもしれないからあえて別の政党に投票しよう」といった行動の変化を引き起こすかもしれません。報道は,「事実を伝える」こと以外のさまざまな潜在的機能を持っているわけです。

　このようなマートンの考え方は,パーソンズにおけるような壮大な社会理論の研究から,実際の社会問題の解明に社会学者の目を向けかえることを促しました。これについては,ブックガイドでも言及した「中範囲の理論」とかかわってきます。

(T)

「会社員」であったり,といった,私たちがとりうるその他さまざまな地位と結びついたものである,ということに目を向けておく必要があります。それぞれの地位には,それぞれ異なった規範的な期待があるわけですが,それらの規範同士の関係についても考えていく必要があるのです。なお,第 **4** 章「家族」

で紹介した「成員カテゴリー化装置」という考え方は，こうした規範同士の関係について明らかにするためのものでもあります。

病いの語り

A. フランクは，まさにこうした問題について，自らがんを患った経験をもとに，考えざるをえなかった社会学者です。その著書，『傷ついた物語の語り手』（Frank 1995=2002）では，「語り（narrative）」あるいは「物語（story）」という観点から，病いの経験を位置づけることが試みられています。こうした観点は，すでに医療人類学などの分野でも提示されてきたものです。つまり，病人は，医学が対象とする，あるいは医師が診断する生物学的な機能の不全，という意味での疾患（disease）のみを生きているわけではなく，それぞれが経験し煩う病い（illness）を生きている，という考え方が根底にあるわけです。

先にあげた，病気が健康へと回復されるべき一時的状態であるという考え方は，「回復の語り」という類型のもとで理解されます。病院でなされる医師の説明について考えてみましょう。典型的には，症状，原因，治療法，予後などの説明をならべながら回復へ向けて語られます。患者の側でも，そのもとで自らの経験を理解しようとするでしょう。このように自らの病いの経験を，医学が提供する物語にあわせて理解しようとするとき，いわば自らの人生の物語を医学的物語のほうへと譲り渡してしまう，ということも起こりえます。現代社会においては，医療上の治療を受けることは，ある意味で義務でもあり，だからこそ，フランクはそこからもう一度自らの語りを語り直すことの重要性を指摘していたのです。

フランク自身の場合，最初に心臓発作を体験した際には，それを「事故」とみなすことで，健康に依存する世界に戻ることができました。それに対して，がんの場合には，そのようには理解することができないまま，病いからの回復を経験することになります。

注意しておきたいのは，フランクのように化学療法を受けたのち，寛解状態にいたり，仕事にも復帰するようになった人でも，単に回復の語りが示す物語のみを生きているわけではない，ということです。そこには，厳しい病いと治療の経験を経たうえで，また，再発のリスクと折り合いをつけながら，もとの

世界に戻ることの難しさがあります。「寛解者の社会」という言葉が用いられていますが，それは単に健康を前提とする社会に戻ることとは，まったく異なったことなのです。

さらに，先にあげた慢性疾患の場合や，根治療法のない疾患の場合など，直接回復に結びつけて考えることができなければ，よりいっそう，病者は，混沌のなかに置かれることになります。そのなかで，病者はどのように自らの物語を語り直すことができるのか，また，私たちは，それをどのように聴くことができるのか。フランクの著作は，そうした問いを示しているわけです。その問いに対する答えは，状況ごとに異なります。だからこそ，病いの経験を語りという観点から理解していく，という方向性は，社会学における多くの研究を促すことになりました。

摂食障害の語り

回復はどのように語られるのか，という問題そのものに着目したものに，摂食障害の**当事者**へのインタビューによってなされた研究があります（中村 2011）。摂食障害については，さまざまな原因が語られてきました。精神医学の観点からは「個人」の問題として，母子関係論や家族システム論の観点からは「家族」の問題として，あるいは，フェミニズムの観点からは女性を抑圧する「社会」の問題として，さまざまに語られてきたのです。そのような現状に対して，この研究においては，原因を特定してそれを取り除く，といった考え方からいったん離れて，そもそも回復した人は自分の回復をどのように語るのか，という観点から，インタビュー調査がなされています。

まず，このインタビューで示されているのは，回復を語る当事者は，摂食障害が「心」の問題として語られたり，家族関係などを原因として語られたりする（家族関係論と呼ばれます），ということを知っている，ということです。一つの事例として，Lさん（女性／26歳／過食・嘔吐／約8年）の語りをみてみましょう。「私は自分の症状に『摂食障害』という名前がついていることを知り，そしてその本にあった『原因には両親との関係が大きく関係している』という一文に，ひどい衝撃を受け」たとのことです。

続けて，Lさんが出会った「精神科医のお医者さん」が，「家族のせいだと

いうのをすごく熱烈に支持している人だったんで」「母親ももうすごい，すごい傷ついてしまって，もうごったごたになっちゃって。で，そのまま飛び出すように家を出てしまって」と語っていました。このように，過食や嘔吐を経験する当事者は，医療者（医療従事者）や本から得られた知識をもとに自分の経験を理解していくわけで，「家族関係論」のような理論的枠組みもその一つの資源になっていることがわかります。

回復はどのように語られるのか

次に，Kさん（女性／36歳／過食／約12年）の語りをみてみましょう。Kさんは，摂食障害を「心」の問題として語る考え方に対して，「そういった心の問題は，食べない事（無理な食事制限）によって悪化するのではないか，という気がしている」と語っています。そして，「要するに，心の問題が原因で摂食障害になっているというよりも，それが摂食障害の症状である，という事だ」というふうに理解の仕方を変更していることがみてとれます。

そのうえで，交通事故の場合と比較しながら，「でも，歩けるようになるには，自分でリハビリするしかない。原因究明とも補償とも全然関係ない」と語り，「食事の訓練＝リハビリ法」という理解を示しています。このように，それまでの家族の問題や心の問題と対比して，「とにかくまずは3食食べよう」というふうに，「食事の問題」として語られるとき，そこでは，もう一度自らの物語を語り直し，過去を意味づけるとともに，誰が解決するのかについての権利を獲得する，ということがなされているわけです。

なお，この研究を行った著者は，著作の随所において，自らも過食嘔吐の経験者であることを語っています。フランクの場合と同様に，当事者としての経験が，著者の研究を動機づけていることは間違いありません。社会学的な病いの研究においては，当事者や調査者といったカテゴリーも含めて，誰が，何を，どのように，語ること／聴くことができるのか，といった問いが問題になることもあります。

そのうえで，ここでなされている作業は，社会学における質的調査としてのインタビューであり，経験を意味づけるために用いられている言説的な知識に着目していく「ナラティヴ・アプローチ」として位置づけられるものです。私

たちは，このインタビューから，当事者たちが，どのような知識を用いて自ら
の回復を語っているか，理解することができます。

　たとえば，摂食障害が心の問題や家族の問題として過剰に語られている現状
に対して，「食事の問題」として語り直されるのをみるとき，誰が解決するの
かについての規範的期待が組み替えられていることに気づかされるでしょう。
このように，どのような知識のもとで経験が意味づけられているのかを明らか
にすることは，状況によっては，ある種の専門的知識を相対化する効果を持つ
こともあります。

遺伝学的知識と病いの語り

　次々と新しい専門的知識が産出される「医療」を対象とする社会学において
は，どのような医学的知識のもとで病いの経験が理解されているのか，という
問いを扱った研究は多くあります。そのなかから，筆者自身が行ったものを紹
介しておきましょう（前田 2009, 2016; 前田・西村 2018）。

　病気になるメカニズムを，遺伝的要因と環境的要因の相互作用という観点か
ら説明することが一般的であるように，**遺伝学**にもとづく知識は，医学的知識
のなかでも重要な位置を占めるようになってきています。新しい遺伝学的知識
のもとでどのように当事者の経験が変わってきたのかについて，常染色体優
性多発性嚢胞腎（ADPKD）という遺伝性疾患を持つ当事者へのインタビューに
もとづいて明らかにしました。

　ADPKDは，腎臓に多くの嚢胞ができることによって，腎臓の機能が次第に
低下していく，という症状が特徴的であり，多くは成人を過ぎて発症する病い
です。根治療法が確立されてきませんでしたが，2014 年に症状の進行を抑制
する治療薬が，日本で承認されています。1980 年代から 90 年代にかけて遺伝
子解析が進み，しだいに「遺伝性疾患」であることが当事者たちに伝えられる
ようになりました。

　2003 年に行われたフォーカス・グループ・インタビューにおいては，当事
者たちは，病いが伝えられた状況を「青天の霹靂」と述べていました。しばし
ば，「原因は遺伝である」「根治療法がない」「いずれは透析に入る」といった
時系列のもとでなされる医療者の説明に，当事者は，自らの語りを「譲り渡

し」てしまうこともあります。

　たとえば患者会の参加者Ａさんの場合，おそらく母親も同じ疾患を生きていたと考えられるのですが，母親自身は遺伝性の疾患だとは知らなかった，と語っていました。それに対して，Ａさんは，医師から遺伝性の疾患であることと「40までで透析入る」と告げられ，その際，透析に入って2年で亡くなられた母親の姿を想起し，自らの現在の姿と重ね合わせることで，「私の人生42歳で終わり」というふうに考えたということです。

　遺伝学的知識に結びついた物語のもとで自らの経験を理解しようとする傾向が過剰に生じてしまっていたわけですが，Ａさんの理解は，患者会に参加し同じ病いの経験をしている人の話を聴くことや，信頼できる医療者から適切な説明を受けることによって，次第に変化していくことになります。

患者会の活動

　多発性嚢胞腎の患者会は，1990年代の半ばに組織されたものですが，その活動は，その立ち上げにかかわった人びとの語りによれば，新しい知識が使用可能になっていく状況で，「自分たちの子どもの世代」に向けて知識を伝えていく，という動機にもとづいていました。Ａさんは，患者会へと参加することによって，「同じ病いの経験をしている」という理解のもと，「私はこう」「私はこんな症状がある」というかたちで，患者会のなかに，ほかにさまざまにある経験の物語の一つとして，症状を語り直すことによって，「透析後2年っていうことはまずありえないとか」「前向きにものがすごく考えられるようになった」と述べていました。また，Ａさん自身も，同じ病いを生きている子どもへと自らの知識を伝えようとしていきます。自分の主治医と子どもの主治医とのあいだで「両方つながっててもらわないと」と考えて，「先生，この先生知ってますか？」とたずね，「先生同士」のつながりをつくっていったことを語っていました。

　このように「同じ病いを経験した者」として物語を語り直し，経験を蓄積していくことは，自らの子どもやその世代へと知識を伝え，治験などの研究に協力して知識の産出へと向き合っていく志向をかたちづくることになりました。2014年における新薬の承認，および新しい難病法のもとでの助成の開始は，

そうした志向のもとで,治験への情報提供などを行ってきた患者会の活動の結果でもあります。

2003年には,多くの患者が「治療法はありません」と告げられた経験を語っていましたが,現在は,症状の進行を抑えるという意味での治療薬があります。新しい知識とそれに対応する動きのもとで,新しい行為や経験が可能になってきたわけです。どのような知識のもとで病いの経験がなされているのかについての社会学的研究は,こうした新しい専門的知識のもとでの私たちの経験や行為の理解のあり方の変化に寄り添いながら,それ自体を対象として記述していく作業を含むことになります。

なお,ここでみた患者会の活動の場合と同様に,さまざまなセルフヘルプ・グループにおいてなされてきたピア・サポートについての社会学研究には,一定の厚みがあります。語ることの難しい苦しみをめぐってのサポートについての研究は,依存症や認知症介護のように,本章のトピックである「病い」や「老い」の経験に根ざしたものから,犯罪被害者の物語についての研究にいたるまで,広くなされています(伊藤編 2013)。

老いと「認知症」の経験

老いや「認知症」をめぐる経験も,回復に結びつけて語ることの難しいものです。そして,その理解のあり方が,近年大きく変化してきたものです。日本においては,高齢化率(65歳以上の高齢者人口が総人口に占める率)の上昇とともに,高齢化が社会問題として語られるようになってきました。7%を超え「高齢化社会」となったのが1970年,14%を超え「高齢社会」となったのが1994年,21%を超え「超高齢社会」になったのが2007年ですから,非常に急速に高齢化が進んでいるといってよいでしょう。

政策的にも,1990年代には,厚生(労働)省が行った「高齢者保健福祉10か年戦略(ゴールドプラン)」などを皮切りに,特別養護老人ホームなどの介護施設や介護サービスの整備が課題としてあげられてきました。また,2000年には,加齢にともなって介護が必要になる者のために,介護保険制度が設けられることになりました。こうした状況に呼応するように,日本の社会学においては,すでに1990年代には,質的調査にもとづいて,「老い」や「呆け」をめ

ぐる経験を明らかにする研究が試みられています。『老いと障害の質的社会学』(山田編 2004),『〈老い衰えゆくこと〉の社会学』(天田 2003),『認知症家族介護を生きる』(井口 2007),『あなたを「認知症」と呼ぶ前に』(出口 2016) など,現在にいたるまで,厚い蓄積があります。

　これらの研究では,「老い衰えゆく」あるいは「呆けゆく」という言葉がしばしば用いられています。その意味について,確認しておきましょう。まず,読者のみなさんは,「認知症」という言葉のほうが聞き慣れており,「呆けゆく」という言葉には,違和感を覚えるかもしれません。あるいは,もっとはっきりと,2004 年に厚生労働省によって,「痴呆」という言葉が,それが侮蔑感を与えるからといった理由で,「認知症」という名称に変更されてきた経緯を知っていれば,いっそう疑問に思われるかもしれません。

　もちろん,先にあげた研究群は,こうした名称変更の経緯よりも以前から蓄積されてきたものですが,さらにこれらの経緯と並行してなされてきた研究においても,なお「呆けゆく」という言葉が採用されるとき,そこでは「認知症」といった診断のもとには回収しきれない,その人の実際の経験をとらえようとする狙いがあります。先の研究群のなかでも最初期から調査研究をしていた出口泰靖の近著が『あなたを「認知症」と呼ぶ前に』という表題を持っているのも,その志向を示しているといえるでしょう。ここには,先にあげた「病い」と「疾患」の区別と同型の問題意識があります。そしてだからこそ,「老い」や「呆け」を関係性のもとにとらえようとしてきたわけです。

　本人やその周囲の人にとって「老い」や「呆け」の意味を考えようとするときには,その人がどのように気づき,対処していくのか,という問題がともないます。さらに,これらの研究は,こうした経験が持つ意味を,一つの過程(プロセス)として理解しようとする志向を持っています。そしてそのうえで,先にも述べたように,こうした経験は,「回復」に結びつけて語ることの難しい問題でもあるのです。その意味で「老い衰えゆくこと」や「呆けゆく」ことは,かならず「ままならなさ」をともなうものでもあります(天田 2003)。こうした「ままならなさ」をどのように理解することができるのか,また,どのように「はたらきかける」ことができるか,ということが,問題になってきたのです。これは,「新しい認知症ケア」が展開されていくなかで,ケアにかか

わる人びとにとっての問題でもありましたが，また，それは同時に，すぐれて社会学的な課題となってきたわけです（井口 2007）。

介護施設でのフィールドワーク

先にあげた研究群のなかでは最初期から特別養護老人ホームなどでフィールドワークを行っていた出口は，「『呆け』たら私はどうなるのか」と問いかけています（出口 2004）。なお，これらのフィールドワークでのエピソードの多くは，『あなたを「認知症」と呼ぶ前に』（出口 2016）にも収録されていますので，そちらも参照しつつ，2004 年当時の記述を中心に紹介しましょう。

この著者は，フィールドワークのなかで出会った「ゆきさん」に，「どうなされました？」と声をかけると，「別館に行きたいんだけど，どういけばいいかねえ」と問われた，というエピソードを記述しています。その施設に「別館」と呼ばれている建物はなかったので，「はて？」と思案したところ，話をしているうちに，彼女がかつて旅館に勤めていたこと，つまり，ここでの別館が「旅館」の別館であったのだと気づきます。

「私たちが自明だと認識している世界とは異なる過去の自分の世界に回帰している」。認知症を持つ人とのかかわりのなかで，著者のような経験をすることは，しばしばあるのではないでしょうか。しかし他方で，行事で外出した食事会でゆきさんがみせた踊りの上手さに惹かれ，その「芸」を教えてもらうといった経験もしていきます。その過程で，自らのかかわり方によって，かえって「呆けゆく」状態を表出させてしまっているのではないか，と問いを深めていきます。

ここでは，「呆けゆく」ことをめぐる経験を関係性のなかで理解していく，という考え方が提出されていることを押さえておく必要があります。著者は，「家に帰りたいが，お金がない」とこぼした「あかねさん」とのやりとりについて，フィールドノートをもとに，「今日は，ここにお泊りになってください，お金も私がお預かりしてますよ」と応じた自分の答えが「いかに当を得ないもの」だったかを考察しています。

「向こうのお年寄りの側の文脈に立って聞けるようになると」「つじつまがあった話」でもあり，よくよく聞いてみると，（銭湯の）番台にお金を預けたの

だけれど，どこの番台さんだったか（すなわちどこの銭湯だったか）わからなくなったらしい」と。だとすれば，お金を預けていたのは，「番台さん」にであって，「私」にではないのだから，聞く耳を持ってもらえるはずもないわけです。このように考えていくことで，やりとりを「何を言ってもわからないから」といった見切りのもとでの「その場しのぎ」のものになっていたのではないか，と考えます。

本人の想いを汲み取る

　ここから，著者は，さらに「呆けたらどのように振る舞うのか」「呆けたらどのようにケアされるのか」と問いを続けてきます。「呆けゆく」経験が，自己喪失の体験であり，それが周囲の人から「物忘れ」として位置づけられることによって，より強まることがあるからこそ，「呆けゆく」人は，自らの「面子を保つ」ために「物忘れ」を隠したり，ごまかしたり，つじつまをあわせたり，といったことを行うことがあります。こうした行為のことを，社会学者E. ゴフマンは，「パッシング」と呼んでいます（Goffman 1963=2001）。

　「どうしてここにいるんだか」と合点のいかない「久坂さん」の例があげられています。「わたし，ちゃんとお勤めしていたのよ」「どこで？」と聞かれて答えられず，「あなたに話すまでもないわ，そんなこと」と答えます。他方で，「呆けゆく」人にかかわる側も，「他者が相手の面子を保つために行う丁重な配慮としてパッシングするケア」を行うことがあります。「どうしてここにいるんだか」と合点のいかない「久坂さん」に，「病み上がり」だから，「ゆっくり療養しているんですよ」とスタッフが説明し，落ち着きをえる場面があげられています。

　現在ならば，「認知症」と診断されうる症状に直面することを回避する作業を含む，パッシング・ケアは，認知症を持つ人とのかかわりのなかで，多かれ少なかれ欠くことのできないものになっているでしょう。しかし，それを認めたうえで，先に登場した「あかねさん」が，「こんなことははじめて，私も，もう呆けた」と嘆くのを前にして，もう一度，本人の想いを汲み取ることができないかと，問い直します。

　先にも述べたように，このような「本人の想いを汲み取る」という問いは，

「新しい認知症ケア」が展開されていくなかで,ケアにかかわる人びとにとっての問題としても問われてきたことです。したがって,「呆けゆく」人に「はたらきかける」実践を社会学的に分析していくことは,ある意味で,呆け・認知症といった現象の理解の変更を求め,理解のモデルを更新していくことでもあるのです(井口 2007)。

「認知症」家族介護をめぐって

「認知症」のような新しい概念が定着するにしたがって生ずる理解の変更もまた,社会学的研究の対象となってきました。その一つとして,要介護者と介護者との関係のなかでも,とくに家族との関係についての考察を紹介しておきましょう。家族に介護が必要な人が生じたときに,誰がケアをするのか,という問題は,家族の成員にとっても,社会学研究者にとっても重要な問題です。その事情は,第4章の「家族」でみた,育児の社会化の問題とよく似ているところがあります。

1990年代後半になされた調査によれば,老い衰えゆく人の「不自然な」振る舞いが次第に「痴呆」であると位置づけられるに従い,介護する家族の側にも「家族の愛情」のような呪縛がうまれるため,そこで期待される役割からどのように距離をとることができるかが問題とされます。いったんは家族内の秩序が不安定化し,介護を行うことを通じて,秩序が再構築されていく経緯が,時系列に沿って,描かれています。こうした研究は,実際に介護をめぐる家族規範を記述すると同時に,家族や,家族のなかでも特定のジェンダー(女性)に介護役割が強く結びついてしまうことを批判するものでもありました(天田 2003)。

また,2000年代前半になされた調査においても,むしろ要介護者と介護者との関係の問題という理解がなされるからこそ,介護者が強く介護へと志向してしまい,限定なく配慮をし続けてしまう,という問題が指摘されています。介護者に期待されるマネジメント役割にどのようにして限定をかけていくかが,重要な問いになっているわけです。そして,要介護者と介護者との関係の問題という理解がなされるからこそ,二者関係から開かれた関係性としての介護者家族会による支援の重要性も指摘されています(井口 2007)。

それに対して，2000年代後半になされた調査においては，認知症という概念と介護保険制度が定着したからこその現象をみることができます。たとえば，介護保険サービスを利用するための要介護認定の場面や，デイサービス（通所サービス）の場面が取り上げられ，介護者である家族が訪問調査員や職員に対して，「わかっていない」と発言していることが紹介されています。つまり，「よそさんがきたら，シャキッとしますからね」というように，あるいは，要介護者が「自分を格好よく見せたい」というように，振る舞いに幅があること，症状の状態が変わること自体が「認知症」の症状の特徴であるのに，それが「わかっていない」ということなのです。それに対して，「より長時間みている」「家族」のほうがわかっていると語られるのは，要介護者へのかかわり方について家族が判断する権利を主張することでもあるでしょう。その意味で，ここにみられるのは「新しい認知症ケア」時代だからこそ生じる，在宅介護にかかわる者のあいだでの調整の問題であるのです（木下 2013, 2019）。

　以上，第3節でみてきたように，社会学的な病いや老いの研究においては，当事者や調査者といったカテゴリーも含めて，誰が，何を，どのように，語ること／聴くことができるのか，といった問いが，しばしば立ち上がります。厳しい経験だからこそ語ることが難しい一方で，経験したからこそ語れることがあります。また，専門家だからこそ，専門家への規範的期待のもとで，語ること／聴くことができることもあります。さらに，病いや老いを生きる人の近くにいる人，たとえば「家族」も，その規範的期待のもとで，どのように関係をつくるか，という問いに答えを出していく必要があります。病いや老いを生きる経験についてなされた社会学的研究には，こうした規範の網の目を記述する作業が含み込まれているのです。

4　おわりに

　本章では，「病い」や「老い」という領域を扱う社会学の考え方を紹介してきました。第2節では，統計学における因果推論の考え方を紹介しました。感染症から生活習慣病へと疾病構造が変化しつつあることを背景に，病気の原

因を統計学的に追求する疫学は，社会学と接近することが増えており，「共通言語」としての統計学の重要性も増しているといえるでしょう。続く第3節では，数量データではとらえにくい病いの経験について社会学的に考える方法を紹介しました。どのような知識を用いて，どのような規範的な期待のもとで，病いや老いが経験されているのか，それをインタビューやフィールドワークをもとに明らかにしていく社会学の広がりがみえたのではないかと思います。

なお，最初に紹介した，「医療の中の社会学／医療を対象とする社会学」という古典的な区別は，便宜的な見とおしを与えてくれましたが，現在，厳密に維持できるものではない，ということを指摘しておきましょう。広い意味での医療従事者も自分たちの実践に関心を持っていますし，広い意味での病いの当事者も自分たちの経験に対する関心を持っています。当事者や医療従事者自身，あるいは近い位置からの社会学的研究や共同研究は，増加しています。古典的な区別を超えた研究の広がりのなかで，社会学者が行えることは，計量研究か質的研究かを問わず，たくさんあるでしょう。本章は，その際に活かすことのできる基本的な考え方を提示しました。

（付記）　本章で参照した日本版 General Social Surveys（JGSS）は，大阪商業大学 JGSS 研究センター（文部科学大臣認定日本版総合的社会調査共同研究拠点）が，東京大学社会科学研究所の協力を受けて実施している研究プロジェクトです。

CHAPTER

第 **6** 章

死

1 はじめに

「死」は，社会学において，ある意味で特殊な対象とされてきました。私たちは誰でも，必ずいつか死を迎えるわけで，「死」というできごとが，私たちにとって重要であることは，疑いがないことだと思います。他方で，私たちが日常生活において，死というできごとを，目にみえるかたちで経験する仕方は，限られています。

何より私たちは，自分が死んでしまえば，この世界に自分がもう存在しない以上，自らの死を直接経験することはできません。また，誰か死を経験した人に話を聞いてみることもできません。だから，自分の死については，将来のこととして考えるか，死へといたる過程，つまり「死につつあること」として経験するのみだといえます。

そのうえで，私たちが死を身近なこととして経験する機会としては，身近な人，たとえば，家族の死に立ち会う経験があげられるかもしれません。他方で，私たちは，たとえば，事故や震災の際に死亡者数が報道される場合のように，さまざまなメディアを通して，多数の人の死の情報に出会います。このような「死」をめぐるできごとを，社会学は，どのように記述することができるのでしょうか。

自殺率と客観主義

本書では，第 1 章の「出生」からはじめて，本章の「死」にいたるまで，人の人生にあわせて，さまざまな領域について考えてきましたが，「出生」と同じように「死亡」もまた，統計を用いる計量社会学にとって重要なトピックでありつづけてきました。たとえば，各国政府が集計している統計のなかで最も充実しているものの一つは，「人口動態統計」になりますが，人口の増減を決める要因として大きいのは，「出生」と「死亡」になるでしょう。

日本では，死因で一番多いのは「悪性新生物（がん）」ですが，15 歳から 39 歳までの比較的若い年齢層だけに限ってみると，「自殺」が死因のトップを占

めています。実は，日本の自殺率は国際的にみてもかなり高いことが知られています。なぜ，日本の自殺率が高いのかを考え始めると，そこで私たちは，数値を使って「社会がいまどうなっているか」を把握しようとする社会学の考え方に踏み込んでいくことになります。

第2節では，こうした日本における自殺率の問題を出発点として，社会問題を理解しようとする社会学の考え方を紹介します。その際，社会学の重要な古典である É. デュルケムの『自殺論』という著作についてもふれます (Durkheim 1897=1985)。最初に体系的に数値を使った社会問題の理解を展開した一人がこのデュルケムであったからです。そこで展開され，現在の計量研究に大きな影響を与えた，客観主義的な方法について，簡単に紹介しましょう。

死はどのようにみえるものになるか

それに対して，第3節では，「死」をめぐって行われてきた質的調査の考え方について紹介します。第2節で紹介した研究は，「死」を数え上げる研究として成り立っていました。注意しておきたいのですが，自殺率の研究が成り立つためには，「自殺」を病死や，事故死，他殺と区別して数え上げることができなくてはなりません。ここでさまざまな「死」を分類するために，研究者があらかじめ死を定義してしまう，というやり方もあるでしょう。

しかし，「死」にかかわる一連の概念は，私たちもふだんから使っているものです。この本の読者で，「自殺」という言葉を初めて聞くという人はいないはずです。そして，ある場面では，「自殺」という言葉を使うことがためらわれることを知っているはずです。とするならば，私たちも，ふだんから，「死」を分類して，なんらかの位置づけを与えているはずなのです。それは，どのようにしてなされるのでしょうか。私たちが，「死」をどのように分類しているのか，その方法論について考えていく社会学の方向性を，H. サックスは，「社会生活の科学」と呼んでいます (Sacks 1963=2013)。

実際に，数え上げる「死」の研究とは別に，そもそも「死」がどのようにみえるものになるのかについて，理解する作業も社会学は行ってきました。先に述べたように，「死」というできごとは，私たちにとって重要であることは疑いないのに，目にみえるかたちで経験する仕方は限られています。どのように

「死」がみえるようになっているのかを明らかにしようとした質的調査研究は，その後の研究方法論の展開にも大きく影響を与えました。第3節では，そうした研究群を紹介しましょう。

社会学は自殺をどう扱ってきたか

> **KEYWORD**
> 国家　統計調査　人口動態統計　平均寿命　平均余命　自然増減　社会増減　死因　死亡率　自殺率　反省的モニタリング　社会病理　社会的属性　客観主義的アプローチ

統計と人口動態

　各国の政府は，国民あるいは国の状態を把握するために，実にさまざまな統計を集めています。統計は英語でstatistics（スタティスティックス）ですが，その語源は**国家**（state）の状態についての学問といった意味です。序章で述べたとおり，私たちはしばしば，数を使って社会の状態を記述します。しかし**統計調査**を行うことは実はかなりたいへんで，ほんの1000人ほどの調査でも，数百万円のコストがかかることは珍しくありません。インターネットを利用した調査ならばもう少しコストを抑えられますが，信頼性の問題が残ります。したがって研究者にしろ企業にしろ，調査を気軽に行うことはできません。これに対して政府は資金力もありますし，また国の状態を把握することが政府の指導者にとっても重要であるために，統計調査の多くは昔も今も政府によって行われているのです。

　政府が集める統計データは多岐にわたり，主要なものだけで50を超えます。国勢調査，労働力調査，家計調査などさまざまな重要統計があります。そのなかでも，寿命や死亡・死因に関する統計を「**人口動態統計**（vital statistics）」といいます。各国政府が集計している統計のなかでも，人口動態統計は最も充実しているものの一つです。テレビであまり馴染みのない国について紹介される

ときに、まず「アンゴラの人口は2400万人」といったナレーションがなされることからもわかるように、私たちはある国の人口規模をその国の最重要の情報として理解しているのです。

平均余命

人口動態統計はたいていどの国でも毎年発表されますが、なかでも多くの人の注目を集めるのは「平均してどれくらい生きられるのか」です。日本は、世界で「平均寿命」が最も長い国としばしばいわれます。しかしそもそも統計数値として平均寿命が何を意味しているのかを説明できる人は、多くないと思います。実は、現在生きている人の平均寿命というのは原理的に計算することができません。寿命を「ある人が死んだときの年齢」だとすれば、生きている私たちの寿命を知ることはできないからです。

私たちが知ることができるのは、たとえば昨年1年間において、各年齢の人の何割が亡くなったのか、ということです。厚生労働省の「人口動態統計」(2014)を使ってみてみます。かりにあなたが20歳の男性だとしましょう。2014年の20歳の死亡率は0.047%です。約2100人に一人が亡くなっています。この数値は年齢が上がるほど増えていきます(たとえば80歳男性で5%)。ある人が、これから先この一連の死亡率を経験するとすれば、平均して何歳まで生き延びられるか、というのが**平均余命**の数値です。ですので、平均余命は各年齢において計算されます。20歳男性の平均余命は2014年では60.90年です。これまで20年間生き延びましたから、あわせて80.90歳ですね。0歳男性の平均余命は80.50年です。これを私たちは便宜的に「平均寿命」と呼んでいます。なぜ0歳男性の平均余命のほうが20歳男性より短いかといえば、これからこの0歳児は20年間を生き延びなければならないからです。ごくわずかな数ですが、20歳になる前に亡くなってしまう人もいるのです。

日本の平均余命は世界一長いことがよく知られています。2013年だと、男性で80.2年、女性で86.6年です(OECD 2015)。実は、日本の女性は世界で最も平均余命が長いのですが、男性はそうではないのをご存知でしょうか。男性の平均余命は、スイス(80.7年)、アイスランド(80.5年)などに続いて世界で5番目です。

先ほど確認したように，平均余命とは各年齢の死亡率を掛けあわせて計算したものでした。小さな数値ながら，若くして亡くなってしまう人もいます。日本でも，平均余命にいたらずに病気や事故で亡くなってしまう人は少なくありません。「人口動態統計」(2016年確定値)によれば，2016年の1年間で約131万人の人が亡くなりました。同年に生まれた人が約98万人なので，人口が「自然減少」しています。ある地域の人口は，一般に**自然増減**と**社会増減**で決まります。自然増減とはその地域（ここでは日本国内）で生まれた数（出生児数）から死亡した数（死亡者数）を引いた数です。社会増減とは，日本に入ってきた人の数（入国者数）と日本国籍を取得した人の数から，日本から出て行った人との数（出国者数）と日本国籍を抜けた人の数を引いた数です。このように人口の増減はいくつかの要因で決まりますが，やはり大きいのは出生と死亡でしょう。

日本人の死因

2014年でいうと死亡のうち，28.8％の死因は「悪性新生物」，つまりがんです。次いで多いのが「循環器系の疾患」，つまり心不全や脳梗塞で，27.3％です。厚労省の定義では，「老衰」で死亡した人の割合は5.5％となっています。病気，老衰以外だと妊娠・分娩時の死亡，外因（事故，怪我，自殺，他殺）による死亡があります。たとえば「不慮の事故」で亡くなったと分類されているのは3万9574人（3.1％）です。最も多いのは「交通事故」ではなく，「転倒・転落」「不慮の窒息」などのほうが多いです。

ただ，死因は年齢によって異なってきます。表6.1に，2014年「人口動態統計」をもとに作成した年齢別の第1，2位の死因について，パーセンテージと**死亡率**を示しました。たとえば10〜14歳については，死因の第1位は悪性新生物（がん）で，同年齢帯の死因の20.2％ががんです。ただ，その**死亡率**（人口10万人当たりの死亡数）は1.8で，80〜84歳の1355.1人に比べれば非常に小さいものです。これは，そもそもこの年齢での死亡率がきわめて小さいことを意味しています。

パーセンテージで示されているのは，ある年齢での死因がおもに何なのか，ということです。これが死因の順位を決めています。15歳から39歳までの各

CHART 表 6.1　2014 年の年齢階層別の死因

年　齢	第 1 位	％	死亡率	第 2 位	％	死亡率
10-14 歳	悪性新生物	20.2	1.8	自　殺	20.0	1.8
15-19 歳	自　殺	36.0	7.3	不慮の事故	25.9	5.3
20-24 歳	自　殺	50.8	19.7	不慮の事故	16.5	6.4
25-29 歳	自　殺	49.5	22.0	不慮の事故	13.5	6.0
30-34 歳	自　殺	39.0	20.9	悪性新生物	17.9	9.6
35-39 歳	自　殺	30.0	20.7	悪性新生物	23.7	16.4
40-44 歳	悪性新生物	28.8	30.1	自　殺	20.3	21.2
45-49 歳	悪性新生物	34.1	55.2	自　殺	14.9	24.1
50-54 歳	悪性新生物	39.1	100.9	心疾患	12.9	33.3
55-59 歳	悪性新生物	45.7	182.7	心疾患	12.2	48.7
60-64 歳	悪性新生物	48.6	312.3	心疾患	12.4	80.0
65-69 歳	悪性新生物	49.5	463.1	心疾患	12.0	111.9
70-74 歳	悪性新生物	45.0	654.6	心疾患	12.6	183.6
75-79 歳	悪性新生物	37.7	947.0	心疾患	13.8	345.5
80-84 歳	悪性新生物	29.8	1355.1	心疾患	15.3	695.4
85-89 歳	悪性新生物	21.7	1775.1	心疾患	17.3	1417.0

（出所）「2014 年 人口動態調査」より筆者作成。

年齢階級において，死因のトップは自殺です。最も顕著なのは20代で，実に死亡の半分近くを自殺が占めています。

特定の年齢層においてであるとはいえ，死因の多くを自殺が占める社会というのは，いくら長生きでいる社会とはいえ，何かおかしなところがあるのかもしれません。

日本の自殺率の高さ

実は，日本の**自殺率**は国際的にみてもかなり高い水準にあります。図6.1 は，横軸に一人当たり GDP（購買力平価）の対数値，縦軸に男女合わせた自殺率（10 万人中の自殺件数）をとった散布図です。この 2012 年のデータについてはガイアナ（南米の小国）が飛び抜けています。ただ，この国はいつもこの数値というわけではありません。たしかにガイアナの自殺率はコンスタントに高い数値ですが，これほど高い数値が出るのは，人口が比較的少ないために統計上飛び抜けた数値が出やすいといった事情があるのかもしれません。

同程度の経済水準で比べると，やはり日本の自殺率はかなり高い水準にあることがわかります。一般に自殺率が高い国は，ガイアナや，やはり南米のスリナムを除けば，旧社会主義国（ロシアやリトアニア），アフリカ諸国に多いので

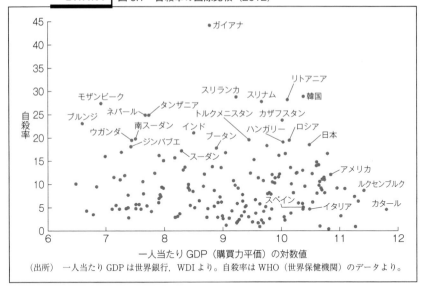

図6.1 自殺率の国際比較（2012）

（出所）一人当たり GDP は世界銀行，WDI より。自殺率は WHO（世界保健機関）のデータより。

す。東アジアでは韓国の自殺率が近年急激に上昇しています。

　自殺率の高さを規定する要因にはさまざまなものがあります。図6.1 をみると，国の経済水準と自殺率があまり連動していないことがわかります。経済力があっても，自殺率が高い国があるわけです。その典型が韓国と日本です。逆に経済先進国で自殺率が低いのは，南欧のイタリアやスペインです。

　しかしここから，「経済的な豊かさと自殺とは関係がない」という結論を引き出すことはできません。これは背景の異なる国を比べたときの傾向にすぎないからです。たとえば，特定の宗教的背景を持つ国と，そういった背景を持たない国を比べても，わかることは限られています。第5章で確認したとおり，何かの原因を探りたいのならば，似たような個体（ここでは国）同士を比べる必要があるのです。この場合，もし同じ国のなかで，経済の動向と自殺率が連動していれば，やはり経済と自殺率のあいだには関連があるといえるはずです。なにしろ同じ国の別の時期を比べるのですから，より正確なことがわかるはずです。

　そこで，日本のデータに絞って，経済状況と自殺との関連をみてみましょう。図6.2 のグラフをみてください。自殺者数は，グラフの左目盛です。完全失業者数は右目盛で，単位は万人です。失業と自殺は，かなりの程度連動している

CHART 図 6.2 日本の完全失業者数と自殺者数の推移

(出所) 完全失業者数は「労働力調査長期統計」，自殺者数は「人口動態統計」より。

ことがよくわかります。たとえば 1980 年代に完全失業者数は二つの山がありますが，自殺者数も同様の動きをしています。1990 年代に入ってバブル経済の崩壊の影響もあり，失業者数が急激に増加しますが，自殺者数もこれに応じて急増しました。

2002 年をピークに完全失業者数は好景気を反映して減少していきますが，自殺者数はあまり減っていません。しかし自殺率でみると，日本の自殺の多くを占めていた中年層（45～64 歳）の自殺率はこの時期やはり減っています。団塊の世代がこの年齢層にさしかかり，人数が相対的に増えたために自殺者数があまり減らなかったこと，若年層の自殺率のほうが増加傾向にあることなどの影響で，このようにみえているのです。

数値を使って社会を理解する

第 5 章では，数値を使って因果効果を特定するための方法について説明しました。しかしこれは，数値を使ってなんらかの知的な活動を行うことのほんの一部にすぎません。日常生活でも，マス・メディアでも，学問の世界でも，私たちは数値を使ってきわめて多様な知的活動を行っています。これまでのこの本の各章第 ② 節で行ってきた説明も，自殺者数と失業者数を比べて自殺を

経済的な要因から理解する,という先ほどの説明も,数値を使った知的活動の例なのです。

では,そもそもなぜ私たちは「何か」を数えて,その結果得られた数値を使って「何か」を行おうとするのでしょうか。しかもその数値はたいていの場合,比較的広い範囲で私たちの行動を観察した結果,つまり調査結果として得られるようなものです。統計調査には,しばしば莫大な資金が必要になります。それでも,先ほど述べたとおり,先進各国は,とくに出生,死亡(自殺などの死因含む)に関しての統計の整備にかなりの力を入れています。

一つには,序章に書いたとおり,私たちは数値を使って自分たちが暮らす社会全体の姿を理解したいと考えているからです。手間とお金をかけて出生率の統計をとらないかぎり,日本が直面している少子高齢化の現状を把握することは不可能です。個々の私たちの生活それ自体をいくら緻密に観察しても,出生の動向を観察することはできません。ですから,数値を使って私たちの社会全体の姿を描き出そうとするわけです。しかしこの量的調査・分析という活動は,けっして私たちの生活から切り離されているわけではなく,数値を使って社会の動向を理解することは私たちの生活の一部だと考える必要があります。私たちの振る舞いはこの観察にもとづいて実施されている政策によって拘束されています(たとえば少子化対策の一部は,消費税で得られた財源から支出されます)。

社会病理と反省的モニタリング

このように,社会の姿を振り返ってみることを,イギリスの社会学者のA.ギデンズは「反省的モニタリング」と呼んでいます(Giddens 1990=1993)。私たちは,つねに私たちの社会がどうなっているのかについて考えたり,数値を使ってそれを把握したりするわけではありません。しかし何か気になることがあれば,調べることもあるでしょう。会社の経営者や国の政治家・官僚であれば,恒常的にモニタリング,つまり監視・チェックを行っています。この結果導入された制度が,私たちの生活の環境を形づくるのです。計量社会学者が行っている数値による社会の記述も,広い意味でのモニタリング活動の一部です。

とくに,自分たちのいる環境が何か病理的な症状を呈していると感じられた

とき，人びとはモニタリングを行います。これは自分の体調という狭い範囲での「環境」についても同じです。どうも肩こりが治らない（病理の認識）。最近仕事で，集中的にパソコンで作業をしているからかもしれない（モニタリング，仮説構築）。パソコンの前にいる時間を減らしてみて，肩こりが緩和されるかどうかみてみよう。こういう具合です。

　病理は，社会全体でも生じます。これを「社会病理」ということがあります。たとえば特定の死因による死亡率が増えることも社会病理です。身体的な病気は生理的な現象であり，社会病理とはいえないのではないか，と考える人もいるかもしれません。しかし第5章の「疫学転換」で説明したように，最近増えた死因の一部は私たちの生活スタイルと関連するものであり，またそのことがますます意識されるようになってきています。自殺ともなれば，その原因は社会や経済の構造と関係している，と考えられることがますます多くなるでしょう。

　広い範囲での「病理」を発見したり，それについて理解したりすることは，しばしば数値を使って行われる活動です。もちろん反省的モニタリングは，必ずしも数値を使って行われるものばかりではありません。「どうも自分の周囲で自殺を耳にすることが増えた。もうちょっと聞き込みして，調べてみよう」ということもありえます。しかし，実際にはモニタリングにはなんらかのかたちで数値を使うことが多いのです。とくにある事象が「増えたかどうか」を知りたいのならば，数値を使うことは理にかなっています。自分の周囲の情報のみから，「日本全体で自殺が増えている」と記述しても誰も納得しないでしょう。

　こうして，「社会が今どうなっているか」ということを把握する際に数値を使った反省的モニタリングが行われ，その結果なんらかの「病理」が発見されることもあるわけです。そして，なんらかの事態が病理，あるいはもう少し一般的な表現だと「社会問題」だと認識されたとして，それについて理解したり説明したりする際にも，数値が使われることがあります。

自殺に対する客観主義的アプローチ

　社会学で，最初に体系的に数値を使った社会問題の理解を試みたのは，フランスの社会学者É.デュルケムです。デュルケムが統計数値を使ってその原因

を探ろうとしたのが、自殺でした。その結果は有名な『自殺論』にまとめられています（Durkheim 1897=1985）。

デュルケムが自殺にアプローチする方法には、二つの特徴がありました。一つは統計数値を使って原因を探ろうとしたことです。もう一つは、それが「客観主義的」方法であることです。

まず原因を探る方法ですが、これは基本的に第**5**章で説明した手続きに似たものです。デュルケムは、自殺の統計からキリスト教のプロテスタントの人びとのほうが、カトリックの人びとよりも自殺率が高いのではないか、と考えます。しかしほんとうに宗派が自殺に関連しているのかを知るためには、文化や民族といった他の属性をそろえたうえで、異なった宗派を比べる必要があります。デュルケムは統計数値を使ってこういった手続きを行った結果、やはり宗派と自殺率が関連している、と結論するのです。

この項でお話したいのは、むしろもう一つの側面です。それは、デュルケムが自殺を説明しようとしたときに、自殺者が何を考えてそうしたのかということを説明の主軸に据えな・か・っ・た・、ということです。

これはどういうことでしょうか。デュルケムが「自殺と宗派は関連している」と主張する際に、彼は自殺の一つひとつのケースについて調べてその動機を分類するようなことはしません。そしてこのような「説明」は、現在の計量社会学者が行っている説明のやり方とほぼ同じです。つまり、「その人がどういう人か」ということ（社会的属性）と、その行動とを関連づけて説明する、ということです。

もう少し踏み込んでいってしまうと、デュルケムも現在の計量社会学者も、行為の動機や意図を行為者本人に聞かないのです。というのも、亡くなった知人について「あの人が自殺したのは、彼がプロテスタント派だからです」というような説明をする人はまずいないでしょうし、アンケート調査でそう尋ねられても「そうだ」という答えが得られることはないでしょう。たぶん質問の意図さえ理解できないはずです。にもかかわらず、現に宗派によって自殺率が異なるということはありうるのです。

このような主観的（行為主体の動機や意図による）説明と客観的説明（統計数値からみえてくる関連性）の乖離は、枚挙に暇がありません。たとえば大卒の人は

大卒の相手と結婚する傾向がどの国でもあるのですが，そうした人に「あなたはなぜ大卒の人と結婚したのですか」と尋ねても，学歴と関連づけて説明してくれることはあまりないでしょう。

つまり，ある選択をした本人が考えているその選択の理由とは別に，社会的な属性（性別，学歴，宗教，民族等々）によって特定の選択肢を取る傾向が異なっていることがよくある，ということです。

計量社会学者は基本的に人びとの行為を，人びとが自分たちで考えている意図や動機を聴取することをスキップして，人びとの属性と関連づけて説明します。それは，人びとが意識していないところで，行為が社会構造の水準で決まる部分がある，と考えているからです。たとえば，高校生が大学に進学するかしないかは，両親の学歴によって異なってきます。親が大卒であることが，なかば意識されないところで子どもの選択に影響している可能性があるのです。

自殺についても，「経済苦」「孤独」など直接的な理由として考えられるものを観察するのではなく，そうした説明をスキップして自殺者の社会的属性を分析するというアプローチを最初に体系的に行ったのが，デュルケムだったのです。行為者やその行動を知る人に尋ねたときに得られるであろう情報，すなわち行為の主観的意味によってではなく，その人の特定の行動について知らない人でも知っている情報（その人が男性か女性か，大卒かどうか，プロテスタントかカトリックかなど）すなわち「客観的事実」によって説明しようという立場を，しばしば**客観主義的アプローチ**といいます。

社会的病理と統計数値

ただ，実は動機による行為の説明を主観的説明，属性による説明を客観的説明と呼ぶことは，それほど正確な表現ではありません。たしかにある人が男性か女性か，大卒かどうかなどは，みる人によってブレがあることが少ないでしょうから，そういう意味では「客観的」情報といえなくもないです。しかし社会的属性のすべてがそうではないですし，逆に行為の動機についても，誰がみても動機はこれだろう，という意見の収れんがみられる場合もあるでしょう。

それに，一般の人びとも，社会的属性を行為の理由にすることはあります。たとえばある文系志望の男子高校生は，なぜ文学部ではなく法学部や経済学部

を受験するのかと聞かれた場合，もしかすると「自分は男だから」と答えるかもしれません。社会的属性は，人びとが行為の理由を語るなかでしばしば参照されるものなのです。

それでも，統計数値を分析することによってしかみえてこないことはたくさんあります。すでに述べたように，社会がどのような病理を抱えているかは，多かれ少なかれ数値化された情報をもとにしてしかわかりません。自殺の例だと，自殺者数が失業者数と密接に関連していることは，動機の理解という面ではわかりやすいものです。しかし実際に調べて分析してみないことには，そういった傾向が一般に存在するのかどうかは判断できません。

もちろん，何が病理として分類され，何がされないかは，統計数値から判断することはできません。一定の概念的理解のもとではじめて，私たちは統計数値を使った社会の説明を行うことができるわけです。

3 社会において「死」はどのようにみえるか

> **KEYWORD**
> 死につつあること 「死」の経験 死のポルノグラフィ化 グラウンデッド・セオリー 認識文脈 構造条件 病院の社会構造 日常活動のエスノグラフィー 死に関連した諸カテゴリー 実践 定義づけ 臨床的な死 社会的な死 社会的事実 人びとの方法論 会話分析 インフォームド・コンセント

「死」をみえるようにする

先に述べたように，私たちが日常生活において，死というできごとを，目に見えるかたちで経験する仕方は，限られています。何より私たちは，自分が死んでしまえば，この世界に自分がもう存在しない以上，自らの死を直接経験することはできません。また，誰か死を経験した人に直接話を聞いてみることもできません。だから，「死」について考えることは，ある限られたかたちでの思考を，私たちに強いることになります。私たちが死を身近なこととして経験

する機会は，やはり身近な人と死別する際に訪れるのでしょうし，自分の死については，死へといたる過程，つまり「**死につつあること**」として考え，経験することしかできないでしょう。

ここで第 5 章で，「病い」について述べたことと比較してみましょう。病いや老いの経験が，一連の過程として理解されるようになってきたのと同じ意味で，死についても「死と死につつあること」という過程として理解しようとする視点があります。そのように考えれば，死は，いわば病いや老いを経ていたる一連の過程の終着点として理解することができます。ただし，この一連の過程にあからさまに言及することは，日常生活においては，しばしばタブーとされてきました。一方で，日常生活での「死」の経験は，みえないように隔離されています。隠されているというと大げさに聞こえるかもしれませんが，読者のみなさんの多くにとって，実際に人の「死」を直接みる機会がいかに限られているか，想起していただければよいかと思います。

死のポルノグラフィ化

他方で，「死」の情報は，さまざまなメディアを通して，流通しています。場合によっては，「死」や「暴力」を描いた表現は，さまざまなメディアを通じて，消費されることもあります。このみえないように隔離されたことをあえて提示することから得られる効果のことを，「**死のポルノグラフィ化**」と呼ぶこともあります（Gorer 1965=1986）。それでは，みえにくく隔離されてきた死へといたる過程に，私たちは，どこで出会うことになるでしょうか。現代社会においては，その最大の候補は，病院という空間です。

したがって，「死と死につつあること」という考え方自体が，病院での調査研究にもとづいて発展してきたことは偶然ではないでしょう。1960 年代のアメリカにおいては，それまでみることの難しかった「病院」という領域において，フィールドワークにもとづいた多くの調査研究がなされました。そのなかでも，「死と死につつあること」を主題とした調査研究としては，B. G. グレイザーと A. L. ストラウスによる『死のアウェアネス理論と看護』（Glaser and Strauss 1965=1988）と，D. サドナウによる『病院でつくられる死』（Sudnow 1967=1992）の二つが重要です。現在，この二つの研究は，それぞれ，**グラウン**

デッド・セオリーとエスノメソドロジーという研究法の古典としても位置づけられています。第3節は，これらの研究を紹介するところから始めましょう。

「死と死にゆくこと」の社会学

「死と死にゆくこと」という現象に焦点を当てた『死のアウェアネス理論と看護』は，1960年代のアメリカにおいてなされた病院でのフィールドワークにもとづく研究の代表的なものの一つです。1960年代ということですから，現在よりも，たとえば末期がんの場合などの病名に関して，告知することが一般的ではありませんでした。そこでどのようにして「死が近い」という「悪い知らせ」が理解されていくのか，ということが明らかにされたのです。この研究では，むしろ「死」そのものよりも，「死にゆくこと」を一連の過程ととらえて注目し，死期が近いことをどのように理解するかという問いに，**認識文脈**が変化したのだという説明が与えられています。

最初の出発点として，患者の側にもさしせまった経験がなく，医師も告知しないのだとすれば，そこでは死について気づき，考えられることはありません。看護師をはじめスタッフも事実を伝えず，楽観視させる方向に向かわせようとします。

ただ，こうした「閉鎖」認識は，不安定なものです。何か新しい症状や理解しがたい治療が生じれば，ただちに患者の側に疑念が生じます。こうした疑念をはらすために，患者は情報入手のためのさまざまな手段を用います。看護師の側は，「主治医の先生に聞いてください」といった対抗戦術を用います。もちろん，こうした状況もまた，不安定なものです。看護師にかかる負担も大きいでしょう。さまざまな手がかりによって，患者の側に死が近いことが悟られてしまうかもしれません。あるいは間接的な告知が段階的になされていく，ということもあるでしょう。

そこで状況が変化する一つの可能性として，患者とスタッフ双方が儀礼的な虚偽を維持することがあります。間近に迫った死について患者が語り始めないかぎり，スタッフは死について話す必要がありません。そこでは，危険な話題は避けられ，持ちこたえられる話題だけが許容され，フィクションに都合の悪いことは無視されるようになります。ただし，こうした「相互虚偽」認識も，

患者の側の身体状態の著しい悪化などによって，保てなくなることもあります。

このようにそれぞれの認識文脈を支えていた**構造条件**が一つひとつ欠落していくことによって，患者とスタッフの双方が，死期が近いこと，およびそれを患者が知っていることを認めることになる，「オープン」認識へといたることになります。「オープン」認識には一定の安定性があり，そのうえで「死の時期」や「死の迎え方」が対処すべき問題となっていくことになります。

グラウンデッド・セオリー・アプローチ

この研究は，「死」を社会的な相互作用において生じる一連の過程として理解することを可能にした，画期的なものでありました。同時に，この研究は，現在，グラウンデッド・セオリー・アプローチという名で発展してきた，質的研究法の古典的著作でもあります。フィールドワークによって得られた複数の事例を継続比較し，そこから帰納的に一般的な概念を抽出し，それにもとづいた理論をつくっていく，という作業がなされています。複数の事例を比較することで，具体的にどの構造的な条件が失われることによって，どのように認識文脈が変化していくか，ということを理論化しているわけです。

もちろん，現在，末期告知が一般化しつつある社会においては，だいぶ状況が変わっています。また，どちらかといえば「死にゆくこと」への「気づき」のほうに重きが置かれていることもあって，「死」および「死にゆくこと」が，伝えることの難しい「悪い知らせ」として位置づけられており，それ自体がどのように可視化されているのか，どのように意味づけされているのか，といった問題について，多くのことが明らかにされているわけではありません。それでも，認識文脈の変化という理論枠組み自体は，その後の継続比較へ向けての視点を提供するものですし，末期告知をめぐる問題を社会学的に考えるための出発点を示したといえるでしょう。

病院でつくられる死

後続する研究として，「死」と「死につつあること」それ自体がどのように可視化されているのか，という問題に取り組んだのが，D. サドナウの『病院でつくられる死』という著作です。この研究は，**病院の社会構造**と**日常活動の**

エスノグラフィーを通して，「**死に関連した諸カテゴリー**」に，組織的基礎づけを与えていく人びとの実践を探求するものです。「死」や「死につつあること」は，病院スタッフの日常的仕事を通して，習慣化された相互行為のなかで構成されるものとみなされます。「死」や「死につつあること」は，どのように人びとに認識され，取り扱われ，その結果どのような成り行きになるのか，「死」と「死につつあること」という現象についての人びとの「定義」が問題にされています。そう考えるならば，「死」と「死につつあること」は，身体を検査したり，「患者」を入院させたり，退院させたりする方法や，身体を診た結果生ずる医療活動，さまざまな判断にかかわる考慮，無数の決定や管理にかかわる**実践**のことなのです。

病院でのフィールドワークが示しているのは，「死」をみてわかること，数え上げること自体が，それぞれの実践である，ということです。看護学生や新参の研修医は，自らの「死」に直面した「経験」を数え上げることによって，習熟していきますが，経験を積んだものは，むしろ「数えなくなっていく」ことによって，自らの習熟を示しています。管理部門のスタッフには，ほとんど「死」の情報が伝えられることはありません。医師や看護師は，より直接的に死体にであうのですが，それも彼／彼女たちが，どの部局に配属され，どのヒエラルキーに属しているか，によって変わってきます。

看護職であっても管理部門にいるのであれば，直接死体に直面する機会は減っていくわけです。病院にいる他の患者たちが，死をみるのは，スタッフが死体を移動させる方法や，そうしたことに制限を加える方法によってです。死体安置室の管理人は，特別な地位をしめていて，病棟などに移動するたびに，それまで「死」の発生を知らなかったスタッフや，それを一時的に忘れていたスタッフに，「死」の存在を想起させます。管理人自身は，自らの行為が「役割にはめられたもの」であると感じているようです。

死の定義づけ

「死」と「死につつあること」の理解が，人びとの**定義づけ**に依存している，ということを示す典型的な事例があります。「死につつあること」は，病気のカテゴリーとも，生物学的・身体的過程とも異なっています。「先生，私どこ

が悪いのですか？」という質問に対する答えとしては，疾患名は適切でも，「死につつあること」はそうではありません。むしろ，「死につつあること」は，本質的に予測のための用語として使われています。

　病院で看護師たちが，「見ただけで，死につつあるかどうかわかる」というのは，「ある期間内に死が起こるという可能性」を知っている，ということなのです。ある意味で，「人は誕生とともに死に向かっている」といういい方も，もちろんできるのですが，それは，人間は死すべき運命にあるという理解と結びついていて，「ある期間内に死が起こる」という時間の理解の仕方とは異なっています。

　「死を引き起こす病い」の発見が，つねに決定的な根拠であるわけでもありません。深いショック状態のまま救急センターに運び込まれた病人は，ショック状態の説明やその原因としてあげられる病気がなかったとしても「死につつある」とみなされるでしょう。その場合，病気は，死体解剖時に遡及的に発見されるかもしれません。

　あるいは，進行性動脈硬化症の85歳の老人は，それだけでは「死につつある人」とは必ずしもみなされていませんでした。サドナウがフィールドワークを行った郡立病院では，75％以上の患者が60歳を超えていて，単に「致命的な病い」にかかっているというだけでは，病院の職員にとって，「死につつあること」や「終末期の病い」というカテゴリーを特別な意味で使う根拠にならないのです。

　同じ「10年後に亡くなる可能性がある」ということだとしても，それが80歳を超える高齢者にいわれるのと，20歳の若者にいわれるのとでは，位置づけが異なるでしょう。前者では，「死につつある」という言葉が用いられず，後者では用いられるかもしれません。むしろ，「死につつある」という言葉を用いるということは，一人の人を一定の解釈枠組みのもとに置くことであり，当人だけでなく周囲の人びとにも将来に対するオリエンテーションを示すということなのです。

死に備える

　「死につつある」ということが重要な際立った過程になるのは，予想される

死をめぐって活動を組織し,「死に備える」方法を産出していくことによっています。つまり,病院という環境においては,死が今回の入院のあいだに起こりそうだと考えられる場合です。郡立病院においては,病気の過程で「死につつある」とみなされるとなったとき,患者の名前は,「危篤患者」リストに「登録」されることになります。そうすることで,面会時間以外の面会が許可され,スタッフに適切な対応の準備を促すことにもなります。さらに,「死につつある」患者に向けられる関心は段階的に減退し,一定の勤務時間帯内で死亡が予想されると,死者として取り扱う作業を開始する根拠が与えられたとみなされることになります。

したがって,細胞活動の停止という「生物学的な死」や「死の徴候」が現れる「臨床的な死」の前に,「社会的な死」が訪れる場合があります。そのはっきりした事例は,死亡に先立って検死の許可書が作成される際にみられます。検死を行うためには,近親者の許可を得なければなりませんが,その許可を事前に求めることがあるということです。もちろんこうした際立った事例は,検死がとくに望まれ,死につつあることへの近親者の理解が強くある,ごく限られた条件で成り立つものです。「社会的な死の処置」を行うのにも,適切なタイミングが必要だ,というわけです。

また,やはり郡立病院においても「告知」をどのように行うか,という問題がありました。とくに救急センターでの「到着時死亡」状況において,家族にどのように告知を行うか,という問題が考察されています。この場面にかかわるのは,救急センター配属の研修医かレジデント医,そして身内を失ったばかりの家族です。通常,救急車の到着後まもなく,連絡を受けた家族が到着するわけですが,医師はできるだけ早く死亡を告知すべきだと考えています。「到着時死亡」においては,医療介入は事実上ありえないのですが,死亡の発生にスタッフの責任があるととられることを気にしているのです。

ただし,人びとは,死亡宣告を産出する医学的検査を完璧に信用しており,その結果,医師が,ある人が亡くなったと告知することは,その事実をつくりだすことでもあります。その際,医師は,なんらかの方法によってその死亡を「死につつある」経過をたどった結果として示そうとします。たとえば,「調べたところ彼は心臓病を患っていたふしがあり,どうも今回の発作には耐えられ

なかったようです」といったふうに。これらの説明には，死亡原因につながる医学的に関連した過去のできごとへの言及が必ず含まれています。

　注目しておくべきなのは，医師が死亡を時間的経過に沿って伝えることが，「突然の死」のショックを和らげ，死の知らせを把握する助けになると考えられている，ということです。つまり，死亡理由の正しさ以上に，死亡というできごとを自然の成り行きや偶然のできごとのなかに位置づけることのできる継起的表現を与えていることが重要なわけです。このような実践をみていくなら，どのようにして「死」が「社会的事実」として成り立っているのかが，みえてきます。

人びとの方法論

　みてきたように，「死」と「死につつあること」という現象は，病院組織における日常の実践において，成し遂げられています。これらの実践に参加する人びとは，一連の過程で「死につつあること」を際立たせ，「死」を可視化し，分類していくための「人びとの方法論」を持っています。実践の参加者たちが用いている「人びとの方法論」を明らかにしていく研究には，「エスノメソドロジー（人びとの方法論）」という名前が与えられています。サドナウの研究は，エスノメソドロジーの最初期の著作に当たります。

　もちろん，1960年代のアメリカでの成果が，そのまま現在の日本でも同様にあてはまる，ということではありません。というよりもむしろ，病院や病棟が変われば，それぞれの場面において，固有の方法論があると考えるべきでしょう。ただし，それにもかかわらず，みてきたような「死」を可視化する実践は，私たちが「死」をどのように理解しているかについて，もう一度，想起させるものになっています。

　たとえば，「死」と「死につつあること」が時間的な秩序に埋め込まれたものであることに目を向けさせます。「死につつある」過程をいかに有意味なものとして組織し，「死」を「死につつある」経過をたどった結果としていかに位置づけるかといった問題は，「死」に直面する多様な場面で解かれているものでしょう。つまり，この研究は，「死」は（それと認識される最初の段階から）本質的に「社会的事実」である，ということを想起させるのです。

告知の社会学的研究

　グラウンデッド・セオリー・アプローチやエスノメソドロジーといったその後の質的調査方法論の最初の一歩が，「死」の問題を扱っているのは，象徴的なことです。人間は誰でも死ぬわけですが，それにもかかわらず，「死」が私たちの日常生活からみえにくくなっているのだとしたら，それをどのように可視化するのか，こうした問いに答えることによって，質的調査の方法論が深められてきたわけです。

　これらの研究は1960年代に始まったのですが，その後，末期告知が一般化していったことにより，告知そのものを社会学的に扱おうとする研究がなされるようになりました。同時に，録音・録画データを簡易に用いることができるようになるにつれて，実際に録音された会話データを用いて，「悪い知らせ」をいかに伝えるか，といった問題について，洗練された分析がなされるようになっています。

　こうした**会話分析**的研究は，『医療現場の会話分析』(Maynard 2003=2004) という著作において展開されています。こうした研究につらなるものとして，日本の救急医療における意思決定過程の会話分析的研究（川島 2014）を紹介しましょう。

　この研究は，日本で2006年から始められた救命救急センターでのフィールドワークにもとづくもので，取り上げられているのは，患者が来院時に心肺停止状態で，その際医療者から患者に対してなされた状況説明の会話データです。救命救急センターでの意思決定は，緊急の状況下で刻々と変わる患者の状況をふまえながら患者の代理として家族が参加し行われます。この事例においては，医師によって，物語のかたちで状況説明がなされています。次の項で，ごく簡略化して紹介しましょう。

救急医療における意思決定過程

　医師は，「あの，突然に，意識なくならられたことで」と過去の発症時のことを伝聞形で話し始め，「救急隊の方が駆けつけたときには」「心肺停止状態」「心臓マッサージ等しながらこちらにつれてきてくれた」と，時系列に沿って

Column ⑧ 相互行為秩序

　行為を理解することは，日常生活者としての私たちにとっての問題でもある，という考え方は，私たちが参加している相互行為それ自体を，社会学の重要な研究対象として位置づけることになりました。なかでも，都市生活者の作法を描いた E. ゴフマンは，人と人が居合わせることによって生じる相互行為に着目するだけでなく，そこから一歩踏み込んで，相互行為それ自体が，パーソナリティや社会構造に還元することのできない，一つの秩序として成り立っていることを強調しました。

　実際に私たちは，他の人と居合わせているとき，自分一人でいるのとは違うことをします。たとえば，エレベーターのような公共空間で，他者と居合わせているとき，私たちは，一定の距離をとるために自分の身体位置や視線の位置を管理するでしょう。視線の置き場として，階数表示のランプやスマートフォンの画面があるかもしれません。言葉を交していないような状況でも，私たちは，互いの行為をモニターし，互いの行為を調整しています。こうした他者と居合わせる際に，あえて最低限度の関心しか向けず，たがいに「市民」であることに配慮する技法を，ゴフマンは，「市民的無関心」と呼んでいます。第 5 章で紹介した「パッシング」もそうでしたが，ゴフマンは，さまざまな相互行為において，どのように自己を呈示し，他者と共在するのかについて，多くの啓発的な着想を残しました。

　相互行為それ自体が一つの社会秩序であるという考え方は，新しい研究対象を用意することになりました。相互行為秩序の研究を，共在する人びとの行いの「統語論的関係」の研究と位置づけたゴフマンの着想は，ゴフマン自身以上に徹底したかたちで，エスノメソドロジーに方向づけられた会話分析と呼ばれる分野において，展開されることになります。

　H. サックスらによって始められた会話分析は，会話を含めた相互行為がどのように秩序だって組織されているかを研究する分野として，社会学を越えて，人類学，言語学，教育学，認知科学などにわたって発展しました。ゴフマン自身による優れた「自然主義的観察」に依存していた発見的エピソードを，会話分析は，録音・録画されたデータを用いて，どのようにそれが成り立っているのか，その方法まで含めて，開かれた分析のもとに位置づけたのです。　（M）

説明をしています。「今は心臓マッサージをしながら」と物語を続けながら，今後の予想として，「このまま心臓が戻る可能性に関してなかなか難しいかとは思うんですが」と物語のクライマックス的な発話がなされます。そして，これを受けて逆説的に，「もう少し頑張ってみたいと思いますので」「またお声をかけますのでお待ちください」と続けられています。

ここでは，医師の物語によって，家族が患者の死を予想できるようになっていくため，「あ，まああまり無理なさらずに」「母のためにもと私も思っていますから」と家族からの自発的な意思表明が可能になっています。こうした逆説的な提案は，決定を先送りにすると同時に，治療が家族の意向に配慮したかたちで進められていることを強調し，こうしたことの繰り返しののち，納得したかたちで最終的な局面に移ることを可能にしているわけです。

こうした現在の日本における救命救急センターでの医師による状況説明をみていくと，医師は，「死につつある」経過を時間的経過に沿って示すことを行っており，その点に限っては，1960年代アメリカで行われた研究と共通していることがみてとれます。つまり，「死につつある」過程をいかに有意味なものとして組織し，「死」を「死につつある」経過をたどった結果としていかに位置づけるか，といった問いのヴァリエーションとして理解することができます。

もちろん，違いもあります。インフォームド・コンセントという考え方が一般的になった現在の研究をみれば，家族の納得のもとでの同意をどのように得るかを，強く志向したデザインのもとで説明がなされていることがわかります。これらの研究は，それぞれに「死」そのものが「社会的事実」であることを浮かび上がらせます。

死にゆく過程を生きる

他方で，告知の問題を，告知の場面だけに限定して考えることに批判的な論考もあります。『死にゆく過程を生きる』（田代 2016）という著作は，「死」と「死にゆくこと」の社会学を継承しながら，2000年代に入って日本においてもがんの末期告知が一般化された状況に応じて，「ポストオープン認識下」での死にゆく過程を考察しようとするものです。

この研究は,「患者が自らの死を認識し,そのうえでどう生きるか」という問いを,可能な限り当事者の視点からとらえようとしています。そこで主要なデータとして用いられているのは,在宅緩和ケアのフィールドワークで得られたものです。これまであげた研究がそうであったように,「死」と「死にゆくこと」の社会学の調査研究の多くが,病院やその他の施設によってなされてきたわけですが,それに対して,「生き方の問題」がより先鋭する場として,在宅というフィールドが選ばれているわけです。

　在宅で緩和ケアを受ける山崎さん（女性／70代）の語りは,告知後の「生き方」の選択がどのようになされているのかを示しています。インタビュー当時70代の女性である山崎さんは,「抗がん剤を打っても2年の命」とはっきり医師から告げられた経験を語っています。「治らないがん」を告知されたたのち,抗がん剤治療を行わない決定をして緩和ケアへとシフトしていくことになったという意味で,積極的な治療を「あきらめる」経験が語られているわけです。

　こうした意思決定を支えている背景として,「私,宗教やってますから」と語られる,仏教系の新興宗教への帰依があります。結婚後,夫との関係が悪化するなかで,親の信仰していた宗教に,再び帰依していった山崎さんは,同じ信仰を持つ医師の本を読みながら,死後の世界を「休息」と考える「自分の考え」を鍛えあげていきます。そして,「やるべきことをすべて終えた」という生を肯定する語りをなしています。

生を継承する

　しかし他方で,信仰を継がないといって出ていった息子について「本当は帰ってきて欲しい」と語り,夫に対しても「なんにもできないんだから」と気遣い,夫が協力してくれていたら抗がん剤治療もよかったかもしれない,と語っています。こうした一連の語りは,一人の人が多元的な自己を生きていることに加え,継承の問題があることを伺わせます。

　そのうえで,息子に「帰ってきて欲しい」理由を語り終えたあと,「いいほう」にいくからと,ふたたび生を肯定する語りがなされています。こうした継承の問題は,著者によって,当事者が「受け継がれるに足る生」を生きることを支援することとまとめられ,ポストオープン認識の時代,自分の死を予期し

ながら生きる時代の関心事になるだろうとの見取り図が示されています。

　なお，本書では主題的に取り上げませんでしたが，継承の問題は，むしろ「死別」経験について考える社会学のなかで論じられてきたことでもあります。死を身近なことと経験する機会としての「死別」において，遺された側が悲嘆のプロセスを重ねるなかで，故人との絆が継続されていくことは，遺された側がみた継承の問題に対する答えでもあるでしょう。こうした「死別」経験についての考察も，社会学には一定の蓄積があるのです（澤井・有末編 2015）。

4. おわりに

　本章では，「死」という特殊な対象を，どのように社会学が扱ってきたか，その基本的な考え方を紹介してきました。第2節で示したように，「自殺率」について考えるところから出発して，数値を使って社会問題を体系的に理解しようという考え方が展開されてきました。「自殺と宗派は関連している」という主張がなされるとき，そこでは，社会的属性と行為を関連づけて説明することが行われています。こうした因果推論と客観主義にもとづいた計量研究は，現在の社会学の方向性に大きく影響を与えています。

　また第3節で示したように，「死」と「死につつあること」をみえるようにしようとしてなされたフィールドワーク研究は，現在の質的研究法につながる古典となってきました。なかでも，「死」と「死につつあること」が時間的な秩序に埋め込まれたものであり，「死」そのものがそれと認識される最初の段階から本質的に「社会的事実」であるという考え方は，「社会生活の科学」（Sacks 1963=2013）としての社会学という考え方に裏づけられています。

　このようにして「死」は社会学の対象のなかに位置づけられてきたのです。

/ CHAPTER

第 **7** 章

科学・学問

1 はじめに

　本書の最後をかざるテーマとなる「科学・学問」は，これまでの章とは少し位置づけが異なり，全体のまとめとしての性格も持っています。本章では，社会学もまた一つの「科学」であること，同時に，「科学」を対象とすることもできること，これらのことの意義について，考えてみましょう。「科学」を対象とする「科学」という性格を持つ学問は，それほど多くはありません。そして，社会学は，こうした「自らが自らの研究対象にもなる」という問題に対して，真剣に考えてきました。「科学」としての社会学／「科学」を対象とする社会学，これが本書で最後に考えるテーマです。

「科学」としての社会学

　第2節では，「理論を実証的なデータで検証する」実証研究としての社会学の考え方を紹介します。とはいえ，こうした実証研究の考え方は，社会学のみならず近隣学問で広く共有されている考え方です。それでは，社会学ならではの特徴はどこにあるのでしょうか。一つには，理論をどのように構築するか，という問題があります。自然科学や経済学では，数理モデルを使って理論構築をすることが多いのですが，社会学においては，「それほど厳密ではないが理論上はそう説明できる」といった「緩い」理論のほうが多いのです。

　この「緩さ」は，こうした社会学の理論の多くが，日常生活における概念連関を参照しながらつくられている，ということによります。「都市化すると人間関係は薄くなる」という理論を検証するためには，日常生活でも多様に使われる「都市化」という概念が何を指しているのか，ある程度限定していく必要があります（操作的定義といいます）。第2節では，社会学が行っているこうした理論的な推論のあり方を，できるかぎり簡潔に紹介します。そのことによって，科学としての社会学の特徴の輪郭を示しましょう。

「科学」を対象とする社会学

それに対して，第 3 節では，社会学が「日常生活における概念連関を参照している」ことを受けて，この概念連関そのものに着目する考え方を紹介します。社会学においては，その対象となる人間の側が，自ら言葉を用いて記述を行っている，ということを必ず考慮しなければなりません。こうした事情は，社会学の対象特定の多様さによっても，強められています。第 4 章で示したように，「家族」という概念を定義すること，その難しさに直面したからこそ，私たちが日常的に使っている「家族」の概念に着目する必要があったわけです。

本章では，科学技術の領域を対象とする社会学について紹介しますが，こちらには，(「家族」のような常識的概念とは異なり)，科学的知識そのものが高度に専門的であるがゆえの難しさがあります。社会学は，科学的知識について，どこまで踏み込んで理解できたらよいのでしょうか。第 3 節では，「科学」と「社会」の関係をどのように扱うか，という古典的な問いから出発して，科学を対象とする社会学の質的調査研究を紹介します。そのうえで，「社会生活の科学」としての社会学という考え方の一端を示します。

 社会学における理論と実証

> KEYWORD
> 実証研究　観察対象　演繹的推論　「緩い」理論　都市化　人間関係　趣味　地縁　概念連関　人の移動　操作的定義　理論的推論　社会的ジレンマ　家父長制家族　性別分業社会　仮説　対抗仮説　数量データ　家事分担　ジェンダーの実践　高齢化依存率　記述的　介入

理論とは何か

社会学にかぎらず，**実証研究**というのは，基本的には「理論を実証的なデータで検証する」という作業だと考えられています。実際には，社会学の実証研

究では必ずしも「理論の検証」をしていないような研究もあるのですが，とりあえず「理論を実証的なデータで検証する」というのが標準的な実証研究のあり方だ，というのは社会学やその近隣学問で共有されている考え方です。

これだけではピンとこないかもしれませんので，もう少し丁寧に説明してみましょう。

先ほどの「理論を実証的なデータで検証する」という表現には，「理論」と「実証」という二つの概念が使われています。まずは「理論」についてお話ししましょう。「理論」とは，要するに「理屈」です。「実際はどうなんだろう」と思い，いきなり立ち上がって調べてみる前に，立ち止まって手元にある材料をもとにいろいろ思考をめぐらすことです。

理論的作業のやり方はさまざまです。自然科学や経済学では，数理的な「モデル」を使って理論構築を行うことが多いです。**観察対象**（星の運行，経済の動きなど）を数式で表現し，そのうえで「理屈ではこうなっているはずだ」という「予測」を導き出します。科学の世界では，「予測」は必ずしも未来のことについてでなくても構いません。場合によっては，過去の状態についての「予測」でも構いません。この場合，「理論的には過去こうなっていたはずだ」という予測を立てるわけです。科学における予測には，このように「実際に調べてみる前にどうなるか予想してみる」といった意味もあります。

数理モデルのみを使って理論構築を行う場合，その作業は必然的に「演繹」的推論になります。演繹とは，理屈のうえで否定できない推論，あるいはその積み重ねのことです。たとえば「人間はいずれ死ぬ（前提1）。太郎は人間だ（前提2）。したがって太郎はいずれ死ぬ（結論）」のように，前提が正しければ必ず結果も正しくなるのが厳密な意味での**演繹的推論**です。前提1も前提2も正しいのに結論が正しくない世界を私たちは考えることができません。

社会学における理論の「緩さ」

とはいえ，社会科学では，数理モデルを使った厳密な演繹的推論を行うこともありますが，「それほど厳密ではないが理論上はそう説明できる」というような理論も数多く存在します。とくに社会学では，むしろこのような**「緩い」理論**のほうが圧倒的に多いのです。

たとえば序章でも触れたとおり，都市社会学の分野では「**都市化にともなって人間関係は希薄化するのか**」という問いが取り組まれてきました。「都会の人間関係は田舎のそれに比べて冷淡だ」といったしばしば聞かれる人びとの考え方に対して，実際はどうなのかを知ることが研究の目的です。ここで，理論的には以下のようなことが予測できます。

　一つの予測は，「都市化すると人間関係は薄くなる」です。都市に住む人びと，とくに都市に移り住む人は基本的に会社に雇用された人であり，家族と職場での人間関係はあるものの，農作業などを媒介にした地域的なつながりを持ちません。また，会社や職場が変われば家族以外との交流もまた一からつくりなおしになります。このため，農村部に比べて全体的に薄い人間関係のもとで生活している，という理論的な予測が成り立ちます。

　しかし別の理論的予測もまた可能です。都市部の特徴は，人口が密集していることです。ということは，同じような興味関心を持つ人と出会ったり，交流の機会を持ったりする確率も高くなります。地区の人口が数百人のところで同じ鉄道趣味を持つ人がいる確率は高くはないでしょう。しかし百万人の都市で同じ**趣味**を持つ人がいる確率はもっと高いはずです。そうすると，趣味やライフスタイルを媒介とした人間関係が成り立ちやすい分，都市部のほうが人間関係が豊かだ，という予測が成り立ちます。**地縁**は自分の興味関心にもとづいたものではないため，趣味を介した人間関係のほうが好ましい，という考え方もできるでしょう。

　このように，頭のなかで考えるだけだと相反する予測（理論的結論）が出てくることがあります。厳密な演繹的推論だと，前提が同じならば引き出される結論も必ず同じになります。というより，それこそが演繹的推論の特徴なのです。しかし社会学の「緩い」理論的推論では，同じ前提（「都市化が進む」）から複数の結論（「人間関係が希薄化する／豊かになる」）が出てくることが普通です。

社会学理論と日常の概念連関

　なぜ，こういった理論の「緩さ」が生じるのでしょうか。それは，社会学の理論の多くが日常生活における**概念連関**を参照しながらつくられるからです。といってもわかりにくいでしょうから，例を示しましょう。

まず,「都市化→人間関係が希薄化」というつながりを強調する場合, 都市化という概念は「農村的・地域的なつながりがない」という考え方につながっています。都市では農村と違い, 人の移動も多く, 職住も近接していません。つまりお隣さんが（農村部よりも）頻繁に変わるし, そもそも一人暮らしのサラリーマンならば, 住んでいる場所で過ごす時間は短いものです。

これに対して,「都市化→人間関係が豊か」というつながりを強調する場合, 都市化という概念は「多くの人びとが集まる」という考え方につながっています。そのために,「同じ趣味を持つ人びとが集まりやすい→人間関係が豊か」という想定が可能になります。

要するに,「都市化」という概念が日常生活で多様に利用され, またいろいろな概念と結びついているために, 社会学で都市化についての理論を構築する際も, その「ゆらぎ」がなんらかのかたちで反映されてくるのです。

もちろん実証をする際には, 都市化という概念が何を指しているのかをもう少し限定したうえで「都市化と人間関係」の関係が検証されます。これを「**操作的定義**」と呼びます。たとえば「年代と政治参加の関係」について実証研究をする場合,「政治参加」をどのように理解しておくかをあらかじめ決めておく, という作業をします。「過去3年間で選挙に行ったか」「デモに行ったことがあるか」など, 私たちが「政治参加」という概念を結びつけている行動がいくつかありますから, そのうちどれをみるか（どれを操作的定義にするか）を決めておくのです。

このように概念を限定しておくことで, たしかに同じ「都市化」という変化から理論的に引き出しうる結論を狭めることができます。しかしそれでも, 演繹的推論ほど厳密なものではありません。先ほど「都市化」→「趣味的つながりの容易さ」→「人間関係の豊かさ」という理論を提示しましたが, たとえば,「趣味を介した人間関係は都市部よりも農村部のほうがつくりやすい」という理屈を立てることも可能です。たとえば, 都市部ではサラリーマンが多く, 趣味のための自由な時間をつくることが難しいが, 農村部では自営農家が多く, 趣味に多くの時間を費やすことが可能, といった理屈を考えることができるでしょう。これがもし事実なら, 都市化が趣味的な人間関係を豊かにするという理論は否定されるでしょう。

私たちは，日常の生活でもたまにこういった「緩い」理論的な推論を行うことがあります。なぜ通学で使っているこの鉄道路線ではいつも「人身事故」が多いのだろうと考え，その理由について（実際に調べるのではなく）頭のなかで考えをめぐらせ，ときに友人とその話題でおしゃべりすることもあるかもしれません。高校生ならば，「文系と理系のどちらが将来稼げるのかな」「大学に行く人の割合の男女差は小さくなっているのだろうか」といったことを気にする人が多いかもしれません。前者の問いについては，「文系だろう，なぜなら大企業のトップの経営者はたいてい文系出身のような気がするから」といった理論的推論がなされるかもしれません。そしてこれらの理論的推論は，理屈のみからは結論を得ることができない「緩い」理論です。ためしに，先ほどの理論とは逆に，「理系のほうが将来稼げるはずだ，なぜなら……」という理論を考えてみてください。想像力さえあれば，いくらでも理論をつくることができるはずです。

　もちろん，社会学での理論的な推論は，日常的な推論に比べればもう少し厳密になります。しかし自然科学や経済学の数式を使った理論的推論に比べれば，人びとの日常的な思考・推論に近いものが多いのです。

理論と現実の乖離

　先ほど，日常的に私たちは「**理論的推論**」を行うことがある，といいました。しかしそういった推論について「実際はどうか」を調べることは，ほとんどないでしょう。しかし厳密なものであろうがそうでなかろうが，現実は理論のとおりに動いているとはかぎりません。「いや，理論が緩いものではなく厳密で間違いなければ，現実もそのとおりに動いているはずだ」と考えたくなる人もいるかもしれません。しかし必ずしもそうではないのです。

　現実が厳密な理論どおりに動かない場合の理由にはいくつかのものがありますが，一つには，理論を構築するときに想定していた前提ではない，暗黙の前提がいくつも存在するからです。そうした暗黙の前提がすべて当てはまる場合にのみ，現実は理論どおりに動くのですが，実際には前提がそろわないために現実が理論的予想を裏切るのです。

　たとえば経済学には，「人びとが自分の経済的利益を最大化するように行動

すれば，結果的に社会全体の富は最大になる」という理論があります。しかしこの理論が妥当なものであるためには，「人びとが自分の経済的利益を最大化するように行動する」ということ以外にもさまざまな前提があります。

そうした前提に目を向けさせる例としてよく知られているのが，**社会的ジレンマ**です。ゴミの不法投棄などの環境破壊の例がしばしば引き合いに出されます。ゴミは，きちんと分別処理して決められた規則で（場合によっては料金を負担して）回収に出すことになっていますが，そういった労力やお金を負担したくない人は，人に隠れてゴミを決められた場所ではないところ（たとえば山林など）に投棄してしまいます。これが常態化してしまうと環境破壊が起こり，社会全体がその回復の費用を払うはめになります。

実は不法投棄は，個々人にとってみれば「経済的に合理的」な行動です。この合理的な行動の積み重ねが，ほうっておくと社会全体の損失になってしまうのです。このため，罰則つきの法律で人びとの行動を規制する必要が出てきます。この規制が，「社会全体の富が最大化」することの前提です。現代の経済学では，このような規制，あるいは政策介入の効果を理論化したり，その理論を実証したり，といった研究がさかんに行われています。

社会学の場合，そもそも理論が厳密に構築されることがあまりないので，「実際に調べてみなくてはわからない」ことが多くなります。したがって，実証を行う社会学では，経済学と比べて理論構築のパートよりも実証のパートに重きを置く傾向があります。そのため，社会学者は経済学者よりも実際の社会を調べること，つまり社会調査をさかんに行っています。理論的にゴリゴリと推論をする前に，「とりあえず社会がどうなっているのかをみてみよう」と考えるわけです。

理論と実際の「突き合わせ」

さて，そうはいっても，計量社会学のように標準的な方法を志向する傾向が強い（他の科学を模範とした）分野では，たとえ緩いものであっても理論を立てて，それを検証する，という作業が行われます。ここで，理論は調査の結果（データ）と突き合わされることになります（図7.1）。そして，実証の結果と矛盾しない場合に，その理論は「採用」されることになります。採用される前の

| CHART | 図 7.1　理論とデータの突き合わせ

理論 ⟶ 実証（突き合わせ）⟵ データ

理論を「仮説」と呼びます。「まだ立証されていない仮の理論」といった意味です。

　この「理論とデータの突き合わせ」の作業を，具体例を使って説明してみましょう。筆者は，第 4 章第 ② 節で触れた「ジェンダーによる配偶者選択の差」に注目して，論文を書いたことがあります (Tsutsui 2013)。そこでは，簡単にいえば「結婚する際に親が決定に介入するのを経験することが多いのは，男性か女性か」という問いを立てました。見合い結婚でも恋愛結婚でも，自分が結婚するときに親の意向というものは多かれ少なかれ気になるものだと思います。かつての明治・大正時代によくみられたような，配偶者選びから決定まですべて親が行う見合い結婚というのは今ではかなり少ないでしょうが，それでも親が決定に影響力を及ぼしてくることは珍しくはないかもしれません。

　論文では，この親の介入度合いが強かったのは男性（親にとっては息子）のほうだろうか，それとも女性（同じく娘）のほうだろうか，という問いを検討しました。結果的にデータで実証すると女性だったのですが，理論的には両方の仮説を構築できます。

　「男性において親の介入が強い」という仮説については，**家父長制家族**（父・男性が権力を持つ家族）では，親にとってみれば息子の配偶者（「嫁」）は「家」に入ってくる新メンバーであり，その人が「ちゃんとしている」人かどうかが気になるために，結婚に介入する，という理論を考えることができます。いわば，社長にあたる父が，新入社員（結婚相手）候補である女性の採用を取り仕切るのです。

　反対に，「女性において親の介入が強い」という仮説についても理屈を考えることができます。日本のような**性別分業社会**（男が働いて収入を得，女性が家庭の責任を持つ体制）では，女性（娘）の幸せは結婚相手の候補である男性の稼ぎ能力にかかっており，子どもの幸せを願う親は自分の娘が「ちゃんとした人」を選んでいるかどうかが気になるはずだ，という理論です。

　実証研究では，このように相反する二つの説がある場合，それぞれを「仮

説」と「対抗仮説」というかたちで提示することがあります。「A 説と B 説がある，さあどちらが正しいか，みてみよう」というわけですね。このような反対の理論構築は，日常生活でも科学の世界でもしばしばみることができます。「タバコを吸うと寿命が縮む」という説に対して，どうしてもタバコをやめたくない人は「タバコをやめると精神的ストレスがたまって結果的に早死にする」「タバコをやめると必要以上に食べるようになるので，メタボになって生活習慣病で早死にする」といった理論（？）を対抗的に立ててくるかもしれません。あまり屁理屈になりすぎないものであれば，対抗仮説の構築は社会学者だけでなく科学者ならしばしば行うことです。

棄却された仮説は「間違っている」わけではない

　さて，計量社会学では，仮説が採用されるかどうかは**数量データ**で決着をつけることになります。上記の結婚の例だと，なんらかの方法で「結婚の決断をしたときの親の意向の影響」の強さを測ります（筆者の論文では，いわゆるアンケート調査のデータを使いました）。そのうえで，その影響の強さが男女どちらで大きいのかを分析するわけです。結果は，日本では女性のほうが結婚時の親の介入は強いというものでした。家父長制的な「家」の考え方よりも，性別分業社会における女性の男性依存が強く人びとの意識に反映していたと解釈することができそうです。

　ここで気をつけるべきは，ある仮説が支持されない，つまり「棄却された」とき，棄却された仮説がつねに，いかなる場合も「間違っている」わけではない，ということです。結婚の例だと，調査の回答者のなかには，「結婚時に親の強い介入があった」と回答している男性もたくさん含まれています。男性ならば例外なく親の介入がなく，女性ならば例外なくそれがある，というわけではありません。数量データによって仮説を検証するときは，あくまで「平均的な傾向」をみているにすぎません。

　別の例を出してみましょう。日本では，男女のあいだに大きな収入格差があることがよく知られています。しかし実際には並の男性よりもずっと高い収入を得ている女性はたくさんいます。このことと，調査データの分析の結果「収入には男女格差がある（男性のほうが収入が多い）」という結論を導き出すこと

は，まったく矛盾しません。

　したがって，社会学者が実際に調査結果から「男女のあいだには収入格差がある」という主張をしたとき，「いや，自分の周りには並の男性よりもずっと稼いでいる女性はいる」という反論をしても，社会学者としては「それはそのとおりでしょう」というしかないわけです。ところが，反論をする人が「自分の周りには並の男性よりもずっと稼いでいる女性はたくさんいるから，社会学者の結論は間違っている」と主張するならば，社会学者は「いえ，そうではありません」というでしょう。できるだけ偏りなく調査対象者を選ぶという手続きを経て得られたデータと，そういった手続きをしないで自分の生活環境から導かれた「データ」で，結果が異なるのは当たり前です。先ほどの命題（「男女のあいだには収入格差がある」）は，特定の人の周囲の人びとについての命題ではなく，典型的には日本全体の平均についての命題ですから，どちらの結果が妥当であるのかは自明です。

　話を戻します。計量社会学がみているのはたいていの場合平均的な傾向ですから，仮説が当てはまらないようなケースが一定数存在することは排除しないわけです。さらにいえば，採用されなかった仮説の理屈が間違っている，ということにもなりません。結婚の研究では「男性のほうが親の介入を受ける，なぜなら親は〈家〉に入る配偶者候補について気にかけるからだ」という対抗仮説を立てましたが，結果的にこの仮説は採用されませんでした。しかし実際には親の介入を強く受けた男性はある程度存在していますし，そのなかには上記のような理由があてはまる人も一定数いるでしょう。

　つまり，ある理論仮説が実証の結果，採用されないということは，必ずしもその理論が内包する理屈が正しくないとか，すべての場合に当てはまらないということを意味しているわけではない，ということです。したがって，条件を変えて検証すれば「男性説」が採用される可能性も十分に考えられます。たとえば，「家」についての規範が強く，息子の配偶者が両親と同居して家業に貢献することを求められるような時代であれば，また違った結果が出ていたかもしれません。

データからの意外な発見

　繰り返しになりますが，社会学でもその他の学問分野でも，通常の実証研究においては，先に理論的作業を行い，仮説を立て，それをデータで検証することになります。しかし，実際にやってみると，思うようにいかないことも多いのです。

　ここで「思うようにいかない」というのは，データによって仮説が支持されない，ということです。例をあげましょう。家族社会学では，夫婦のあいだでの**家事分担**の研究がさかんです。家事分担の基本的な理論は，「夫婦のうち，時間があるほうが家事を多く負担する」「夫婦のうち，お金を稼いでいないほうが家事を多く負担する」というものです。この理論は，多くの国では平均的傾向としてはデータによって支持されています。

　しかし，必ずしもこの理論があてはまらないケースもあります。たとえば，妻のほうが夫よりもたくさん稼いでいる家庭では，理論どおりであれば夫のほうが多く家事を負担するはずです。しかしアメリカの実証研究によれば，男性についてはむしろ逆で，経済的に妻に依存している男性のほうが家事をしていない傾向が調査データによって観察されたのです。

　ここで研究者が遭遇しているのは，データ分析の結果が仮説を支持しないどころか，仮説と逆の結果が出てきてしまったという事態です。この場合，研究者がまず行うべきは，データの収集方法や分析手順に間違いがないのかをしっかりと確認することです。しかし，それでも仮説とデータが一致しない場合はどうしたらいいのでしょうか。

　実は，「思うようにいかない」局面にこそ意外な発見が隠れていることがあります。上の例では，ある研究者は次のような代替仮説を立て，実証をしました（Brines 1994）。夫が妻に経済的に依存している場合，男性は稼ぎによって「男性らしさ」を誇示することができません。だから夫は，「家事をしない」ことで男女の役割が完全に逆転することを拒否していた，というのです。要するに，見栄を張っていたわけです。

　家事分担における以上のような説明は，「**doing gender（ジェンダーの実践）**」理論と呼ばれており，家事分担のみならず幅広い応用研究のなかで使用される

枠組みとなっています。このように，新たな理論あるいは理論体系が，当初の仮説をデータが支持しないという「行きづまり」から生まれることもあります。ですから，仮説どおりのデータが得られないときこそが，理論的なブレイクスルーの一つのチャンスなのかもしれません。

計量研究の二つのアプローチ

これまで，計量社会学における実証（理論の検証）のプロセスを概観してきました。理論と実証のプロセスは，計量社会学が他の分野の学問と共有するものです。「推論によって理論を構築し，データでそれを検証する」という作業はきわめて多くの学問分野で実践されている知的作業の枠組みであるといえます。

そのうえで，計量社会学で取り扱われる理論は，自然科学や経済学などの他の学問よりも日常的推論に近く，概念的に「緩い」傾向がある，ということにも触れました。実はこのほかにも計量社会学の特徴といえる傾向があります。それは，「因果推論にあまりこだわらない」ということです。

第5章では，医療を題材に因果推論の考え方について紹介しました。因果推論は科学のさまざまな分野の共通言語になっていますから，その考え方をきちんと理解しておくことは重要です。もちろん計量社会学でも因果推論が行われることはよくあります。そのうえで，計量社会学は因果推論ではないことを，数量データを使って行うことが多い分野でもあります。

計量社会学の一つの特徴は，他の社会との比較や他の時代との比較を，データを使って行うことが多い点にあります。たとえば図7.2は，**高齢化依存率**（15〜64歳の労働力人口に比べて65歳以上の高齢者人口がどれくらいいるか）のデータです。

上段のグラフは，国際比較データです。2014年の日本の高齢依存率は41.9％で，15〜64歳の100人に対して約42人の65歳以上の人たちがいる，ということです。国際的に日本の高齢化の深刻さがわかるデータになっています。

これに対して下段のグラフは，日本一国における高齢依存率の推移を示したものです。日本が以前から高齢社会というわけではなく，急激な高齢化を経験

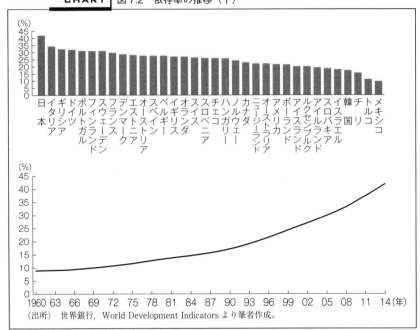

図 7.2 高齢化依存率（2014 年）の国際比較（上）と日本の高齢化依存率の推移（下）

（出所）世界銀行，World Development Indicators より筆者作成。

してきたのだ，ということがわかります。

　こういった統計の示し方は「記述的」なものですが，もちろんこのようなグラフを描いた後で，因果推論につなげることもよくあります。「何が国ごとの差をもたらしているのか」「何がこの変化をもたらしたのか」といった問いを追究するわけです。しかし計量社会学では，ここから厳密な因果推論に移行することをせず，全体的な「社会の特徴」や「社会の変化」を把握することを目的とすることも多いのです。

　第 5 章第 2 節で説明しましたが，統計的因果推論というのはどういう手続きだったのかを思い出してください。それは，二つの均質なグループの片方になんらかの「介入」を行い，結果の差をその介入の因果効果として理解する，というものでした。しかるに，この「均質な二つのグループ」が現実に存在することはほとんどありません。存在しないからこそ，因果推論を行おうとする研究者は無作為化といった手続きによって人為的にそのグループをつくりだそうとするのです。この意味では，統計的因果推論はやはりそのままでは「社会を記述」するものではありません。

家族社会学は，統計データから「戦後に女性が専業主婦化した」という知見を導き出しました（落合 2004）。この「発見」は，「専業主婦家庭こそが日本の伝統的な家族の姿だ」という考えをしている一部の人びとに対して，科学的により妥当な知識を提供するものでした。しかしこの知見は，少なくともこの段階ではまったく因果推論を含んでいません。ですが，大きなインパクトを持った科学的知見です。このように計量社会学は，社会の全体的な姿を数量データを用いて描き出すことで，より妥当な社会の理解を促そうとするものです。そのためには，必ずしも因果推論は必須ではありません。

　もう一つは，「介入」の概念にかかわることです。第**2**章で触れた，産業化と高学歴化（教育年数の高まり）の関係にもう一度立ち戻りましょう。計量社会学は社会の全体的な流れを数量データで描こうとするとき，「緩やかに」因果関係を想定することがあります。「高学歴化が産業化もたらす」といった記述がそれにあたります。ここでは「高学歴化」が原因で「産業化」が結果です。

　ところが，この因果関係を統計的因果推論の厳密な枠組みで検証するのはほぼ不可能なのです。一つには，「二つの均質な社会」を準備することが難しいということがあります。しかし現代の統計学では，数量的な操作によって仮想的に均質な状態をつくりだすテクニックが開発されていますから，これは実はあまり本質的な問題ではありません。

社会に介入することと社会を理解すること

　統計的因果推論は「二つの均質なグループを準備し，その片方にのみ介入を行う」というものでしたが，より深刻な問題はこの「介入」にあります。というのは，「高学歴化」は概念的に非常に広いつながりを持つものですから，あまりその意味合いを狭めてしまうと，今度は現実の社会をその概念で説明する際にリアリティを失ってしまうのです。

　因果推論の枠組みだと，産業が未発達の国（たとえばアフリカ諸国）に「高学歴化」をもたらしたとき，その国は産業化するかどうかをみることになります。しかし，純粋に他の状態を一定にして政府が「高学歴化」という介入のみを行うということは，現実にはほぼありえませんし，ましてや科学者がそういった実験を行うことも（政治的，経済的に）不可能です。「多くの人が高校や大学に

進学して専門的知識を学ぶようになる」ということは，国の財政状態，官僚的組織の成熟度，民主化の程度，国民の教育に対する態度などの他の状態と密接に絡み合いながら徐々に進行する変化であり，したがってそれらと切り離すことが難しいものです。

　統計学的に因果推論を行うときには，考えられる他の諸要素と「高学歴化」を切り離すことで，「高学歴化」の影響を取り出そうとするのですが，そうした操作が現実に可能かどうかはかなり微妙な問題なのです。現実に可能でないのならば，因果推論の結果得られた知識を現実に活かすこともまた難しくなります。

　こういった理由から，計量社会学は社会の全体的な姿や変化を数量的にとらえようとするとき，できるだけ「不自然」な操作を行うことなく（したがって因果推論にはあまりこだわらず），社会の姿をデータによって「写し取ろう」とするわけです。

　計量社会学にこのような特性があることを理解しておくことには，一定の意義があります。というのは，知りたいこと（問い）に対応した数量的技法というものがあるからです。因果を知りたいのなら，記述的な統計で満足するわけにはいきません。しかし社会の全体的な様子をデータによって記述したいのならば，統計的因果推論の（しばしば高度で難解な）知識を追究する必要はないのです。それに，（困ったことにしばしば実際にあるのですが）知りたいことの内容に合っていない方法を無理に使っている研究もあります。

　イギリスの計量社会学者 J. ゴールドソープは，社会学が行う計量研究は必ずしも統計的因果推論である必要はなく，記述的なものでもよい場合がある，と論じています（Goldthorpe 2016）。いずれにしろ，ある統計的な手法が，どういう問いに対応しているのかをある程度引いた目線から理解しておくことは，統計分析を学ぶ側にとっても，また教える側にとっても大事なことなのです。

3 科学と社会はどのような関係にあるのか

> **KEYWORD**
> 社会の記述　科学的知識　専門性　科学社会学　科学者集団　自律性　科学的知識の社会学　社会的条件　相対主義　相互作用の過程　公害問題・環境問題の研究　被害者運動　実験室のエスノグラフィー　アクター・ネットワーク・セオリー　構築主義　社会生活の科学

常識的概念に着目する

　本書では一貫して，社会学がどのように**社会の記述**を行っていくのか，その基本的な考え方を示してきました。こうした方法論について考えるとき，必ず考慮しなければならないのは，その対象となる人間の側が，自ら言葉を用いて記述を行っている，ということです。

　たとえば第 4 章で示したように，家族社会学の領域では，「家族」という概念をどのように定義するか，その難しさに直面したからこそ，私たちが日常的に使っている「家族」の概念に着目してきました。社会学が，私たちの社会の記述を行う学問であるかぎり，どこかで，こうした日常的概念とのつながりを持っている必要があります。第 2 節でみたような操作的定義によって問いを解消することが難しい場合にはとくに，私たちの常識的な概念の用法そのものに関心が向けられることになります。

　また，第 6 章でも，デュルケムが『自殺論』によって切り開いた客観主義的な考え方とは違った方向で，私たちが「死」を分類して，位置づける方法そのものに着目していく考え方を示しました。このように，社会学の問いは，人びとの側が用いている概念にかかわる，という側面があります。この点は，物理学のような自然科学とは，大きく事情が異なるでしょう。

社会学の対象の多様さ

また，こうした事情は，社会学が議論する対象の多様さによっても，強められています。たとえば，同じ社会科学でも，法学なら「法」，経済学なら「市場」といった，比較的はっきりとした対象があります。それに対して，社会学の対象は「社会」である，としたとしても，では，その「社会」ってなんだろう，ということになり，これ自体が社会学にとって難しい問いの一つです。本書でも，すでに，「出生」「教育」「労働」「家族」「病い・老い」「死」のように，さまざまな領域を扱ってきました。

標準化された計量的方法を用いる際には，数量データを用いていく方法自体には，緩やかな共通性があるといえるかもしれません。それに対して，そもそも「家族」とは，「病い」とは，といった概念的な問題を考える必要性が増すにつれて，それぞれの対象領域の事情にあわせて，そこで用いられている概念について，考えざるをえなくなります。第3章でみた「教育」の例のように，具体的に「教育」や「学習」とはどのようなことなのかを，考える必要があるならば，教育学の考え方も含めて，学校などの場で行われている実践に着目していく必要があります。

また，第5章における「医療」の例のように，一方で，統計学的な疫学研究が，社会疫学として，医療のなかの社会学に接近し，他方で，医療を対象とする社会学のほうが臨床現場へと接近していく，そうした状況もあります。こうした人びとが用いる概念に着目していく必要のあるところで，質的調査研究が果たしてきた意義についても明らかにしてきました。

科学技術における専門的概念

科学技術の領域を対象にする社会学の場合には，こうした問題は，いっそう鋭く問題になります。一つには，**科学的知識**そのものの難しさがあります。たとえば，3.11の東日本大震災と福島第一原子力発電所の事故は，新しく生活のなかに入り込んでくる**専門性**の高い科学的知識とどのように折り合いをつけていくかという問題を，みえやすいかたちで市民に突きつけることになりました。それまでまったく聞いたこともなかった放射線量の単位について，その問

題に直面する人も，その問題を社会学的に扱おうとする人も，ある程度，習熟していくことが迫られます。

ただし，こうした科学的知識はそれ自体難しく，どこまで踏み込んで理解したらよいのか判断しにくい，という問題がでてきます。逆に，科学的知識そのものよりも，それを支える社会や，その社会への影響について考える，ということにしたらどうでしょうか。その場合，科学については，ブラックボックスのままに置かれたことになるのでしょうか。それを認めたとしても，ここでの「社会」とは具体的に何を指しているのか，という問題は残るでしょう。実は，このように「科学」と「社会」の関係を考える，という問いは，社会学においては，すでに何度も問われてきたものなのです。

「科学」と「社会」という問い

そもそも，「科学」と「社会」の関係を扱うという観点は，**科学社会学**の創始者といわれるR. K. マートンまで遡ることができます。もちろん，「科学」もまた，私たちの社会の一部です。その全体社会の下位分類として，「科学」は，実験や調査を行い新しい知見をつくる一つの社会制度として考えることができます。マートン自身の研究としては，一つの社会制度としての**科学者集団**が持っている規範についての研究が有名です。たとえば，科学の業績は，科学者個人の属性や身分と切り離して評価されなければならない，という普遍主義は，現在でも科学者集団に共有されている考え方でしょう。

実際に，科学者集団において業績が否定されているのに，科学者自身がメディアを通じて自説を訴えるということを，（驚くことに）現在でも目にすることがあります。その人の人格を理由に（たとえば「一生懸命だから」といって）その説を擁護することは，研究者には難しいでしょう。普遍主義のほかにも，科学的知識は誰にでも利用できるべきであり（公有主義），研究には私的な利害を持ち込むべきではなく（無私性），客観的な批判や吟味にさらされているべき（系統的懐疑），といった規範があげられています。こうした規範は，「科学」が，その外側，たとえば特定の政治的立場などに依存することなく，**自律性**を保つことを支えるものなのです（Merton 1949=1961）。

科学的知識の社会学

こうした科学者集団についての研究においては，科学的知識そのものがトピックになることはありません。それに対して，科学的知識そのものと「社会」の関係を扱おうとする考え方に，「**科学的知識の社会学**」(Bloor 1976=1985) があります。こうした研究は，科学的知識を社会的条件のほうから説明していこうとするという特徴があります。科学的知識のなかには，現在，正しいとされている知識に対して，その当時は対立する説として有力だったものがあります。その双方について，科学的知識を生み出す社会的条件や利害関心のほうから因果的に説明しようと考えるわけです（因果性，不偏性，対称性）。

たとえば，『リヴァイアサンと空気ポンプ』(Shapin and Schaffer 1985=2016) という魅力的なタイトルの書物においては，現在，実験科学の祖とみなされるR. ボイルによる空気ポンプを用いた真空を生み出す実験について検討されています。現在の自然科学において実験は標準的な方法になっていますが，1660年代の当時，あたり前の方法ではありませんでした。『リヴァイアサン』という著書を残した政治哲学者として有名なT. ホッブズは，当時，空気ポンプの実験を強力に批判していました。S. シェイピンとS. シャッファーは，双方に対して，どちらも社会的条件や利害関心のほうから因果的に説明しようと試みています。内戦の経験を経た王政復古期という社会的条件のもとでは，実験科学派とその批判派の双方にとって，科学的知識の産出への問いは，安定した社会秩序をめぐる問いでもあったわけです。

この場合，科学的知識を生み出す条件や利害関心のほうが「原因」で，科学的知識のほうが「結果」ということになります。ただし，ここでの因果性は，あくまで信念や知識に影響を与える条件や利害関心に目を向けさせるための言葉で，第 2 節でみたような統計的因果推論をみたすようなものではないので，注意が必要です。こうした因果説明をめぐる議論には深くは立ち入らず，むしろここで打ち出された「科学」と「社会」という問いがどのような調査研究を可能にしてきたのかについて，考えていきたいと思います。

科学と社会の相互作用

「科学」と「社会」という考え方は，歴史的資料や関係者へのインタビューをもとにして，科学的知識の生産や使用を明らかにしようとする，経験的な研究を生み出しました。こうした考え方は，科学的知識の内容が**社会的条件**によって決まっていることを強調するために，しばしば科学の客観性を否定する極端な**相対主義**を打ち出しているものとしても読まれてきた経緯があります。

念のために，注意しておきたいのは，一般的にいって，なんらかの科学技術が特定の社会的条件のもとでつくられてきたからといって，それがただちに客観的ではないとか，政治的であるといったことにはなりません。たとえば，本書でもたびたび取り上げてきた統計学についても，それが発展していった社会的条件として人間を数量化して介入していく優生学的な考え方があったことは繰り返し指摘されてきました。統計学がこうした特定の条件のもとで発展してきたことと，それが現在において標準的な科学の方法になっていることは，基本的には別の水準のことがらです。当然のことですが，優生学に反対するからといって，統計学を使わない理由にはならないのです。

そもそも科学的知識はどこまで客観的なのかといった，哲学的な議論もあります。とはいえ最低限，科学的知識は，なんらかの意味で，社会から影響を受けるだろうし，逆に社会に影響を与えるだろう，ということだけ押さえておけば，歴史的資料やインタビューをもとにして「科学」と「社会」の関係を考える経験的研究は，そうした哲学的議論とはさしあたり独立に読むことができます。ここでは，科学と社会が互いに影響を与えあう**相互作用の過程**に注目してなされた経験的研究をみていくことによって，「科学」と「社会」という考え方のもとで，どのような研究が可能になるのか，その内実をみていきましょう。

公害問題を事例として

科学と社会が互いに影響を与えあう相互作用の過程に注目してなされた研究として，公害であるイタイイタイ病問題についての研究をみてみましょう（立石 2011）。この研究によると，イタイイタイ病の場合，その原因究明などにあたって何回かの科学者への研究の委託がなされたこともあり，科学と社会の関

係を考えるのに示唆的な事例として位置づけられています。そしてこの研究において特徴的なのは，公害問題の解決へ向けて，科学の自律性をどのように活用していくか，という論点が提出されていることです。この事例分析では，包括的な歴史的資料，たとえばそのときどきの研究班や委員会の報告書や名簿，新聞報道や雑誌記事，関連論文数の集計，国会答弁の記録，関係者へのインタビューなどを総動員しながら，議論が進められていきます。少しその概要をみてみましょう。

　イタイイタイ病は，富山県神通川流域で発生した公害病で，1920年代ころから発生していたとされています。1930年代後半以降，社会の側から科学者に対して研究を要請する動きが何回かあったにもかかわらず，すぐに研究がさかんになることはありませんでした。その要因としては，当時まだ未解明の疾患（奇病）も多くあり，そのなかではとくに目立つ存在でもなかったことや，病像が不明確であり，どの分野に属する疾患なのか，はっきりしなかったことが，あげられます。

　1955年に河野稔がリューマチ調査のために訪れ，原因不明の骨疾患があると発表したことで社会問題となり，その調査は地元紙で大きく取り上げられ，行政も対応に動くことになります。リューマチという異なる病気の研究のなかで，偶然的要因もあって，イタイイタイ病に光が当てられることになったのです。県内の医者への行政委託がなされ，学術的な研究課題として成立し，被害者たちの活動もあまりないまま，臨床研究が自律的に進展しました。こうした研究は，イタイイタイ病の臨床的な特徴は明らかにしましたが，公害としての原因究明にはなかなかつながりませんでした。

科学研究の自律性

　それに対して，多くの患者がかかりつけにしていた荻野病院の荻野昇は，存在を世間に訴え，問題を解決しようという社会動機を持っており，1957年ころから，公害ではないかと疑って，自主研究を始めました。そこに農学者の吉岡金市と分析化学者の小林純が共同研究者となって，疫学的検討を行い，水質を分析して裏づけることとで，鉱害説，つまりカドミウム説が一定の根拠を得ていくことになります。荻野と小林は，1961年5月13日に，富山県知事と面

会し，原因は神岡鉱山の鉱毒ではないかと報告し，その内容は，翌日の地元紙に大きく掲載されました。この発表の社会的影響として，行政は対策を迫られることになり，12月に地方特殊病対策委員会が設置され，金沢大学医学部が本格的に研究参加するようになりました。この委員会には，「全く白紙にかえって」(『北日本新聞』12月13日朝刊)研究するという富山県の方針により，荻野らは加えられませんでした。

当時，富山県は，研究推進に対して消極的であり，この対策委の設置は，専門家に任せておけば安心という雰囲気のもと，盛り上がりつつあった世論を沈静化させる役割も果たしました。他方，金沢大学の研究者たちは委託の範囲を越えて，文部省と厚生省の研究費を獲得し，以前から研究を行っていたメンバーや神岡鉱業所病院副院長まで含めた「合同研究班」をつくり，自律的に研究を推進していくことになります。

『日本公衆衛生雑誌』に掲載された論文のうち環境問題関連の論文の割合からは，1960年台に**公害問題・環境問題の研究**が評価される状況が成立するようになったことが読み取れます。委託という社会的要請によって携わることになった研究者の一部は，研究業績を産出するという科学内在的な動機から委託の範囲を越えて自主的に研究を進めるようになったわけです。

研究成果のとりまとめ

こうした研究は1966年まで続けられ，合同研究班としての結論がとりまとめられて公表されます。この結論は「カドミウム＋a」説と呼ばれ，カドミウムをおもな要因と認めながらも，それ以外の要素の存在を強調している点や，神岡鉱山との関係を明記していない点に，批判もありました。この結論は，その後の社会的な動きのきっかけとなります。革新諸派が積極的に取り上げるようになり，対策委員会の解散を受けた地区住民は，対策協議会を設立し，患者家族を組織し，患者団体をつくっていきました。**被害者運動**が1966年になってようやく本格化したわけです。

1960年代の公害問題への関心のもとで，イタイイタイ病が全国的な注目を集めるようになったのは，参議院議員の矢追秀彦が，小林や荻野から聞いた情報をもとに，1967年5月26日に行った，国会質問がきっかけでした。6月9

日の質疑でもう一度取り上げられるあいだに、世論の盛り上がりにも助けられて、厚生省はイタイイタイ病と神岡鉱山の関係を明らかにするよう迫られ、原因研究班を組織することになります。この研究においては、5月26日の時点にはあげられなかった課題、すなわち、カドミウムが神岡鉱山に由来するかどうかが探求されることになります。

　原因研究班の活動中、行政は対策の準備を進めており、調査結果をもとに、1968年1月1日になってようやく、患者治療費の公費負担が開始されました。つまり、原因研究班は、知見蓄積だけでなく、世論を抑え、対策の時間的猶予を確保するという側面も持っていたのです。こうした「確定調査」においては、普遍的な知見蓄積に寄与する部分が少ないため、科学研究としてはあまり高く評価されないので、委託後にも研究を進めるような自律的な進展にはつながりにくいです。

　同年3月に研究班の結論がとりまとめられると、世論の下支えのもとで、5月には公式見解が出され、主因が鉱山排水中のカドミウムであることが行政的に確定しました。これ以降の研究は、裁判などに備えて事実関係を確定するといった側面が増え、実際に裁判の段階に入ると、科学研究は政治的文脈で解釈されるようになっていきます。このような状況では、政治的立場に与さないまま調査を進めることは難しくなっていきます。

歴史的資料にもとづく経験的研究

　この事例研究においては、研究成果のとりまとめ・公表が世論に影響を与え、世論の盛り上がりが次の研究委託を引き出し、それが研究者の動機を組みなおす、といった相互作用が明らかにされています。科学研究と世論とが、とりまとめと研究委託を介して増幅されることで、公害対策は進んできたわけです。

　この事例研究は、科学と社会の相互作用という観点から、つまり、社会の一部分である科学が社会全体のなかでどのように規定されているのかという観点から、進められたものですが、その結果として、その相互作用の過程の特定の局面において、行政からの委託といった社会動機の範囲を越えて、科学研究が強く自律的に進展することが示されています。

　その意味で、マートンの研究では科学者の規範として考えられていた自律性

が，具体的にどのような条件がそろったら成り立ちうるのかについての，歴史的資料にもとづいた分析になっています。この結果から，科学の自律性を活用できる制度づくりへ，という指針が導きだされます。以上のように，科学と社会の相互作用という考え方は，歴史的資料などにもとづいて科学的知識の生産や使用を明らかにしようとする，経験的な研究を生み出してきたのです。

実験室のエスノグラフィー

　科学について社会学的研究を行うにあたって，科学的知識を社会的条件から説明する，という方向性をとらない考え方もあります。科学的知識がどのようにつくられるのか，という問いを突きつめて考えた研究者たちは，実際に，科学的知識を産出する場，つまり，実験室に赴いて調査を行う，という方向性をとりました。つまり，科学研究の現場でフィールドワークを行い，関係者にインタビューを行う，といった方法を用いることで，科学的知識が産出されるしくみを明らかにしようとしたわけです。そうした**実験室のエスノグラフィー**として**アクター・ネットワーク・セオリー**という考え方に発展していくB.ラトゥールとS.ウルガーによる『ラボラトリー・ライフ』(Latour and Woolgar 1979=2021)とM.リンチらのエスノメソドロジー研究があります（Lynch 1993=2012）。

　『ラボラトリー・ライフ』においては，科学的事実は，あらかじめ発見されるのを待っている自然の事実だとは考えられていません。むしろ，科学者たちが，どのように研究の結果を事実としていくのか，という点に注意が向けられています。科学者たちは，先行研究を読み，論文を書くという，文書を用いた活動に従事しています。実験室でなされている活動も，その後いかに論文を書くか，という点から組織されています。そのままでは無秩序な状態が，図やダイアグラムへと置き換えられ，文書へと改変されていくことにより，科学的事実になっていくわけです。こうした考え方のもとで，典型的には，自然科学者が発見したTRF（甲状腺刺激ホルモン放出因子）について，「徹頭徹尾社会的構成物である」といった主張がなされることなります。

　こうした考え方は，科学的事実が社会的に構築されることを強調するために，科学的事実の実在を否定する反実在論としても読まれてきた経緯があります。また，そのように読まれうる科学論に対しては，科学者の側からも，批判的な

声があがることもあります。ただし，一般的にいって，なんらかの科学的事実が社会的に構築されるからといって，それが存在しないということにはなりません。ここでも，科学的対象はそもそも実在するのかといった議論に踏み込むことなく，研究の特徴を理解しておきましょう。

こうした研究は，実験用の物質や，実験機器，方程式，先行研究，研究組織，研究費など，実験室内外のさまざまなアクターを結びつけることによって，科学的事実の産出を説明する方向へと進みました（アクター・ネットワーク・セオリーといいます）。ここでは，ボイルら実験科学派の科学的営為を，内戦の経験を経た王政復古期における社会的要因によってシェイピンらが説明したやり方とは違って，むしろ「社会」をさまざまなアクターへと分解することがなされているのです。

実験室のエスノメソドロジー

また，実験室研究のなかには，実験室で科学的知識を産出する実践そのものが社会的である，という観点から，なされたものもあります。第 **6** 章で紹介した，病院における「死」と「死にゆくこと」がどのようになされていくのかを明らかにした，エスノメソドロジー研究は，科学の領域においてもなされています。つまり，実験室において「発見」や「測定」はどのようになされているのか，そこで用いられている「人びとの方法論」を明らかにする研究としてなされている，ということです（Lynch 1993=2012）。

エスノメソドロジーによる科学研究の一つに，H. ガーフィンケルらが行った，天文学者による「脈動星（パルサー）」の発見の研究があります（Garfinkel, Lynch and Livingston 1981; 中村 2007）。脈動星とは，規則正しい間隔で電波または X 線を放射する天体のことですが，これがどのように発見されたかについて，実践の録音テープを用いた分析がなされました。天文学者たちは，脈動星から発せられた可能性のある電波（パルス）を示すために，曖昧な「それ」に言及していくのですが，そうした言及が連なっていくことを通じて，次第に「それ」が「光学的に発見される脈動星」になっていきます。

この分析における重要な点は，自然科学者による「発見」という現象においては，何かを自然のものとして扱っていく実践（自然化）がある，ということ

です。こうした研究は，科学的実践と別のところに，何か別の社会的要因を探そうとするものではありません。むしろ，こうした科学的知識を産出する実践自体が，「人びとの方法論」を用いてなされているという意味で，そもそも社会的なものだ，ということが重要です。科学の営み自体が，徹頭徹尾社会的な実践である，という考え方もまた，「科学」と「社会」という問いに対する一つの答えなのです。

　いったん，「人びとの方法論」という考え方に立つと，科学社会学が扱おうとしていた問題が，科学者たちにとっての問題でもあることにも気づかされます。つまり，どのような知識を客観的なものとみなし，どのような対象を実在するものとみなすか，という問いは，科学者自身の問題でもあることがわかります。たとえば，リンチによる神経生理学の実験室のフィールドワークからは，電子顕微鏡上にみえるさまざまな現象が対象の実在的性質を示しているのか，それとも実験上の人工物，つまり人為的な操作ミスによってもたらされたものなのか，両者を区別するための方法論があることが，明らかにされました（Lynch 1985; 中村 2007）。

　こうした人工物は，生化学者たちによって，大きく「ポジティブ」なものと「ネガティブ」なものに分けられていました。ポジティブな人工物には，着色の失敗によって生じたシミや，薄い部分の移しかえに失敗したために生じた折り目などがありますが，これらは見ればわかるものなので，すぐに現在探求中の対象とはかかわりのないものとして排除されます。それに対して，ネガティブな人工物は，なんらかの手続きを行ったのに，期待された効果が出ない場合に検討されるものです。

　注目しておきたいのは，期待された効果が出ない場合でも，ただちに効果がありえないと判断されずに，むしろなんらかの技術的要因があるはずだ，と考えられる場合があるということです。ここで結果を阻止する偶発物はネガティブな人工物と考えられ，温度や，溶媒中の酸素含有量など状況上の変数を調整して実験を繰り返していくことになります。実験室において科学的対象の実在的性質を研究していくとき，こうした状況の管理が必要になるわけですが，ここでも「人工物」という概念が用いられながら，規範的な期待にもとづいた推論がなされていることがわかります。

Column ⑨ エスノメソドロジー

　行為を理解することは，私たちにとっての問題でもある，という考え方は，それまで社会学が理論的・方法論的に論じてきたさまざまな問題を，人びとの実践の問題として捉えなおすものでした。こうした考え方を突きつめることによって，H. ガーフィンケルやH. サックスによって，エスノメソドロジーという分野が始められました。エスノメソドロジーとは，「人びとの方法論」，つまり，それぞれの実践に参加している成員が用いている方法論と，それについての研究のことです。

　実際に，行為の理解はどのように可能なのだろうか，と考えてみると，私たちは，いとも簡単に互いの行為を理解していることに気づかされます。他の人と居合わせているとき，私たちは互いの行為をモニターし，互いの行為を調整していますし，そうすることで一つの社会秩序をつくりあげています。むしろ，私たちは，通常，他者の行為を理解することができるからこそ，それができないときに問題になるわけです。

　理解が難しい例として，治療を受ければ助かったかもしれない人が，病院に行こうとせず亡くなられたとき，「自殺だったのでは」と疑われる場合を考えてみましょう。このとき，私たちは，定義をするよりも前に，「自殺」を「病死」や「事故死」といった他の死に方と区別して理解しています。実際に，「病死した」と理解される場合，まず「原因」が問われるでしょうが，「自殺した」と理解される場合，その人がなぜ当の行為をなすにいたったのか，その「理由」が問われるでしょう。そこでは，当人の想いの強さに「慨嘆」したり，周囲の人たちが放っておいたことを「非難」したり，といったことがなされている可能性があります。だからこそ，どのように理解するべきか，ということ自体が，実践の争点になることがあり，そこには区別して理解するための固有の方法論があるのです。

　どのようなことであれ，実践に参加している成員が，その状況において行われていることを観察し報告できるのであれば，そこで何らかの方法論が用いられています。私たちが参加するどのような実践にも，固有の人びとの方法論があり，社会学は，それをどこからでも研究できるのです。　　　　　　　　(M)

「科学」実践の「社会性」

　また，科学的知識をどのように用いるか，という問題は，狭い意味での自然

科学の現場だけではなく，別の領域との関連でも生じます。たとえば，やはり，リンチによる法廷における科学技術の研究は，いわゆるO. J. シンプソン事件の法廷論争を取り上げ，DNA鑑定をめぐってなされた議論を分析しています（Lynch 1998; 中村 2006）。

元妻とその友人を殺害した犯人として訴追された，アメリカンフットボールのスーパースター，O. J. シンプソンは，ドリームチームといわれた弁護団を雇い，結果としては，この刑事事件においては，陪審員から無罪評決を勝ち取りました。この裁判においては，DNA鑑定の結果を裁判で証拠として使うことができるかをめぐって，議論がなされたのです。

ここで興味深いのは，DNA鑑定という新しい科学のテクニックを用いた証拠を提示したい検察側が，実在論的立場にたった主張をしているのに対して，シンプソンの弁護団，つまり，DNA鑑定の客観性を疑う側は，先に紹介した「科学的知識の社会学」にも似た，懐疑論的立場にたった**構築主義**的な議論を展開している，ということです。

弁護団は，法廷に，新しい科学技術が理念として一般的に受容されているかだけでなく，実際の鑑定の実践におけるそれぞれの段階において受容可能な手続きがとられていたかを検証するよう求めたわけです。科学社会学の問いが，科学者だけでなく，法廷での審議の参加者にとっての問題でもある，ということは，このような場面においても，確認することができます。

これらの研究群はすべて，「科学」と「社会」という問いに対して，「科学」の営み自体が，徹頭徹尾「社会」的な実践であると答えてきた延長線上に生まれたものなのです。

読者のみなさんはすでにお気づきのことかもしれませんが，こうした考え方は，第**6**章で，「死」そのものが「社会的事実」である，と述べたことと，あるいは，第**2**章で，教員と生徒の相互行為自体が徹頭徹尾「社会」的である，と述べたことと，同様の構えを持っています。ここに「**社会生活の科学**」としての社会学（Sacks 1963=2013）という考え方の一端を示せたのではないでしょうか。

4 おわりに

　本書の最後のテーマをかざる「科学・学問」では、「科学」としての社会学／「科学」を対象とする社会学、という側面から社会学のあり方について、考えてきました。まず確認されたのは、社会学は、ほかの科学と比較して、日常生活における概念連関を参照する必要が強い、ということです。
　第2節では、そのうえで、一定の限定をかけつつ、操作化しながら理論的な推論を行っていく方法とその妥当性について、紹介しました。それに対して第3節では、常識的な概念と専門的な概念の結びつきを考えつつ、「科学」を対象とする社会学のあり方について、紹介しました。
　本書全体を通じて、社会学がなぜ多様な領域を扱いうるのか、それにもかかわらず、ゆるやかにではあれ方法的な態度に共通性があるのか、その理由を受け止めていただけていれば幸いです。

CHAPTER

終 章

「社会」と人とのかかわり方

KEYWORD
社会科学としての社会学 「社会」とは何か 社会的不平等 相互作用 社会的事実
統計的因果推論 「緩い」理論 概念連関 操作的定義 理解 人びとの方法論

1 「社会を理解する」というかかわり方（再訪）

　本書では，社会学の基本的な考え方を，量的・質的という二つの研究方法とそこから得られた知見を紹介しながら，そのもとで「社会」がどのように記述できるのか，実演的に示してきました。

　序章でも述べたように，「社会学とは何か」について一つの共通した理解があるわけではありません。社会学は，学問の分類としては「社会科学」に位置づけられることが多いのですが，大学の組織としては，文学部のなかに社会学を学ぶことができる専攻がある場合もあります。もちろん，社会学は，「社会科学」の一つであり，「社会」を対象とする学問である，といって間違いではないのですが，それでも，具体的にその「社会」とは何であるのかについて，考えていく必要があるのです。本書でもみてきたように，社会学が実際に扱う対象領域は，非常に多岐にわたっています。他方で，それにもかかわらず，社会学者たちは，実際に一定の方法を用いて，研究を行っています。これらの実際に用いられている研究方法のほうから社会学のあり方を浮かびあがらせるのが，本書の狙いでした。

　社会科学としての社会学の広がりについて考えるとき，こうした「**方法**」と「**対象**」とをセットで考えていく必要があります。実はいわゆる「社会科学」とまとめられる領域には，「自然科学」における「実験・観察」や，「人文学」における「文献・資料解釈」のような共通の方法がありません。自然科学であれば，「物理」「化学」「生物」といったいずれの領域においても，おもな方法の一つとして，実験をあげることができるでしょう。また，人文学であるならば，どの時代を専門とする歴史家でも，資料解釈をするでしょうし，どの分野を専門とする文学者でも，文献解釈をするでしょう。

ところが，社会科学においては，そうした共通項がありません。社会科学も「科学」である以上，「自然科学」の方法論から影響を受け，あるいはそれを模範としているところがあります。とはいえ，心理学のように，実験を主たる方法の一つとして採用している学問があるのに対して，社会学においては，実験を行うことは少ないでしょう。こうした状況のなか，本書で紹介してきた数量データを用いる計量的方法は，経済学，心理学，社会学において，緩やかにではあれ共通の枠組みを提供するものとして，最も標準化されたものだといえるでしょう。それに対して，法学者が主として行っているのは，憲法や法律の条文，判例などの解釈であり，数量データが使われることはあまりありません。こうした作業は，実験よりは，まだ文献資料の解釈のほうに近い感じさえするかもしれません。あるいは，第 1 章でみた，法哲学者と社会学者の論争は，哲学の議論に近いといえるでしょう。

　方法での共通項が少ないかわりに，同じ社会科学でも，法学なら「法」，経済学なら「市場」といった，比較的はっきりとした対象があります。それに対して，社会学の対象は「社会」であるといった場合，では，その「社会」とは何なのか，という問いが残ります。そういってよければ，「法」や「市場」も社会の一部と考えることもできます。**「社会」とは何か**，という問い自体が社会学にとって難しい問いの一つです。本書でも，「出生」「教育」「労働」「家族」「病い・老い」「死」「科学」のように，人の一生にかかわるさまざまな領域を扱ってきましたが，そのなかでも「社会」という概念自体が，多義的に用いられうる事情が示されてきました。

　たとえば，第 2 章では，「教育」を扱う社会学が，しばしば社会的不平等の問題に関心を向けてきたことを紹介しました。その際に述べたことですが，「社会」という概念には，そもそも「社会的権利」という言葉のなかで用いられる場合のように，社会のなかで生きていくための最低限の平等をめざす，という含意があります。社会学は，自覚的に「社会」という概念の用法を拡張してきましたが，それでも社会学の少なくとも一部は，**社会的不平等**の問題に関心を持ち続けています。第 2 章では，社会的不平等を小さくする効果が期待される教育において，現実には，平等化する力がうまく働かない場合や，不平等が再生産されてしまう場合があることを，示しました。

他方で，社会学は，「社会」という概念の拡張とともに，扱いうる対象をも拡張してきました。私たちの行っていることが他の人との関係のもとで理解されるとき，M. ウェーバーが述べたようにそれ自体を「社会」的行為として考察することができるとするならば，私たちの行っている行為のほぼすべてが社会学の考察の対象になります。第 **2** 章では，こうした考え方を念頭に，教室の授業において教師と生徒が行っている相互行為は，徹頭徹尾「社会」的なものであることを示しました。教室の授業研究においては，そうした「社会」に参加していく能力についての分析がなされていたわけです。

　また，第 **7** 章では，「科学」を扱う社会学が，しばしば「科学」と「社会」という問いを立てていたことを述べました。このように「科学」と「社会」を対比して考える考え方は，両者のあいだでの**相互作用**に着目する研究を可能にしました。「科学」もまた社会の一部分であるわけですが，そうした科学が社会全体のなかでどのように規定されているのかという観点から，研究が進められたわけです。それに対して，科学の営み自体が，徹頭徹尾社会的な実践である，という考え方を紹介しました。この考え方は，第 **2** 章で，教員と生徒の相互行為自体が徹頭徹尾「社会」的である，と述べたことと，また，第 **6** 章で，「死」そのものが「**社会的事実**」である，と述べたこととも結びついています。

　このように，社会学は，複数の人びとが集まってつくる関係性そのものを「社会」と考えて，私たちの日常生活のあらゆるところに考察を広げてきました。社会学の対象領域が驚くほど広いのは，そうした事情にもよっています。

　そうした広い対象領域においても，計量研究において数量データを用いていく場合，その方法自体には，緩やかな共通性があるでしょう。それに対して，そもそも「社会」とは何か，という問いと同様に，第 **4** 章でみた「家族」とは何か，であるとか，第 **6** 章でみた「病い」を持つとはどのような経験か，といった意味的な問題を考えることが，どうしても必要になる場合があります。こうした人びとが用いる概念に着目していく必要のあるところで，質的調査研究が果たしてきた意義についても明らかにしてきました。社会学が，量的と質的，二つの調査方法を，バランスよく持ち続けているのは，後発の社会科学として，社会問題から日常生活にいたるまで，非常に多くの領域をカバーしてき

たことの裏返しでもあるのです。

数量データによる社会の記述（再訪）

　このようにみてくると，本書で紹介してきた数量データによる社会の記述にも，一定の幅があることに気づかされます。一方で，計量的方法は，経済学，心理学など，社会科学において，共通して用いられていますが，他方で，社会学ならではの特徴というものもあります。

　第 **5** 章では，「共通言語」としての統計学の重要性に着目して，**統計的因果推論**の考え方を紹介しました。「ある薬に本当に効果があるのか」といった医療の例を用いて説明したことからもわかるように，統計的因果推論は，広く科学研究において用いられています。まず，投薬の効果を知るために行われている方法として，均質な二つのグループを準備して片方にのみ介入を行う無作為化比較実験について，紹介しました。続けて，「タバコの健康への影響」のように実験が難しい場合になされるコーホート調査について，紹介しました。

　こうした疫学研究は，社会学にもつながっていくものです。たとえば，喫煙のような生活習慣は，人びとの社会的属性にも関連するものだからです。社会的属性の喫煙行動への影響を考える際には，「社会」という概念が，「性別」「年齢」「学歴」「職業」などの属性をまとめあげるものとして使われています。さらに属性だけではなく，「社会関係」の健康への影響などについても，研究がなされています。

　社会学者が行う調査研究は，「どのような人の喫煙率が高いのか」を，人口学的なデータにもとづいて記述することができます。長期的なデータを用いて，特定の社会的属性と喫煙行動の関係の変化をみることができるわけです。「どういった介入をどういう場面に行うのかよいのか」について考えるためにも，こうした「社会の全体像」を理解することは重要です。実は，こうした「その人がどういう人か」という社会的属性と，その行為とを関連づけて説明する，ということは，計量社会学が典型的に行っていることです。第 **6** 章で示したように，É. デュルケムが『自殺論』において，「自殺と宗派は関連している」

と主張した際にも，同様の考え方がとられています。

　社会学ならではの特徴というものについて，もう一歩踏み込んでまとめておきましょう。第 **7** 章では，「理論を実証的なデータで検証する」実証研究の考え方を紹介しました。その際，自然科学や経済学でなされる数理モデルを使った理論構築と比べて，社会学においては，「それほど厳密ではないが理論上はそう説明できる」といった「**緩い**」理論のほうが多いのだと述べました。この「**緩さ**」は，こうした社会学の理論の多くが，日常生活における**概念連関**を参照しながらつくられている，ということによります。「都市化すると人間関係は薄くなる」という理論を検証するためには，日常生活でも多様に使われる「都市化」という概念が何を指しているのか，ある程度限定し，「**操作的定義**」を行っていく必要があります。

　そして，しばしば社会学における計量研究は，必ずしも因果推論にこだわりません。まず，「高学歴化が産業化をもたらす」といった「緩い」因果関係を，統計的因果推論の厳密な枠組みで検証することは，実際には困難をともないます。「高学歴化」という介入の影響のみを取り出してくることが難しいからです。そして，そもそも「社会の全体像」を数量データによって記述することで，その理解を促そうとする場合，因果推論は必須ではありません。実際に，統計データから描きだされた「戦後に女性が専業主婦化した」という知見は，因果推論を含んでいないにもかかわらず，非常に大きなインパクトを持ちました。社会の全体像を写し取ろうとする社会学の記述は，このように私たちの社会の理解に資するものなのです。

3　概念の理解（再訪）

　ここで注意しておきたいのは，社会学では，計量研究においても，私たちが行っていることについての概念的な理解について考えることが重要だ，ということです。序章でも述べたように，「労働」なら「労働」という概念が何を指しているのかを操作化していく作業には，必ず概念的な考察が含まれているからです。このことは，私たち自身が概念を用いて，私たち自身の行為を理解し

ている，という事情によっています。この問題に対して，質的研究の多くは，操作的定義を行うというのとは違ったやりかたで，答えようとしています。そして，その答え方にも，実は一定の幅があります。

　第6章でみた，「死」と「死につつあること」という概念について考えてみるとわかりやすいでしょう。そこで紹介されたグラウンデッド・セオリー・アプローチは，事例から帰納的に理論をつくるための考え方です。死の**理解**について，「認識文脈を支えていた構造的な条件が失われることによって，閉鎖認識から，段階的に，オープン認識へといたる」という説明がなされるとき，理論的な命題が提示されているわけです。こうした知見のみをみている限り，実証的なデータで検証するものなのか，事例から帰納的に産出されたものなのかという違いはあるにせよ，ある程度，計量研究におけるしくみと似たところがあることがわかります。「ある薬に効果が本当にあるのか」といった統計的因果推論のような厳密さはないけれど，日常生活における概念の連関を反映した緩やかな説明がなされているわけです。

　それに対して，次に紹介したエスノメソドロジーのように，一つひとつの事例において，「死」がどのように理解できるものになっているのかについて，考えていくこともできます。そこで，「死」と「死につつあること」の理解が，病院という場において定義づけを行っていく，人びとの実践に依存していると考えるからこそ，その実践を「**人びとの方法論**」として記述していこうとするわけです。一つひとつの「死」そのものが，こうした人びとの方法論のもとで理解可能になっている「**社会的事実**」であるという理解がそこにあります。

　こうした考え方は，薬の効果を検証するために無作為化比較実験を行うような考え方とは，異なります。ただし，これらの方法における差異，あるいは，そういってよければ多様性は，私たちの社会的な実践そのものが多様であることに由来するものでもあります。たとえば，医療の実践においても，臨床試験を行い論文化していくこともありますが，すでにエビデンスの確立された知識を用いて，目の前の一人の患者の症状を理解しようとすることもあります。この場合には，科学的知識のほうが，個別の事例を理解するために使用されているわけです。そして，そこでその一人の患者が特定の疾患であることを理解するための方法があるなら，その方法は，徹頭徹尾「社会」的なものであり，そ

れ自体を社会学者は研究できるわけです。

　こうした事情は，他の領域においても同様に妥当します。つまり，学校において一人の学生を評価し，分類するための方法があるなら，それを研究することもできます。あるいは，「家族」という概念を用いて子育て支援を成り立たせるための方法があるなら，それを研究することもできます。それらの実践には，それぞれに固有の方法があり，それを対象として研究できるわけです。

　同時に，ここまで本書を読んでくださった読者の方は，すでにお気づきだと思いますが，各章で扱ってきた領域は，それぞれ完全に独立なものということでもありません。たとえば，「家族」という概念は，第4章のテーマだったわけですが，ほとんどの章のなかで登場してきたことに気づかれたことと思います。妊娠した女性が出生前検査を受けるかどうかを決定する際に誰に相談するかという問題においても，あるいは，認知症になられた方のケアを誰がするかという問題においても，さまざまな仕方で「家族」という概念が登場してきました。私たちが，「家族」にかかわる概念の結びつきを用いながら，実際の社会生活を送っていることの現れでもあるでしょう。社会学における質的調査研究は，こうした概念に結びついた規範的な期待の網の目を記述していくこともできるのです。

　こうした社会の記述の方法は，ある意味では，統計学的な方法とは異なり，人類学や歴史学の方法と似ているところがあります。ただし，社会学者が行うのは，異なる文化や過去の歴史というよりは，自分たちの生活している文化，現在へといたる歴史であるところに特徴があります。ここまでみてきたように，質的研究者が調査において出会うのは，しばしば簡単には語ることや理解することの難しい人びとの経験であるのですが，それでもなお，私たちの社会生活の一部であるような概念の理解をもとに出発するよりほかにないのです。

4 よりよい社会の理解に向けて（再訪）

　適切な社会の記述を行っていくためには，量的と質的の二つの研究方法について，それぞれの特徴を把握しておく必要があります。よく量的研究は「浅く

広く」，質的研究は「狭く深く」などという言い方をされることがありますが，あまり正鵠を射た表現ではありません。序章でも述べたように，問いの立て方の違いと理解したほうがよいでしょう。

　振り返ってみると，各章の第2節，つまり計量パートのタイトルは，典型的には「なぜ子どもが生まれなくなっているのか」「なぜ学ぶことが『義務』になっているのか」といった形式になっています。こうした問いは，社会学者でなくても，日常生活をしているなかで考えることがあるかもしれません。とくに「なぜ子どもが生まれなくなっているのか」という問いは，読者のみなさんも一度は考えたことがあるのではないでしょうか。計量研究をする社会学者の行っていることも，こうした問いと地続きなのです。

　ただし，計量研究をする社会学者は，より正確な数量データと計量的方法を用いて，理論的な説明を与えようとしています。「問い」は地続きだけれども，「データ」はより正確なものを用いていく必要があります。そうした手続きをへて，1970年代に広くみられた「稼ぎ手の夫と専業主婦の女性」という家庭のモデルを1980年代以降も引きずってしまったことが出生率の低下を招いた，というような説明がなされるわけです。

　それに対して，各章の第3節，つまり質的研究パートのタイトルは，「妊娠・出産という経験はどのように変わっているか」「病むこと・老いることはどのような経験か」といった形式になっているものが多いです。こうした問いは，それだけをみると大まかで曖昧なものにみえるかもしれませんが，それぞれの社会生活において特定の経験を生きる人びとが，すでに実践的に解き続けている問いです。

　たとえば，「摂食障害」の当事者が，家族の問題や心の問題としてではなく「食事の問題」として語ることは，誰が解決するのかについての権利を獲得していく実践でもありました。ここで質的研究を行う社会学者が行っているのは，当事者たちがどのような知識を用いて自らの回復を語っているかを，理解することです。したがって，当事者たちが行っている実践をデータとして，そこから学ぶことからしか，問いを進めることはできません。そして，「どのような経験か」といった大まかな問いのほうが，「当事者が問題を『食事の問題』として語るのはなぜなのか」といった輪郭のはっきりとした問いへと更新されて

Column ⑩ 社会学的想像力

　行為を動機のもとで理解することを，社会学者の方法論的問題としてだけでなく，そこからもう一歩進んで，私たちが行っていることとして，社会学の分析対象として位置づけた社会学者に，C. W. ミルズがいます。

　ミルズは，動機を，個人に内在する要素としてではなく，社会的行為者が自己や他者の行為を解釈し，説明し，正当化するための「語彙」として考える方向性を示しました。行為を理解するための意味連関を，実際に私たちが使うことのできる「動機の語彙」と考えて，それ自体を考察しようというわけです。この考え方は，日常生活世界の社会学の広がりのなかで再発見され，私たちがどのように互いに動機を帰属させ，行為を理解しているかを明らかにしていく，一連の研究を準備しました。

　このように，個人の内面の心理とみなされがちなトピックスに対して，社会の側で使用可能な「語彙」という観点から考えるという方針は，ミルズ自身が，「社会学的想像力」と呼ぶ考え方と親和的なものです。ミルズは，個人の生と，社会の歴史との双方を知らなければ，それぞれを理解することはできないと考え，個人史と歴史とが，社会のなかでどのようなかかわりを持つのかを洞察する力のことを，社会学的想像力と呼びました。

　本書においても，たとえば，出生のような出来事が，個人にとって重要なものであることと同時に，社会の歴史に応じて変化してきたことを紹介しました。出産，育児，介護といった問題が，公的問題でもあると理解することは，本書で扱った多くのトピックスにかかわってきます。

　ミルズの『社会学的想像力』という書物自体は，第二次世界大戦後のアメリカにおいて，T. パーソンズの社会理論と，P. F. ラザースフェルドらの計量調査とが発展していくさなかに，両者への批判として書かれたものでもあります。理論のなかでの概念の操作や，統計学的方法にのみ過剰にとらわれてしまうことに対して，代替的な思考法を提示したのです。

　本書でも紹介したように，その後の計量調査研究は，多くの社会問題の理解に資するものとして発展してきたことをふまえたうえで，社会学的想像力という考え方自体は，その後の生活史研究などの質的研究を含め，広く社会学の方向性に影響を与えたものとして評価することができます。　　　　（M）

いくことになるわけです。

　以上のように，量的と質的のそれぞれの研究方法においては，問いの立て方

が，そもそも異なります。したがって，そのために求められる手続きも異なりますし，何より，得られた知見の性格も異なります。もしも，一方で得られた知見が他方の問いに答えるために役に立たないと，読者のみなさんが不満に思われた場合には，もう一度，こうした事情に立ち返ってみてください。そもそも異なった方法でみるからこそ，補完的で複眼的な視野が得られるものなのです。

　本書でみてきたように，社会学という営みのなかには，よりよい**社会の理解**を行っていくための道具が，一定の多様さをもって用意されています。社会学を学ぶということは，こうした「社会」との「かかわり方」＝「方法」を学ぶ，ということです。「社会」とかかわるための道具を使い分け，使いこなしていく，読者のみなさんがその最初の一歩を踏み出すことができたなら，本書の目的は十分に果たされたといってよいでしょう。

ブックガイド

■第1章

①河野稠果，2007，『人口学への招待――少子・高齢化はどこまで解明されたか』中公新書。

　出生について計量的に考えるうえで，基本的な枠組みとなる人口学についての古典的な入門書です。合計特殊出生率や人口転換といった概念について，噛み砕いて説明されています。基本的には人口学の本ですが，結婚やジェンダーといった社会学的なトピックについても触れられており，人口問題，とくに少子化について考えるうえでの必読本だといえるでしょう。

②山田昌弘，2007，『少子社会日本――もうひとつの格差のゆくえ』岩波新書。

　日本の深刻な少子高齢化問題について，社会学的な観点から取り組んだ貴重な一冊です。キーワードは，格差と恋愛です。経済成長期が終わり，安定した収入が得られる仕事が減ってしまったことが晩婚化，ひいては少子化の直接の原因ですが，著者の考察はさらに恋愛が結婚のハードルを高めた，というところまで進んでいきます。少子化の社会学的側面についての深い考察を含んだ一冊です。

③江原由美子編，1996，『生殖技術とジェンダー――フェミニズムの主張3』勁草書房。

　「人工妊娠中絶」から「不妊治療」にいたるまで，私たちの社会における「生殖技術」について論じた論文集です。胎児の生命権を保護する立場と，女性の自己決定権を擁護する立場との論争から始まり，1996年当時の優生保護法をめぐる動向を付録として収録するなど，考えていくための「材料を提供」しようとする姿勢が徹底されています。生殖技術のもとでの経験について考えるために，重要な示唆に満ちた書物です。

④玉井真理子・渡部麻衣子編，2014，『出生前診断とわたしたち――「新型出生前診断」（NIPT）が問いかけるもの』生活書院。

　「新型出生前診断」が話題となった状況に応じるように出版された，実際に遺伝カ

ウンセリングにかかわってきた臨床心理士と社会学者との共編による書物です。新しい技術が引き起こす「新しい問題」と「新しくもない問題」を腑分けし，考えるべき問題を探りあてようとしています。これまでなされてきた議論の蓄積を軽視しないように，出生前検査のおかれている「現実」を共有しようとする試みとして，重要な問いかけを含んだ書物です。

■第2章

①天野郁夫，2005，『学歴の社会史──教育と日本の近代』平凡社。

著者は日本の教育社会学をリードしてきた研究者の一人で，この本は1992年に出版されたものの復刊です。私たちの学校や学歴の見方は，戦後アメリカに倣って導入された学校制度に基づいたものですが，本書では学校や学歴について，明治期に遡ってその様子を描いています。労働や家族が基本的な産業化といった社会変化によって影響されるのと違い，学校制度は政府の方針の影響を強く受けるものです。その時々の政府の思惑と学校制度との関係を探る，歴史教育社会学の古典です。

②吉川徹，2009，『学歴分断社会』ちくま新書。

かつて大学進学率が上昇し続けていたとき，「子どもの学歴が親の学歴よりも高い」ということがふつうでした。しかし現在では，大卒の親の子は大卒，高卒の親の子は高卒という「学歴分断線」があり，これこそが日本社会の格差の中軸にあるのだ，と著者は主張します。大規模社会調査の結果に基づいた社会学的な教育の計量研究の一つのお手本になる刺激的な本です。

③ポール・ウィリス，1977＝1996，『ハマータウンの野郎ども』（熊沢誠・山田潤訳）ちくま学芸文庫。

学校の中で不平等が再生産されていく過程を明らかにした，エスノグラフィーです。労働階級出身の少年たちは，自ら肉体労働の世界を選びとっていくわけですが，著者は，そこに労働階級の文化がいかに関与しているか，考察を加えています。労働階級の文化が，対抗文化であると同時に，社会の再生産にも寄与してしまうという，両義的な側面をめぐる，文化社会学的な考察については，本章（第2章）ではあまり触れられませんでしたので，ぜひ直接確認してみてください。

④五十嵐素子ほか編，2023，『学びをみとる——エスノメソドロジー・会話分析による授業の分析』新曜社。

　　エスノメソドロジー・会話分析の手法による授業分析の教科書です。この著作の特徴は，社会学者だけでなく，現職の教員が参加していることです。第2章で示したように，社会学者も，学校の質的研究を行ってきたわけですが，他方，教育学においても，授業研究がなされてきました。両者の「橋渡し」を強く志向し，実践研究に対して，ビデオデータを用いた相互行為の分析がどのように貢献できるかが，説得的に示されています。教育分野に限らず，社会学者と実践家たちとの共同研究の好例としても読むことができるでしょう。

■第3章

①マックス・ウェーバー，1904=1989，『プロテスタンティズムの倫理と資本主義の精神』（大塚久雄訳）岩波文庫。

　　この章でも「働くことの意味」が時代によって変化したことに触れましたが，この本でウェーバーが描き出す「職業」意識の変化は，私たちが住む現代社会の根幹をなす資本主義をつくりだす一つのきっかけになったと考えられています。ポイントは，プロテスタントたちが宗教的理由から職業に禁欲的に従事するようになったことです。伝統，宗教，近代の交差点に「働くことの意味の変化」があったというウェーバーの洞察は，いまなお社会学者が学ぶべき研究のお手本といえるでしょう。

②濱口桂一郎，2015，『働く女子の運命』文春新書。

　　政府でも経済界でも「女性活躍」が叫ばれていますが，なぜか日本では他の先進国と比べて女性の経済的地位がなかなか高くなりません。本書では，日本社会における女性雇用について，明治期の女工時代から男女雇用機会均等法の時代まで，長期的にその特徴をあぶり出します。通常は男性目線で語られがちな「雇用労働」を，女性側の視点からみるとどうなるか。本書を読むと，意外な事実がたくさんかびあがってきます。

③アーリー・ホックシールド，1983=2000，『管理される心——感情が商品になるとき』（石川准・室伏亜希訳）世界思想社。

　　肉体労働や頭脳労働の枠におさまらない「感情労働」のあり方を明らかにした著作です。本書でも紹介したとり，公的生活における感情の商品化について論じた本作

は，その後の公的／私的領域の線引き自体を問い直す調査研究を準備しました。また，この著作は，「感情社会学」と呼ばれる分野の古典として知られています。私的で自然なものと理解されがちな私たちの「感情」が，すぐれて社会的なものである，ということを示した本書からは，社会学的研究の構えを学ぶことができるでしょう。

④佐藤郁哉，2002，『フィールドワークの技法——問いを育てる，仮説をきたえる』新曜社。

フィールドワークをして，エスノグラフィーを書く，という一連の作業について，実際にどうずればよいのか，という観点から示している書物です。どのようにデータを入手するかだけでなく，入手したデータをどのように分析するかまで，一貫した視点で書かれています。同著者が執筆した『組織と経営について知るための実践フィールドワーク入門』（2002，有斐閣）『組織エスノグラフィー』（金井壽宏らとの共著，2010，有斐閣）とあわせて読むと，こうしたフィールドワークの技法が，組織研究においてどのように用いられてきたのか，実例とともに知ることができます。

■第4章

①エドワード・ショーター，1975＝1987，『近代家族の形成』（田中俊宏・岩橋誠一・見崎恵子・作道潤訳）昭和堂。

第1章でも触れたショーターのこの本は，近代家族論の古典中の古典です。この章では家族の変化を社会・経済構造の変化によって説明しましたが，ショーターの力点はこういった変化が人々の家族をめぐる感情をどのように変えてきたのか，というところにあります。現代の私たちは，家族は情緒的に深くつながっているのが当たり前だと考えていますが，夫婦関係でも親子関係でも，家族に感情的つながりがこれほど集中するようになったのは，近代社会からなのです。この「感情革命」を理解することは，家族が揺らぎつつある現代社会における絆を考えるうえでも重要だといえるでしょう。

②岩間暁子・大和礼子・田間泰子，2015『問いからはじめる家族社会学——多様化する家族の包摂に向けて』有斐閣ストゥディア。

著者たちはいずれも日本の家族社会学の第一線で活躍する社会学者で，現在の家族社会学が取り組んでいる問いを一望できます。未婚化，仕事と家庭生活の両立，性的マイノリティの問題など，これから家族社会学の現代的研究に取り組んでみたいと考

える学生にとって最高の出発点となる本です。理論枠組みのみならず，本書でデータの扱いについてもぜひ多くを学び取ってください。比較的シンプルなデータの記述によって，家族の変化を描き出す際にはどうしたらいいのかがよくわかると思います。

③ J. F. グブリアム & J. A. ホルスタイン，1990＝1997，『家族とは何か──その言説と現実』（中河伸俊・鮎川潤・湯川純幸訳）新曜社。

「家族とは何か」という表題の問いに，社会構築主義の立場から答えた著作です。家族にかかわるさまざまな言説に着目し，私たちが日常的に記述を行い，家族にかかわるさまざまな現実を構築していく過程を明らかにしていく方法は，構築主義的な考え方の見本ともいえます。著者たちは，第5章の「病い・老い」にもかかわる，老年社会学や精神医療の社会学などのフィールドでも研究しており，この著作において紹介される事例からも，その広がりをうかがい知ることができます。

④野辺陽子・松木洋人・日比野由利・和泉広恵・土屋敦，2016，『〈ハイブリッドな親子〉の社会学──血縁・家族へのこだわりを解きほぐす』青弓社。

この著作で，〈ハイブリッドな親子〉といわれているのは，「出産・子育てに産みの親以外の担い手がかかわる親子関係」のことです。「代理出産」「特別養子制度」「里親制度」「施設養護」と，それぞれのテーマのもとで，これまでの家族規範とは異なる家族関係のあり方が検討され，「育児の社会化」という問題が問い直されています。それぞれの章から入って，各著者の他の著作へと読み進めるのもよいでしょう。

■第5章

①近藤克則，2010，『「健康格差社会」を生き抜く』朝日新書。

病気や医療に関する社会学の研究には質的研究が多いのですが，最近では社会疫学の影響もあり，量的調査データに基づいた研究の蓄積が進んでいます。なかでもこの本は，健康の格差に注目しています。学歴格差，所得格差，最近では「希望格差」という言葉もあり，格差論にはさまざまな展開がありますが，このなかでも健康状態の格差は社会的に極めて重大なものです。健康格差を研究してきた著者はこの本で，大規模な社会調査結果に基づいて日本の健康格差の問題について信頼できる知見を提示しています。単に「低所得者層は不健康になりやすい」という傾向のみならず，心理状態や社会的ネットワークの影響をも考慮し，健康格差への処方箋を示している点も特徴です。

②森田果,2014,『実証分析入門——データから「因果関係」を読み解く作法』日本評論社。

本章でとりあげた因果推論を中心に,実証分析の多様な方法を,ふんだんな研究例をもとにわかりやすく紹介した本です。基本的な分析方法から応用的な分析手法までカバーしていますが,「考え方」を伝えようとする本ですので,問題なく読み進めていけると思います。因果推論について手っ取り早く理解したい方には,本書の16章(「因果効果の推定」)と17章(「マッチング」)を読んでみてください。

③アーヴィング・ゴフマン,1961=1984,『アサイラム——施設被収容者の日常世界』(石黒毅訳)誠心書房。

精神病院でのフィールドワークにもとづいて,一定期間外の社会から遮断された「全制的施設」に暮らすことがどのようなことなのか,明らかにした著作です。入所者たちが,アイデンティティの再編成を経験していくなかで,施設が求める役割や自己から距離をとる方法についても描かれています。ゴフマンは,第5章で紹介した「パッシング」もそうでしたが,さまざまな相互行為において,どのように自らの情報を管理し,自己を呈示していくのかについて,考察していた社会学者です。こうした問題に関心のある人には,ゴフマンの他の著作もあわせておすすめします。

④野口裕二編,2015,『N:ナラティヴとケア 第6号——ナラティヴの臨床社会学』遠見書房。

病いや老い,障害を,ナラティヴ,物語,語りといった観点から考察する多くの社会学者が寄稿している特集号です。テーマは,「ピア・サポート」「摂食障害」「知的障害」「認知症」「顔にあざのある女性」「小児がん患者家族」「遺伝子疾患」「発達障害」など多岐にわたります。「患者・当事者のナラティヴを手がかりとする」という共通点以外は,テーマにあわせてそれぞれの方法も多様なものです。それぞれの小論から入って,各著者の他の著作へと読み進めることをおすすめします。

■第6章

①エミール・デュルケム,1897=1985,『自殺論』(宮島喬訳)中公文庫。

計量社会学のみならず,社会学の最も有名な古典作品の一つです。デュルケムは自殺という現象を個人の動機からではなく,宗派などの社会的な属性から説明するのですが,この方法は現在の計量社会学研究の基本方針としていまなお生きています。た

だ，生きている人を対象とする量的社会調査だと，自殺というトピックに真正面から切り込むことは難しく，このため現在の計量社会学では自殺の研究はそれほど盛んになされていません。そういう意味でも，デュルケムが展開した自殺へのアプローチは現在でも参考になる点を多く含んでいるはずです。

②大岡頼光，2004，『なぜ老人を介護するのか——スウェーデンと日本の家と死生観』勁草書房。

　介護の負担を家族が担うのか，それとも公的に共同で負担するのかというのは，突出した高齢化社会である日本での重要な課題の一つです。著者は，老人介護の社会化を充実させたスウェーデンには，それを支える人々の死生観があった，と論じています。スウェーデンでは，親族ではない老人でも尊重する意識，デュルケムのいう「人格崇拝」が強く，それが「誰がどこに埋葬されたかわからない」共同墓というかたちにあらわれている，と説きます。福祉国家を政府や政党の運動から考える政治学とは違い，福祉の根本に人やその死をとらえる考え方の違いがある，という見方は極めて刺激的です。

③B. G. グレイザー，A. L. ストラウス，1965＝1988，『死のアウェアネス理論と看護——死の認識と終末期ケア』（木下康仁訳）医学書院。

　病院におけるフィールドワークに基づく研究の古典であると同時に，グラウンデッド・セオリー・アプローチ（GTA）という名で発展してきた，質的研究法の古典でもあります。現在，GTAは，扱いやすい形で方法論を標準化することによって，社会学を超えて，看護学などの隣接分野でも定番の研究法として定着しています。こうした標準化をめぐって，多岐にわたる議論があるのですが，原典に立ち返ると，この考え方が非常に深い理論的洞察を含んでいることがわかります。どのような立場をとるにせよ，必読の書の一つです。

④澤井敦・有末賢編，2015，『死別の社会学』青弓社。

　第6章では，あまりとりあげることのできなかった，「死別」経験をめぐる論文集です。個人に経験されるがゆえに，しばしば心理学や精神医学の対象となってきた「死別」経験に社会学的にアプローチしたもので，個人的な次元を社会的な次元へと結びつけようとする志向がうかがえます。理論的考察から，「闘病記」「配偶者との死別と再婚」「介護と看取り」「いじめ自死」といった，具体的な事例の分析にいたるまで，広くカバーされており，この分野の基本書になっています。

■第7章

①ロバート・K・マートン，1949=1961，『社会理論と社会構造』（森東吾・森好夫・金沢実・中島竜太郎訳）みすず書房。

　社会学は，ともすれば壮大で検証不可能な理論（社会理論）と，理論的枠組みを欠いた表層的な調査研究に分かれてしまうことが多くあります。これに対して，アメリカ社会学の大家マートンは，理論と検証可能な仮説のあいだにある「中範囲の理論」の重要性を説きます。少子高齢化に伴う保育や介護の問題，都市と貧困の問題など，現代的な課題はしばしば社会学の既存の理論の範囲を超えて出現しているように見えるため，調査研究ではどうしても理論的な洞察が浅くなりがちです。マートンの忠告は，いまでも計量社会学者にとって肝に銘じるべきものだといえるでしょう。

②筒井淳也・神林博史・長松奈美江・渡邉大輔・藤原翔，2015，『計量社会学入門――社会をデータでよむ』世界思想社。

　計量社会学の特徴，取り組まれている問い，使用されるデータを「労働」「階層」「教育」「家族」「都市」「健康・医療・福祉」「社会意識」という7つのトピックごとにまとめ，さらにお手本となる論文が各トピックに付属されています。現在の計量社会学の様子を概観できる入門書はほとんどないのですが，この本は例外です。社会学が数量データを使ってどういった課題に取り組んでいるのかを，この本を通じてぜひ垣間見てください。

③立石裕二，2011，『環境問題の科学社会学』世界思想社。

　環境問題をめぐる科学と社会の関係を考察する著作です。「イタイイタイ病問題」「長良川河口堰問題」「化学物質過敏症問題」などの事例を分析しながら，自律性をもった科学がどのような社会的条件のもとでなら批判的役割を果たすことができるのか，考察されています。第7章で紹介した通り，「科学」と「社会」という問いの立て方が，どのような実証研究を可能にするか，非常に明快に示されており，こうした方向性で社会学を行っていくための一つの見本ともいえる作品になっています。

④前田泰樹・水川喜文・岡田光宏編，2007，『ワードマップ　エスノメソドロジー――人びとの実践から学ぶ』新曜社。

　本書では「社会生活の科学」として紹介した，人びとの「実践の論理」を記述するエスノメソドロジーの入門書です。行為の理解，社会秩序，合理性，規範といった社

会学の基本的な問題を考えることで，なぜ実践に着目しなければならないかが示されています。また，日常会話から教室での授業，病院での診察，科学の実験まで，そこで用いられている「人びとの方法論」を研究していくための構えが示されています。エスノメソドロジーは，領域を横断して方法論的議論が蓄積されている分野の一つで，その広がりを見通すことのできる入門書となっています。

■方法編

①轟亮・杉野勇編，2017，『入門・社会調査法——2ステップで基礎から学ぶ〔第3版〕』法律文化社。
　基礎から応用まで，バランスのとれた社会調査入門です。体系的に量的調査を学ぶなら，まずはおすすめの一冊です。

②金子治平・上藤一郎編，2011，『よくわかる統計学〈1〉基礎編〔第2版〕』ミネルヴァ書房。
　短いトピックごとに統計学の基礎が学べます。統計学の入門書はそれこそ星の数ほどありますが，入門書としてお勧めできる本の一つです。

③岸政彦・石岡丈昇・丸山里美，2016，『質的社会調査の方法——他者の合理性の理解社会学』有斐閣ストゥディア。
　フィールドワーク，参与観察，生活史といった調査を行うなかで，社会学者が具体的にどのようなことをしているのかが，よくわかる入門書です。フィールドに出る前に読む一冊としておすすめです。

④前田拓也・秋谷直矩・朴沙羅・木下衆編，2016，『最強の社会調査入門』ナカニシヤ出版。
　著者たちがさまざまな調査において，それぞれの問題をどのように乗り越えてきたのかがよくわかるので，調査で具体的に悩んだときにおすすめの本です。個々に提示された学術論文とつきあわせて読むと，より専門的な社会学への入り口にもなります。

■教科書編

①宇都宮京子編，2009，『よくわかる社会学〔第2版〕』ミネルヴァ書房。
　　ほとんどのテーマが見開き2ページの分量で書かれており，しかも重要なポイントが網羅されています。読みやすさも抜群の社会学入門書です。

②奥村隆，2014，『社会学の歴史I──社会という謎の系譜』有斐閣アルマ。
　　マルクス，ウェーバー，デュルケムに始まり，パーソンズ，マートン，ラザースフェルドといった社会学の泰斗の業績を，その生き様とともにあざやかに描き出す，極めて刺激的な入門書です。

③玉野和志編，2016，『ブリッジブック社会学〔第2版〕』信山社。
　　社会学の発想は，ウェーバー，デュルケム，ジンメルに尽きると断言し，そこから現在までの社会学のあり方を描ききる入門書です。最初から順に読みとおすように書かれているところが潔いです。

④長谷川公一・浜日出夫・藤村正之・町村敬志，2007，『社会学』（New Liberal Arts Selection）有斐閣。
　　社会学の体系性に対して反省が迫られるなかで，多岐にわたるトピックを体系的に提示しようと編まれたテキストです。社会学の広がりを見わたすには，本書がおすすめです。

■発展編

①富永健一，1995，『社会学講義──人と社会の学』中公新書。
　　構造機能主義の社会学の立場から，さまざまな社会学の議論が一貫した枠組みのなかに位置づけられています。タフな読み物ですが，社会学徒としては必読でしょう。

②井上俊・伊藤公雄編，2011，『社会学的思考』世界思想社。
　　「社会学ベーシックス」というシリーズの別巻ですが，社会学にとって画期となった著作とその著者についての解説になっています。いきなり原典を読み込むのはつらい，という人はぜひここから入ってみてください。

③友枝敏雄・浜日出夫・山田真茂留編，2017，『社会学の力——最重要概念・命題集』有斐閣。

　社会現象を研究するための重要な概念と命題が厳選されており，社会理論の全体像と社会現象を分析する「力」のエッセンスを学ぶことができるようになっています。

④見田宗介・上野千鶴子・内田隆三・佐藤健二・吉見俊哉・大澤真幸，2014，『縮刷版 社会学文献事典』弘文堂。

　より広範なブックガイドとしては，この一冊をあげておきます。索引機能が充実しているため，特定の人名や概念から古典にあたりたいときにも有用です。著者や訳者自身による解説が多くおさめられており，読み物としても面白く読める事典です。

参考文献

Reference

■第1章

江原由美子編，1996，『生殖技術とジェンダー――フェミニズムの主張3』勁草書房．
井上達夫，1996a，「人間・生命・倫理」江原由美子編『生殖技術とジェンダー』勁草書房．
井上達夫，1996b，「胎児・女性・リベラリズム――生命倫理の基礎再考」再論」江原由美子編『生殖技術とジェンダー』勁草書房．
加藤秀一，1996a，「女性の自己決定権の擁護――リプロダクティブ・フリーダムのために」江原由美子編『生殖技術とジェンダー』勁草書房．
加藤秀一，1996b，「『女性の自己決定権の擁護』再論」江原由美子編『生殖技術とジェンダー』勁草書房．
齋藤有紀子編，2002，『母体保護法と私たち――中絶・多胎減数・不妊手術をめぐる制度と社会』明石書店．
Shorter, E., 1975, *The Making of the Modern Family*, Basic Books.（＝1987，田中俊宏・岩橋誠一・見崎恵子・作道潤訳『近代家族の形成』昭和堂．）
玉井真理子・渡部麻衣子編，2014，『出生前診断とわたしたち――「新型出生前診断」（NIPT）が問いかけるもの』生活書院．
立岩真也，2002，「確かに言えることと確かには言えないこと」齋藤有紀子編『母体保護法と私たち』明石書店．
柘植あづみ・市野川容孝・加藤秀一，1996，「付録」江原由美子編『生殖技術とジェンダー』勁草書房．
柘植あづみ・菅野摂子・石黒眞里，2009，『妊娠――あなたの妊娠と出生前検査の経験をおしえてください』洛北出版．
筒井淳也，2015，『仕事と家族――日本はなぜ働きづらく，産みにくいのか』中公新書．
横田弘，2015，『〔増補新装版〕障害者殺しの思想』現代書館．
横塚晃一，2007，『母よ！ 殺すな』生活書院．
渡部麻衣子，2014，「出生前検査について今あらためて考える」玉井真理子・渡部麻衣子編，2014，『出生前診断とわたしたち――「新型出生前診断」（NIPT）が問いかけるもの』生活書院．

■第2章

Bernstein, B., 1971, *Class, Codes and Control, vol.1: Theoretical Studies towards a Sociology of Language*, Routledge & Kegan Paul.（＝1981，萩原元昭訳『言語社会化論』明治図書出版．）
Cicourel, A. V. and J. I. Kitsuse, 1963, *The Educational Decision Makers: An Advanced Study in Sociology*, Bobbs-Merrill.（＝1985，山村賢明・瀬戸知也訳『だれが進学を決定するか――選別機関としての学校』金子書房．）

Dore, R. P., 1975, *The Diploma Disease: Education, Qualification, and Development*, University of California Press.（＝2008，松居弘道訳『学歴社会――新しい文明病』岩波書店。）

平本毅・五十嵐素子，2023，「授業会話を作り出す――『ガヤ』のコントロール」五十嵐素子ほか編『学びをみとる――エスノメソドロジー・会話分析による授業の分析』新曜社．

Mehan, H., 1979, *Learning Lessons: Social Organization in the Classroom*, Harvard University Press.

中澤渉，2014，『なぜ日本の公教育費は少ないのか――教育の公的役割を問いなおす』勁草書房．

柴田章久・宇南山卓，2013，『マクロ経済学の第一歩』有斐閣．

Weber, M., 1922, *Wirtschaft und Gesellschaft*, J. C. B. Mohr.（＝1972，清水幾太郎訳『社会学の根本概念』岩波書店．）

Willis, P. E., 1977, *Learning to Labour: How Working Class Kids Get Working Class Jobs*, Columbia University Press.（＝1996，熊沢誠・山田潤訳『ハマータウンの野郎ども――学校への反抗・労働への順応』筑摩書房。）

■第３章

阿部真大，2006，『搾取される若者たち――バイク便ライダーは見た！』集英社新書．

Esping-Andersen, G., 1990, *The Three Worlds of Welfare Capitalism*, Polity.（＝2001，岡沢憲芙・宮本太郎訳『福祉資本主義の三つの世界』ミネルヴァ書房。）

Hochschild, A. R., 1983, *The Managed Heart: Commercialization of Human Feeling*, University of California Press.（＝2000，石川准・室伏亜希訳『管理される心――感情が商品になるとき』世界思想社。）

Hochschild, A. R., 1989, *The Second Shift: Working Families and the Revolution at Home*, Viking.（＝1990，田中和子訳『セカンド・シフト 第二の勤務――アメリカ 共働き革命のいま』朝日新聞社。）

Hochschild, A. R., 1997, *The Time Bind: When Work Becomes Home and Home Becomes Work*, Metropolitan Books.（＝2012，坂口緑・中野聡子・両角道代訳『タイム・バインド（時間の板挟み状態）働く母親のワークライフバランス――仕事・家庭・子どもをめぐる真実』明石書店．2022年，ちくま学芸文庫。）

伊原亮司，2003，『トヨタの労働現場――ダイナミズムとコンテクスト』桜井書店．

Inglehart, R., 1977, *The Silent Revolution: Changing Values and Political Styles among Western Publics*, Princeton University Press.（＝1978，三宅一郎訳『静かなる革命――政治意識と行動様式の変化』東洋経済新報社。）

前田泰樹，2017，「『メンバーの測定装置』としての『痛みスケール』――急性期病棟における緩和ケアの実践」水川喜文・秋谷直矩・五十嵐素子編『ワークプレイス・スタディーズ――働くことのエスノメソドロジー』ハーベスト社．

前田泰樹・西村ユミ，2020，『急性期病院のエスノグラフィー――協働実践としての看護』

新曜社。
水川喜文・秋谷直矩・五十嵐素子編，2017，『ワークプレイス・スタディーズ――働くことのエスノメソドロジー』ハーベスト社。
大野威，2003，『リーン生産方式の労働――自動車工場の参与観察にもとづいて』御茶の水書房。
Ritzer, G., 1993, *The McDonaldization of Society: An Investigation into the Changing Character of Contemporary Social Life*, Pine Forge.（＝1999，正岡寛司監訳『マクドナルド化する社会』早稲田大学出版部。）
Smith, P., 1992, *The Emotional Labour of Nursing: Its Impact on Interpersonal Relations, Management and the Educational Environment in Nursing*, Macmillan.（＝2000，武井麻子・前田泰樹監訳『感情労働としての看護』ゆみる出版。）
田中研之輔，2015，『丼家の経営――24時間営業の組織エスノグラフィー』法律文化社。

■第4章

Blood, R. O., 1967, *Arranged Match and Love Marriage: A Tokyo-Detroit Comparison*, Free Press.（＝1978，田村健二訳『現代の結婚――日米の比較』培風館。）
Cheal, D., 1991, *Family and The State of Theory*, University of Toronto Press.
Fineman, M., 1995, *The Neutered Mother: The Sexual Family and Other Twentieth Century Tragedies*, Routledge Press.（＝2003，上野千鶴子・速水葉子・穐田信子訳『家族，積みすぎた方舟――ポスト平等主義のフェミニズム法理論』学陽書房。）
Gubrium, J. F. and J. A. Holstein, 1990, *What is FAMILY?*, Mayfield.（＝1997，中河伸俊・鮎川潤・湯川純幸訳『家族とは何か――その言説と現実』新曜社。）
木戸功，2010，『概念としての家族』新泉社。
久保田裕之，2009a,「『家族の多様化』論再考――家族概念の分節化を通じて」『家族社会学研究』21(1):78-90。
久保田裕之，2009b,『他人と暮らす若者たち』集英社。
毎日新聞人口問題調査会，2005，『超少子化時代の家族意識――第1回人口・家族・世代世論調査報告書』
松木洋人，2013，『子育て支援の社会学』新泉社。
内閣府，2005，『国民生活白書』。
OECD, 2014, *Society at a Glance 2014*, OECD Publishing.
Sacks, H., 1972, "An Initial Investigation of the Usability of Conversational Data for Doing Sociology, " D. N. Sudnow ed., *Studies in Social Interaction*, Free Press.（＝1989，北澤裕・西阪仰訳「会話データの利用法――会話分析事始め」G. サーサス・H. ガーフィンケル・H. サックス・E. シェグロフ『日常性の解剖学――知と会話』マルジュ社，93-173。）
藤間公太，2017，『代替養育の社会学――施設養護から〈脱家族化〉を問う』晃洋書房。
筒井淳也，2014，「親密性と夫婦関係のゆくえ」『社会学評論』64(4): 572-88。
筒井淳也，2016，『結婚と家族のこれから――共働き社会の限界』光文社新書。

■第5章

天田城介, 2003, 『〈老い衰えゆくこと〉の社会学』多賀出版。
出口泰靖, 2004, 「『呆け』たら私はどうなるのか？ 何を思うのか？」山田富秋編『老いと障害の質的社会学——フィールドワークから』世界思想社。
出口泰靖, 2016, 『あなたを「認知症」と呼ぶ前に——〈かわし合う〉私とあなたのフィールドワーク』生活書院。
Frank, A. W., 1995, *The Wounded Storyteller: Body, Illness, and Ethics*, University of Chicago Press.（＝2002, 鈴木智之訳『傷ついた物語の語り手——身体・病い・倫理』ゆみる出版。）
Goffman, E., 1963, *Stigma: Notes on the Management of Spoiled Identity*, Simon and Schuster.（[1970] 2001, 石黒毅訳『スティグマの社会学——烙印を押されたアイデンティティ』せりか書房。）
井口高志, 2007, 『認知症家族介護を生きる——新しい認知症ケア時代の臨床社会学』東信堂。
市野川容孝, 2012, 『社会学（ヒューマニティーズ）』岩波書店。
伊藤智樹編, 2013, 『ピア・サポートの社会学』晃洋書房。
木下衆, 2013, 「介護家族による『特権的知識のクレイム』——認知症家族介護への構築主義的アプローチ」『社会学評論』64(1): 73-90。
木下衆, 2019, 『家族はなぜ介護してしまうのか——認知症の社会学』世界思想社。
前田泰樹, 2009, 「遺伝学的知識と病いの語り——メンバーシップ・カテゴリー化の実践」酒井泰斗・浦野茂・前田泰樹・中村和生編『概念分析の社会学——社会的実践と人間の科学』ナカニシヤ出版。
前田泰樹, 2016, 「新しい分類のもとでの連帯——遺伝学的シティズンシップと患者会の活動」酒井泰斗・浦野茂・前田泰樹・中村和生・小宮友根編『概念分析の社会学2——実践の社会的論理』ナカニシヤ出版。
前田泰樹・西村ユミ, 2018, 『遺伝学の知識と病いの語り——遺伝性疾患をこえて生きる』ナカニシヤ出版。
中村英代, 2011, 『摂食障害の語り——〈回復〉の臨床社会学』新曜社。
Parsons, T., 1951, *The Social System*, Free Press.（＝1974, 佐藤勉訳『社会体系論』青木書店。）
Strauss, R., 1957, "The Nature and Status of Medical Sociology", *American Sociological Review*, 22: 200-4.
山田富秋編, 2004, 『老いと障害の質的社会学——フィールドワークから』世界思想社。
渡邉大輔, 2015, 「健康・医療・福祉の社会学」筒井淳也・神林博史・長松奈美江・渡邉大輔・藤原翔編『計量社会学入門——社会をデータで読む』世界思想社。

■第6章

Durkheim, É., 1897, *Le suicide : etude de sociologie*, PUF.（＝1985, 宮島喬訳『自殺論』中

公文庫。)

Giddens, A., 1990, *The Consequences of Modernity*, Polity Press.（＝1993，松尾精文・小幡正敏訳『近代とはいかなる時代か？——モダニティの帰結』而立書房。)

Glaser, B. G. and A. L. Strauss, 1965, *Awareness of Dying*, Aldine Transaction.（＝1988，木下康仁訳『死のアウェアネス理論と看護——終末期の認識と臨床期のケア』医学書院。)

Gorer, G., 1965, *Death, Grief, and Mourning in Contemporary Britain*, Cresset Press.（＝1986，宇都宮輝夫訳『死と悲しみの社会学』ヨルダン社。)

川島理恵，2014,「救急医療における意思決定過程の会話分析」『社会学評論』64(4): 663-78。

Maynard, D. W., 2003, *Bad News, Good News: Conversational Order in Everyday Talk and Clinical Settings*, University of Chicago Press.（＝2004，樫田美雄・岡田光弘訳『医療現場の会話分析——悪いニュースをどう伝えるか』勁草書房。)

OECD, 2015, *Health at a Glance*, OECD.

Sacks, H., 1963, "Sociological Description," *Berkeley Journal of Sociology*, 8: 1-16.（＝2013，南保輔・海老田大五朗訳「社会学的記述」『コミュニケーション紀要』24: 81-92。)

澤井敦・有末賢編，2015,『死別の社会学』青弓社。

Sudnow, D., 1967, *Passing On: The Social Organization of Dying*, Prentice-Hall.（＝1992，岩田啓靖・志村哲郎・山田富秋訳『病院でつくられる死』せりか書房。)

田代志門，2016,『死にゆく過程を生きる——終末期がん患者の経験の社会学』世界思想社。

■第７章

Bloor, D. 1976, *Knowledge and Social Imagery*, Routledge and Kegan Paul.（＝1985，佐々木力・吉川安訳『数学の社会学——知識と社会表象』培風館。)

Brines, J., 1994, "Economic Dependency, Gender, and the Division of Labor at Home," *American Journal of Sociology*, 100(3): 652-88.

Garfinkel, H., M. Lynch and E. Livingstone, 1981, "The Work of Discovering Science Construed with Materials from Optically Discovered Pulsar," *Philosophy of the Social Sciences* 17: 131-58.

Goldthorpe, J. H., 2016, *Sociology as a Population Science*, Cambridge University Press.

Latour, B. and S. Woolgar, 1979, *Laboratory Life: The Construction of Scientific Facts*, Princeton University Press.（＝2021，立石裕二・森下翔監訳『ラボラトリー・ライフ——科学的事実の構築』ナカニシヤ出版。)

Lynch, M., 1985, *Art and Artifact in Laboratory Science*, Routledge and Kegan Paul.

Lynch, M., 1993, *Scientific Practice and Ordinary Action*, Cambridge University Press.（＝2012，水川喜文・中村和生監訳『エスノメソドロジーと科学実践の社会学』勁草書房。)

Lynch, M., 1998, "The Discursive Production of Uncertainty: The O. J. Simpson 'Dream Team' and the Sociology of Knowledge Machine," *Social Studies of Science*, 28 (5-6): 829-68.

Merton, R. K., 1949, *Social Theory and Social Structure: Toward the Codification of Theory and Research*, Free Press.（＝1961，森東吾・森好夫・金沢実・中島竜太郎訳『社会理論と社会構造』みすず書房。）

中村和生，2006,「推定無罪と科学知識の社会学」平英美・中河伸俊編『新版 構築主義の社会学』世界思想社。

中村和生，2007,「実験する」前田泰樹・水川喜文・岡田光宏編『ワードマップ エスノメソドロジー――人びとの実践から学ぶ』新曜社。

落合恵美子，2004,『21世紀家族へ――家族の戦後体制の見かた・超えかた（第3版）』有斐閣。

Sacks, H., 1963, "Sociological Description," *Berkeley Journal of Sociology*, 8: 1-16.（＝2013，南保輔・海老田大五朗訳「社会学的記述」『コミュニケーション紀要』24: 81-92。）

Shapin, S. and S. Schaffer, 1985, *Leviathan and the Air-Pump: Hobbes, Boyle, and the Experimental Life*, Princeton University Press.（＝2016，吉本秀之・柴田和宏・坂本邦暢訳『リヴァイアサンと空気ポンプ――ホッブズ，ボイル，実験的生活』名古屋大学学術出版会。）

立石裕二，2011,『環境問題の科学社会学』世界思想社。

Tsutsui, J., 2013, "The Transitional Phase of Mate Selection in East Asian Countries," *International Sociology*, 28(3): 257-76.

あとがき

　本書執筆のきっかけは，筒井が 2011 年に主催した「人文学・社会科学における質的研究と量的研究の連携の可能性」研究会に参加されていた有斐閣の四竈佑介さんからの呼びかけでした。ストゥディア・シリーズで「いままでになかった社会学のテキストを作りたい」というのが，四竈さんの意向だったと思います。

　ただ，諸事情あって，最初にまとまった出版企画書を作り上げたのは 2014 年の 3 月でした。本書の出版までにそれから 3 年あまりの時間が経っています。これほど時間が経ってしまったことの一つの理由は，通常の社会学のテキストの編集方針を採用しなかったことにあります。通常の方針とは，「教育」「労働」といったトピックごとに，それに適した執筆者を集めて執筆を依頼するやり方です。「教育」の章は○○先生，「労働」の章は△△先生に，という具合です。

　すでに存在する社会学のテキストのほとんどが，この形式を採用しています。このような編集方針のメリットはいろいろあるにせよ，大きな欠点もあると思います。同一対象に異なったアプローチをすることによって見えてくる知識の「奥行き」を感じられない，ということです。

　執筆者と四竈さんの三人が集まった数回のミーティングを通じて，結果的に，すべてのトピックについて，量的研究を専門とする筒井と，質的研究を専門とする前田の二人が執筆するという，おそらく前例のない執筆方式に挑戦することになりました。筒井と前田は，一橋大学大学院の同じゼミの出身で，大学院生だった時代から知的な刺激を受けあってきました。結果的に異なった研究法の道を歩むことになり，学会・研究会での交流は，一時期はほぼ途絶えていました。しかし，本書を通じて再びお互いの知を合流させることになりました。

　社会学，とくに実証社会学の世界が二つに分断されていることは否定しようがありません。数量データを主に扱うグループと，質的研究を行うグループは，異なった研究集団を形成し，読むべき文献も人脈もかなり明確に分かれてしまっています。たとえば，量的研究で誰もが知っている研究者，必読文献を，

質的研究を行う研究者が知らないということはよくあります。逆もまた然りです。

しかし，これから社会学を学ぼうとする学徒にとっては，そんな内部事情はどうでもよいことです。重要なのは，特定のトピックに特定のアプローチをすることによって何を明らかにできるのか，ということなのですから。

四竈さんが執筆者候補に筒井と前田を選んだ意図が明確に「質」と「量」の分断の「乗り越え」にあったわけではないかもしれませんが，結果的に本テキストは，同一のトピックに対して異なったアプローチをとることで見えてくるものの違いを照らし出すことができた，と感じています。読者のみなさんには，ぜひこの「知の奥行き」を感じ取ってほしいと思います。

本文でも強調しましたが，「数」を使ってなんらかの知的作業を行うことも，質的な理解を深めることも，まずは私たちの生活の一部です。私たちが住む社会，あるいは人びとの行動について，よりよく理解したいという欲求の先に，社会学があります。アプローチ法は異なっても，この知的関心は共有されているはずです。

本書が作成された経緯を振り返ればわかるように，本書は，多くの人びととの議論を経て成り立っています。筒井が主催した「人文学・社会科学における質的研究と量的研究の連携の可能性」研究会では，中堅から若手の研究者が集まって，異なったアプローチを理解するために，互いの基本的な前提にまで立ち返った議論がなされました。本書は，そこで問題になった論点にいくらかでも答えることを試みたものです。一連の議論に参加してくださったみなさまに，お礼を申し上げます。

また本書は，二人で多くの領域をカバーする形で書かれており，その点においても，多くの人びととの議論を経て成り立っています。とくに前田の担当した質的研究パートに関しては，社会言語研究会の参加者を中心に各領域の研究者にご批判をいただきながら，執筆がすすめられました。もちろん，いたらぬ点は執筆者の責任ではありますが，記して感謝申し上げます。

最後に，本書の編集者である四竈さんに，お礼の言葉を述べさせていただきたいと思います。結果としてだいぶんお待たせすることになってしまいました

が，それでも本書を完成させることができたのは，四竈さんが「時代の要請に応えるテキストを」という意向を持ち続け，継続的にサポートしてくださったからです。本当に，ありがとうございました。

2017年8月

筒井淳也・前田泰樹

索 引

事項索引

● あ 行

I-R-E 連鎖　67-70
アクター・ネットワーク・セオリー（ANT）　223, 224
新しい認知症ケア　170, 171
アーバニズム　10
アンケート（質問紙）調査　24, 28, 153, 184, 208
アンペイド・ワーク　→無償労働
イ　エ　116
家規範からの解放　110
医　学　145, 161
異議申し立て　125
育児休業制度　23
育児の社会化　170
逸　脱　125
遺伝学　164, 165
意図せざる結果　62
医療技術の高度化　144
医療経済学　145
医療社会学　142
医療人類学　161
医療水準　144, 145
医療制度　144
医療の中の社会学　142, 172, 216
医療費　144
医療を対象とする社会学　142, 164, 172
因果関係　45
因果効果　45, 147
因果推論　146, 148, 150, 157, 211, 213
インタビュー調査　28, 30, 131, 133, 137, 162, 163, 219, 220

インフォームド・コンセント　196
疫　学　142, 145, 151, 152, 216, 233
疫学転換　152, 153
SSM 職業分類　91, 92
エスノグラフィー　58, 60, 94, 97, 100
エスノメソドロジー　101, 129, 133, 188, 193-195, 223-226
選べないという事情　12
演繹的推論　202, 204
演繹的推論の特徴　203
老いの経験　166
大きな政府　82
オープン認識　189, 198
親の影響力　115
親の介入　207-209

● か 行

階級社会　57, 59, 61
階級による不平等　59
介護保険制度　22, 166
介護役割　170
介護をめぐる家族規範　170
階層の計量社会学　25
階層の再生産　91
階層の社会的移動　61
介　入　148-150, 154, 156, 157, 212, 213
　──をともなう実験　152
概　念　5
　──の理解　7, 13, 236
概念連関　200, 203, 216, 234
外部化　111
回復の語り　161
外部性　51

会話分析　69, 194, 195
科　学　225, 231
　　——と社会という問い　227, 232
　　——と社会の関係　217-219
　　——と社会の相互作用　222, 223
　　——の自律性　220
　　——を対象とする科学　200
科学社会学　217, 225, 227
科学者集団　217, 218
科学者の規範　222
科学的知識　216-219, 223
科学的知識の社会学　218, 227
核家族　116, 119
格差社会　86
学問的知識の伝達　67
学　歴　42
　　——と喫煙の関係　155
学歴病　48
家計調査　176
家事分担　210
仮　説　207, 209, 210
　　——の理屈　209
　　棄却された——　208
家族関係への支援　136
家族規範　110-113, 119, 130, 135, 137
　　——の二重化　131
　　——の変化　117
家族システム論　162
家族社会学　116-118, 120, 121, 126, 210, 212, 215
家族主義　87
家族定義問題　126, 128, 138
家族という概念　125-127
家族の多様化　124-126
家族の変化　112
語　り　161, 162
価値観　77
家　長　117
学校のエスノグラフィー　61

学校のフィールドワーク　43
学校文化　43, 60
　　——の研究　58
株式会社の普及　90
家父長制　117
家父長制家族　207
寛解者の社会　162
環境問題　221
関係の排他性　123
観察対象　202
感情管理　104, 105
感情規則　104
感情の商品化　106
感情のダウンサイジング　106
感情労働　104-107
感染症　153, 159
官僚制度　97
機会費用　22
技術環境　26, 27, 32
記述的な統計　212, 214
機能主義　89, 160
規　範　158, 217
規範的期待　158-160, 164, 171, 172, 225, 236
　　専門家への——　171
客観主義　175, 184, 215
客観主義的アプローチ　185
教育学　58, 66, 216
教育過程　58, 59
教育社会学　54, 58
教育達成　42, 49
教育年数　45, 46
　　——の増加　48
教育費の家計負担　55, 56
教育の義務化　50, 51
教育の平等化作用　56, 57
教育費　25
教室でなされる会話　68
教室の授業の構造　66, 67

競　争　61, 65
近代化　3, 7, 8, 89, 111, 116, 117
近代家族　116
近代社会　17, 52
グラウンデッド・セオリー・アプローチ　188, 189, 194, 235
グローバル化　91
ケ　ア　126, 128, 132, 136, 138, 170
　　――の外部化　121
　　――の社会化　111, 121, 139
ケア・サービス　86
ケア労働　86, 101, 103, 106
ケア・ワーカー　86, 87
ケアワークの配分　120
経営学　97, 101, 157
経済学　2, 4, 45, 50-52, 54, 76, 145, 157, 200, 202, 205, 206, 211, 231
経済格差　49
経済状況と自殺との関連　181
経済発展　45
系統的懐疑　217
計量社会学　4, 12, 18, 45, 91, 145, 174, 184, 185, 206, 208, 209, 211-214
計量調査　238
結婚の選択　115
限定コード　60
行為の説明　184, 185
行為の理解　62, 129, 195, 226, 234
公害問題　220, 221
高学歴化　61, 213
工業化　89, 90, 111
合計特殊出生率　20, 22, 120, 130
公衆衛生　17
構造化　66, 67
構造条件　189
構築主義　127, 227
公的扶助　81
公的領域　103, 106
高度経済成長期　50

高福祉国家　83
公平性　25
　　――の確保　49
公有主義　217
合理化　97
　　――のシステム　100
効率化　97, 106
高齢化　144
高齢化依存率　211
高齢化率　166
国勢調査　176
国内総生産（GDP）　42, 44, 45, 144
国民健康保険制度　144
子育て支援　131, 134
　　――と家族規範　130
子育てにかかわる規範　135
子育ての社会化　131, 135, 137, 138
個体差　148, 149
国　家　14, 176
子どもの配偶者の選択　113
誤　認　53
コーホート調査　151, 152
雇用の流動性　100
雇用労働化　112, 115
雇用労働の時代　84

● さ　行

差　別　34
産業化　17, 111, 112, 115, 116, 118, 120, 125, 213
産業化社会　110
産業の高度化　45, 46
三世代同居　119
参与観察　66, 93, 97
　　自動車工場の――　93
死　187, 193, 194, 196
　　――と死につつあること　190
　　――と死につつあることの理解　191
　　――と死にゆくこと　197

――と死にゆくことの社会学　197
――に関連した諸カテゴリー　190
死因　178
ジェンダー　170, 207
ジェンダー家族　121, 122
ジェンダーの実践　210
支援の論理　138
シカゴ学派　10
資源格差　54
自己決定　37
自己実現　77, 93
自殺　178
自殺率　178
自殺論　184
自然科学　200, 202, 205, 211, 218, 224, 230, 231
自然増減　178
疾患　161
実験　147, 150, 151, 157, 218, 225
実験科学　218
実験室のエスノグラフィー　223
実証　202, 206, 211
実証研究　201, 202, 204, 207, 209, 210
実践　58, 61, 101-103, 130, 133, 134, 137, 138, 170, 172, 190, 193, 210, 211, 224-227, 235-237
質的調査研究　7, 236
質的調査の方法論　194
史的唯物論　89
私的領域　103, 104, 106
死というできごと　174, 176, 186
死につつあること　187
死にゆくこと　188
死の経験　187
死のポルノグラフィ化　187
自文化の記述　27
死亡率　16, 17, 177, 178, 183
資本　88, 90, 91, 112
資本市場の発達　90

市民教育　52
市民的無関心　195
社会医学　142
社会運動　35
社会疫学　143, 154, 156, 216
――的なアプローチ　155
社会化　60
社会階層　64, 154
――の閉鎖性　25
社会階層論　91, 92
社会科学　230
――としての社会学　230
社会学　2, 214, 215, 227, 230, 239
――的な特性　154
――の対象　216
――の問い　215
――の特徴　200
社会学的想像力　238
社会関係　233
社会記述　5, 8, 157, 215, 233
――の方法　236
社会構築主義　127
社会生活の科学　175, 198, 201, 227
社会全体の仕組み　160
社会増減　178
社会秩序　226
社会調査　206
社会的権利　231
社会的行為　59, 62, 72, 232
社会的事実　193, 194, 196, 232, 235
社会的条件　218, 219, 223
社会的ジレンマ　206
社会的属性　155, 156, 184-186
社会的タイプ　64, 66
社会的地位　64, 154
社会的な死　192
社会的不平等　54, 55, 59, 72, 231
社会という概念　231
社会のかたち（全体像）　14, 156, 182, 213,

　　　　214, 233, 234
社会の特徴　212
社会の理解　234, 239
社会病理　156, 183
社会変化　3, 74, 108, 110, 111, 212
　——と家族規範の連動　118
社会変動　5
　——の理論　89
社会保険制度　81
社会保障制度　22
社会民主主義レジーム　87
社会問題　35, 131, 183, 220, 232
　——の解明　160
社会理論　160, 238
若年層の自殺率　181
シャドウ・ワーク　84
自由主義レジーム　87
縦断調査　151
終末期の病　191
自由恋愛　124
授業研究　58, 69
出生率　16, 19, 21, 147
　——の低下　23
　先進国の——　19
出生力　12
趣　味　203
障害者運動　34
少子化の要因　21, 22
少子高齢化　12, 84, 182
少子高齢社会　14
小集団活動　95
情報学　101
職住近接　84
女性解放運動　33, 35
女性差別撤廃条約　23
女性の権利　36
女性の雇用労働化　123
女性の自己決定権　32-36
女性の社会進出　87

女性の労働力参加　83
女性の労働力参加率　80
所得格差　154
所得再分配　81
自律性　217, 222
　——の発揮　96, 100
神経生理学　225
人口学　16, 120, 156
人口減少　17
人口増加率　18
人口置換水準　19
人口転換　17
人口動態統計　174, 177, 178
深層演技　104
人文学　52, 53, 230
心理学　2, 4, 45, 58, 145, 157, 231
人類学　58, 97, 101, 117, 236
推　論　146, 211
数理モデル　202
数量データ　4-8, 17, 45, 208, 211, 233
　——による社会記述　156
成員カテゴリー　133
成員カテゴリー化装置　133, 161
生活習慣病　153, 159
生活の手段　76
生活保護　81
政治学　54
精神医学　162
生存重視　77
制　度　12, 14
生物学　161
性別分業　116, 85
　——分業の流動化　131
性別分業社会　207
性別分業夫婦から共働き夫婦へ　121
精密コード　60
世界価値観調査　77
セカンド・シフト　105
セクシュアリティ　123

世俗合理主義　77
専業主婦（主夫）　6
潜在的機能　160
専門性　216
専門的知識の相対化　164
相互行為　67, 68, 195, 232
相互作用の過程　219, 222
操作的定義　204, 215, 234, 235
相対主義　219
組織のエスノグラフィー　100
組織の合理性　101
租税負担率　83

● た　行

大学進学率　42
対抗仮説　208, 209
対抗文化　60
胎児の概念　36
胎児の生命権　36
代替仮説　210
多産多死　16
他　者　2, 36, 37, 195, 226, 238
脱人間化された労働　99, 100
脱物質主義化　77
団塊の世代　119
男女差別　23
男性的な働き方　23
男性の労働力参加率　80
男性らしさ　210
地　位　54, 158
地位達成　42
地　縁　203
知識の産出　164, 165
中範囲の理論　160
超高齢社会　166
調査者　171
調査の予算　24
長時間労働　150-152
　──の削減　23

直　系　117
直系家族　117
直系規範　116
　──の衰退　117
テイラリズム　94, 106
データ　209, 210
哲　学　231
伝統合理主義　77
問いの立て方　237, 238
動　機　184-186
動機の語彙　238
同居規範　118, 120
統　計　176
統計学　4, 48, 142, 146, 148, 150, 152, 156, 157, 213, 216, 219, 233, 236, 238
統計調査　176, 182
統計的因果推論　4, 143, 145-147, 154, 156, 157, 212-214, 233
当事者　162, 163, 171
　──の経験　164
同棲の増加　122, 123
都市化　3, 10, 203, 204
都市社会学　203
トランスクリプト　69

● な　行

ナラティブ・アプローチ　163
日常生活世界　238
日常生活世界の構成　129
日常生活のエスノグラフィー　190
日常的推論　205, 211
日常の概念　128
日本の人口　15
人間関係　3, 4, 10, 28, 54, 99, 154, 203, 205, 206
認識文脈　188, 189
　──の変化　189
妊娠，出産という経験　27
妊娠という概念　28

認知症　166, 167, 170, 171
妊婦の決定　32
年金制度　22

● は　行

配偶者選択　112, 117
働くことの理解　100, 103
発　見　224
パッシング　169, 195
パッシング・ケア　169
パート労働　85
パネル調査　151
バーンアウト　107
半構造化インタビュー　30
反省的モニタリング　182, 183
被害者運動　221
非効用　76, 93
ビデオ分析　66
人の移動　50, 204
人びとの実践の問題　226
人びとの定義　190, 191
人びとの方法論　133, 193, 224-226, 235
一人当たりGDP　178
病院の社会構造　190
病院のフィールドワーク　101, 107, 190
病人役割　158
表層演技　104
平等化　55, 57
非労働力　79, 84, 87
フィールドワーク　58, 93, 97, 98, 103, 168, 187, 189, 194, 197, 223, 225
フェミニズム　122, 162
フォーディズム　94
福祉国家　82
福祉レジーム　87
不公平　25
不平等の再生産　60, 61
普遍主義　217
文化人類学　27

文化マップ　77, 78
分　業　144
平均教育年数　42, 44
平均寿命　177
平均所得　42
平均賃金　47
平均余命　177, 178
閉鎖的な社会　25
ペイド・ワーク　→有償労働
保育制度　23
保育の社会化　111
法　学　35, 36, 231
法哲学　231
方　法　3
　　——と対象　230
呆けゆくという言葉　167
母子関係論　162
母性愛　20, 21
母体保護法　32-36
ボビニー裁判　33

● ま　行

マクドナルド化　98, 99
マッチング　152
マルクス主義　89
慢性疾患　159, 162
見合い結婚（お見合い結婚）　112-114
自らの経験の理解　165
無作為化比較実験　148, 150-152
無私性　217
無償労働（アンペイド・ワーク）　74, 84-87, 103, 105
モニタリング　89, 182, 183
物　語　161

● や　行

役　割　158
病　い　161
病いの経験　142, 143, 158, 159, 161, 162,

　　　　166
病いの経験の理解　164
やりがい　74, 75, 77
有償労働（ペイド・ワーク）　74, 84-87, 103
　　──の拡大　108
優生学　219
優生保護法　32-35
緩い理論　202, 205, 234

● ら 行

ライフスタイル　203
理　解　2
　概念の──　7, 236
　行為の──　62, 129, 195, 226, 234
　死と死につつあることの──　191
　社会の──　234, 239
　働くことの──　100, 103
　自らの経験の──　165
　病いの経験の──　164
　──のあり方の変化　166
　──の仕方　163
理解社会学　62
リプロダクティブ・ヘルス　33
リプロダクティブ・ライツ　33
理　論　202, 210
　自分の経験の──　163
　──とデータの突き合わせ　207

　　──の検証　202, 211
理論構築　206, 208
理論的推論　203, 205
臨床的な死　192
倫理学　35, 36
倫理的問題　151
歴史学　236
恋愛・結婚の多様化　122
恋愛婚（恋愛結婚）　112, 113
老親扶養　116, 120
　　──の規範　120
労　働　76, 85, 93
　　──の現場　93
労働過程　96
労働強化　96
労働者　46, 91
　　──の熟練　94-97
　　──の職場への適応　96
　　──の自律性　94-97
　　──の判断　94
労働所得の上昇　90
労働力　79
労働力参加率　79, 82, 83
労働力調査　79, 176

● わ 行

ワークプレイス研究　100, 101
ワークライフ・バランス　106

人名索引

● あ 行

イングルハート, R. 77
ウィリス, P. 60
ウェーバー, M. 10, 59, 62, 97, 129, 232
ウルガー, S. 223
エスピン=アンデルセン, G. 87

● か 行

加藤秀一 35, 36
ガーフィンケル, H. 224, 226
キツセ, J. I. 61, 65
ギデンズ, A. 89, 182
グブリアム, J. E. 127
グレイザー, B. G. 188
ゴフマン, E. 10, 169, 195
ゴールドソープ, J. 214

● さ 行

サックス, H. 133, 175, 195, 226
サドナウ, D. 190, 191, 193, 188
シェイピン, S. 218, 224
シクレル, A. V. 61, 65
シャッファー, S. 218
シュッツ, A. 129
ショーター, E. 20
ジンメル, G. 10
ストラウス, A. L. 188

● た 行

チール, D. 126

柘植あづみ 28
デュルケム, É. 175, 184, 185, 215, 233
テンニエス, F. 10
ドーア, R. 48

● は 行

パーク, R. E. 10
パーソンズ, T. 89, 158, 160, 238
バーンスティン, B. 57, 59, 60
ファインマン, M. 121
フィッシャー, C. S. 10
フィッシャー, R. A. 150
ブラッド, R. 114
フランク, A. 161-163
ブルデュー, P. 53
ボイル, R. 218, 224
ホックシールド, A. R. 103-107
ホッブズ, T. 218
ホルスタイン, J. A. 127

● ま 行

マートン, R. K. 160, 217, 222
ミーハン, H. 66, 68, 69
ミルズ, C. W. 238

● ら 行

ラザースフェルド, P. F. 24, 238
ラトゥール, B. 223
リッツア, G. 97
リンチ, M. 223, 225, 227

社会学入門 ──社会とのかかわり方
Introduction to Sociology: Methodology of Relationship between People and Society

2017年10月30日　初版第1刷発行
2025年1月25日　初版第10刷発行

著　者	筒　井　淳　也
	前　田　泰　樹

発 行 者　　江　草　貞　治

発 行 所　　株式会社　有　斐　閣
　　　　　　郵便番号　101-0051
　　　　　　東京都千代田区神田神保町2-17
　　　　　　https://www.yuhikaku.co.jp/

印刷・萩原印刷株式会社／製本・大口製本印刷株式会社
©2017, Junya Tsutsui and Hiroki Maeda. Printed in Japan
落丁・乱丁本はお取替えいたします。
★定価はカバーに表示してあります。
ISBN 978-4-641-15046-1

JCOPY　本書の無断複写（コピー）は、著作権法での例外を除き、禁じられています。複写される場合は、そのつど事前に（一社）出版者著作権管理機構（電話03-5244-5088, FAX03-5244-5089, e-mail:info@jcopy.or.jp）の許諾を得てください。